이건희 개혁 20년, **또 다른 도전**

이건희 개혁 20년, 또 다른 도전

지은이 조일훈
1판 1쇄 발행 2013. 6. 24
1판 6쇄 발행 2013. 6. 29

발행처_ 김영사 • **발행인_** 박은주 • **등록번호_** 제406-2003-036호 • **등록 일자_** 1979. 5. 17 • **주소_** 경기도 파주시 문발동 출판단지 515-1 우편 번호 413-756 • **전화_** 마케팅부 031)955-3100, 편집부 031)955-3250 • **팩시밀리_** 031)955-3111 • 저작권자 ⓒ 조일훈, 2013 이 책의 저작권은 저자에게 있습니다. 저자와 출판사의 허락 없이 내용의 일부를 인용하거나 발췌하는 것을 금합니다.

값은 뒤표지에 있습니다. ISBN 978-89-349-6332-5 03320 • 독자의견 전화_ 031)955-3200 • 홈페이지_ http://www.gimmyoung.com • 이메일_ bestbook@gimmyoung.com • 좋은 독자가 좋은 책을 만듭니다 • 김영사는 독자 여러분의 의견에 항상 귀 기울이고 있습니다.

이건희 개혁 20년,
또 다른 도전

조일훈 지음

김영사

서문

　2006년 11월 8일, 늦가을 햇살이 따사롭던 서울 태릉선수촌. 카타르 도하 아시안게임을 앞두고 이건희 삼성 회장이 선수단을 격려하기 위해 이곳을 찾았다. 정현숙 선수단장과 이에리사 총감독이 이 회장 일행을 맞이해 20여 분 동안 대회 준비상황을 설명했다. 몇 가지 차트가 동원되고 실무자들의 부연 설명이 잇따랐다. 이 회장은 그저 듣고만 있었다. 말은 한마디도 하지 않았다. 얼핏 화가 난 사람처럼 보일 정도였다. 분위기가 조금 어색해질 만하면 옆에 앉은 부인 홍라희 여사가 부지런히 덕담을 건네며 관심을 표했다.

　이 회장의 표정은 본관 건물을 나서자 밝아지기 시작했다. 선수촌을 돌며 국가대표 선수들과 일일이 악수를 나누면서였다. 말문도 터졌다. "불편한 점은 없는가?" "후회가 남지 않도록 최선을 다해달라" 등의 이야기였다. 역도대표 장미란 선수를 만나서는 만면에 웃음을 머금은 채 오랫동안 손을 잡고 격려했다. 짧은 시간, 같은 공간에서 이렇게 대조적인 한 사람의 모습을 보면서 참 묘하다는 생각이 들었다. 선뜻 이해가 되지 않았다. 앞서 왜 그렇게 침묵을 지켰는지.

　직설과 은유, 눌변과 열변, 은둔과 활보, 온유와 격정….

　한 사람의 인생을 몇 마디의 단어로 축약하기는 어렵지만, 이 모순적 단어의 조합을 다 끌어안고 있는 사람이 바로 이건희 삼성 회장이다. 회사를 월급쟁이 천국으로 만들겠다며 7·4제를 시행하고, 임직원들에게 늘 세계 1등을 엄숙하게 외치면서도 가족들에게는 잘해 주라고 말하는 사람이다.

누가 그를 안다고 말할 수 있을까? 우리가 이건희 회장에 대해 갖고 있는 기억은 늘 파편화되어 있다. 본인에게는 그저 크고 작은 일상의 연속이었겠지만, 그의 생각과 발언은 어느 날 불쑥 우리의 생활을 깨고 비집으면서 들어온다. 공항을 드나들 때, 가끔 회사에 나가거나 행사장에 나타날 때가 그렇다. 그렇다고 대중이 그에게 열광하는 것도 아니다.

부잣집 아들로 태어나 세계적 거부巨富의 반열에 오르고 본인뿐만 아니라 가족, 친인척들의 일거수일투족이 언론의 스포트라이트를 받는 데 대한 찬사와 질시가 교차하면서 만들어낸 호기심 정도가 대중적 관심의 정확한 좌표일 것이다. 세계적인 기업 집단을 일궜으면서도 어딘지 모르게 걱정 많고 어두워 보이는 이미지 또한 오랜 세월 세인들의 관심을 붙들어온 요인이었다.

그럼에도 자연인으로서의 그의 존재는 여전히 베일에 가려져 있다.

누구도 그를 잘 안다고 하는 사람이 없다. 삼성에 30년 이상 몸을 담은 사장들도 그렇다.

하지만 이건희 회장이 어떤 사람인지는 그리 중요하지 않을지도 모른다. 구태여 알려고 노력할 필요도 없다. 양파 껍질을 까듯이 아무리 반복해서 캐보아도 그의 존재는 여전히 오리무중이다. 이는 자연인으로서 우리 모두도 마찬가지이다. 한 사람의 실존적인 모습을 말과 글로 종합하기는 어렵다.

예를 들어 사람들은 그의 눈물을 몇 개의 장면으로 기억하고 있다. 삼성특검 재판과 경영 일선 퇴진 현장 그리고 평창 동계올림픽 발표 회장에서였다. 일반 대중들은 아마 이렇게 생각하는 데서 그쳤을 것이다. '아, 저 사람도 울 때가 다 있구나.' 그런 정도일 수밖에 없다. 그 비슷한 장면들을 또 다른 시간과 공간에서 분절된 상태로 모아 봐도 마찬가지이다.

필자가 이 글을 쓰기로 마음먹은 것은 자연인이 아닌 기업인 이건희에 대해 갖고 있는 우리 모두의 기억들을 정리하고 종합할 필요가 있다고 여겼기 때문이다. 이를 통해 우리 모두에게 차츰 잊혀져 가고 있는 기업가정신, 오늘날 대한민국이 일궈낸 그 모든 것들을 설명해

낼 수 있는 유일한 시대정신을 다시 일깨워야겠다는 생각에서였다.

사람은 말과 행동으로 산다. 이건희 회장은 지난 수십 년 동안 많은 이야기들을 쏟아 냈고 많은 것들을 실행에 옮겼다. 끊임없이 꿈꾸고 도전하고 결국 이루어 냈다. 도중에 힘에 부친다고 꿈의 크기를 줄이지도 않았다. 오히려 수많은 기회와 위기가 교차하는 비즈니스의 정글 속에서 새로운 꿈꾸기를 멈추지 않았다. 비상과 추락, 번영과 쇠퇴가 한순간에 결정되는 현대사회의 단절성과 광폭성을 결사적으로 헤쳐 왔다.

이 모든 장면을 정태적 결과가 아닌 과정의 역동성으로 재구성할 수 있다면, 그리하여 김연아와 싸이의 글로벌 성공을 능가하는 감성적 소구력과 대중적 호응을 얻을 수 있다면 그 자체로 이 책은 의미가 있으리라 생각한다.

사실 우리 사회는 세계 문화계와 스포츠계를 석권하는 스타들에게는 열광하면서 그보다 훨씬 치열하면서도 실전적인 경쟁의 무대에서 분투를 거듭 중인 기업과 기업인에 대한 평가는 인색한 편이다.

이는 우리의 무지나 의도적 외면 때문이기도 하다. 어떤 의미에서는 앞뒤 가릴 틈 없이 개발경제 시대를 압축적으로 돌파해온 한국 경제의 자업자득인 결과일 수도 있다.

하지만 그 어떤 무대보다도 도전과 열정으로 충만한 기업가정신을 되살리지 않고서는 국민행복과 경제부흥, 경제민주화의 기반조성도 공염불에 그칠 것이라는 점을 말하고 싶다.

더욱이 우리 경제는 2000년대 중반 이후 국민소득 2만 달러 언저리에서 진퇴를 거듭하며 제자리걸음을 하고 있다. 새로운 모티브와 전환점이 필요한 시점이다. 3만 달러, 4만 달러 시대는 대통령과 국회가 마음먹는다고 저절로 따라오는 것이 아니다. 무역 2조 달러 시대도 관료들의 구호 제창만으로 가능한 일이 아니다.

이건희 회장이 1993년 쏘아 올린 신경영은 오래 전에 '흘러간 옛 노래'일 수도 있다. "마누라와 자식 빼고 다 바꾸라"는 슬로건도 이제는 너무 흔해져서 구호로서의 생명력이 약해지고 있다.

하지만 한국을 넘어 지구촌 곳곳에 부려 놓은 도전과 혁신의 신경영 정신만은 그 전진을 멈추지 않고 있다. 지금 이 순간에도 발화-불꽃-폭발-화염의 단계를 반복하며 무수한 성공과 실패의 스토리를 써

내려 가고 있는 응축된 하나의 힘이요, 지금 이 순간에도 세계시장을 뒤덮는 창의성과 역동성으로 무한 팽창을 거듭해 가고 있는 에너지의 원천이기도 하다.

물론 이 회장은 아직 현역이다. 누군가는 잘못된 기억을 말하고 누군가는 과장할지도 모르겠다. 그럼에도 몇 가지 분명한 사실이 존재한다. 그가 모든 것을 걸고 싸웠다는 점, 숱한 긴장과 불면의 시간을 보냈다는 점, 기적이라는 말도 아깝지 않을 빛나는 성과들을 길어 올렸다는 점, 그리고 마지막으로 그의 도전이 아직 끝나지 않았다는 점.

이 책은 신경영과 기업인 이건희에 대한 이야기이다. 호사가들이 관심을 가질 만한 내용은 없다. 지금이 이건희 시대냐 아니냐를 따지는 거대 담론도 없다. 그럼에도 오늘날을 살아가는 우리가 반드시 알아야 할, 나아가 우리 시대를 관통하는 딱 하나의 화살을 담았다고 자부한다.

그것은 바로 "기업은 결코 저절로 성장하지 않는다"는 진실이다. 간절히 원하지 않는데도, 처절하게 노력하지 않는데도 제 발로 찾아오는 성공은 없다. 기업과 기업인들의 숱한 성취를 어느 순간부터 물처럼, 공기처럼 당연하게 받아들이고 있는 우리의 안일과 둔감을 경계하지 않으면 지금껏 일궈 놓은 많은 것들조차 물거품으로 사라질 수 있다.

삼성 신경영 20년을 정리한 이 책이 누군가에게는 위로와 격려가 되고 누군가에게는 내일을 위한 희망이 되었으면 하는 바람이다. 그동안 취재일선에서 오랫동안 도움말을 주신 여러분들께 감사의 뜻을 전한다.

2013년 5월
조일훈

프롤로그

"다시 하라면 못하겠지"

　미국의 실리콘밸리는 원래 사과나무와 살구나무가 빽빽이 들어서 있던 과수원의 고장이었다. 샌프란시스코 만을 따라 형성된 구릉지에 몇몇 자연부락들이 옹기종기 자리 잡고 있었다. 이곳에 모험과 실패를 두려워하지 않는 창조적 기업가들이 모여들기 시작한 시기는 1970년대 초였다. 반도체를 뜻하는 '실리콘'과 현재 이 지역의 한복판을 차지하고 있는 산타클라라 계곡의 '밸리'라는 단어가 합쳐진 것도 이 즈음이었다.

　애플의 창업자인 고故 스티브 잡스도 이곳 과수원에서 막일을 하면서 꿈을 키웠던 청년이다. 그는 1976년 4월, 동업자 스티브 워즈니악Steve Wozniak과 함께 차고에서 애플1, 애플2를 잇따라 만들어내며 세상에 이름을 알렸다. 비슷한 시기에 마이크로프로세서를 만든 인텔의 로버트 노이스Robert Noyce와 고든 무어Gordon Moore는 '무어의 법칙'에 따라 컴퓨터 칩의 속도를 무서운 기세로 늘려나가고 있었다. 단돈 1,200달러를 갖고 오라클을 창립한 래리 앨리슨Larry Ellison도 직원 두 명과 함께 한쪽 모퉁이에다 사무실을 차렸다.

　1970년대 말에는 인텔의 성공을 부러운 눈으로 지켜보던 네 명의 젊은이가 이 골짜기로 모여들었다. 선 마이크로시스템즈 사Sun

Microsystems Inc.를 창업한 스코트 맥닐리Scott McNealy, 안드레아스 벡톨셰임Andreas Bechtolsheim 등이었다. 워크스테이션 업체로 출발해 인텔과 경쟁하는 반도체 칩 제조회사로, 다시 소프트웨어 회사로 변신을 거듭해온 글로벌 IT 기업의 씨앗이 뿌려진 것이다. 이들의 구호 "화살 하나에 모든 승부를 건다"는 실리콘밸리 기업가들이 새로운 일을 시작할 때 자주 인용되는 금언으로 자리 잡았다.

"여러분이 불쌍하다"

미국 젊은이들이 꿈을 이루기 위해 밤낮없이 연구실과 개발 현장의 불을 밝혔던 이 시절, 동양의 젊은 기업가 이건희 삼성 회장도 실리콘밸리를 드나들고 있었다. 반도체 기술자를 찾기 위해서였다. 이 회장은 1974년 말 사재를 털어 파산 상태의 한국반도체를 인수한 터였다. 삼성 중역들의 거센 반대를 무릅쓰고 한국반도체 인수를 강행한 이 회장에게는 '화살', 다시 말해 기술 확보가 그 무엇보다도 시급한 과제였다. 그는 수십여 차례의 실리콘밸리 방문을 비롯해 미국 전역의 대학 강의실을 뒤져 가며 전문 인력들을 찾았다. 그렇게 확보한 인재들을 월 500만 원의 급여에 아파트까지 제공하는 파격적 조건으로 영입했다. 30대 중반의 나이에 삼성의 공식 후계자도 아닌 포지션이었지만 창업주인 이병철 선대회장도 선뜻 아들을 제지하지 못했다. 당시 삼성전자 사장 월급은 100만 원이었다.

이건희 삼성 회장.
20세기 전통 제조업과 21세기 첨단산업을 이으며 양 세기에 걸쳐 가장 극적인 성공을 일군 기업인 중 한 사람이다. 현존하는 기업인 중 그가 일궈낸 성과에 필적할 만한 사람은 거의 없다. 그가 처음 사령탑을 맡았던 1987년의 삼성전자는 글로벌 경영무대에선 맨주먹밖에 없는 상태와 같았다. 자본과 기술력은 빈약하기 짝이 없었고 브랜드는 전혀 존재감을 갖지 못했다. 이 회장은 그런 회사를 세계 최고의 전자회사로 키웠다. 삼성전자는 도시바, NEC, 히타치, 소니, 파나소닉, 필립스, 샤프, 노키아, 에릭슨, 모토로라, 애플 등 수많은 강자들이 명멸해 갔던 정글에서 전자부품과 세트사업을 동시에 석권하는 이정표를 달성했다.

삼성의 대전환을 이끈 카이로스kairos는 1993년 6월 이건희 회장의 '신경영' 선언이었다. 과거와 완전히 다른 생각과 판단, 실행능력을 이끌어내기 위한 혁명적 발상이자 타이밍의 전략적 설계였다. "마누라와 자식 빼고 다 바꾸라"는 슬로건 속에는 변화와 혁신에 대한 강력한 요구가 꿈틀거리고 있었다.

바로 그 절박감이 1987년 회장 취임 이후 은둔과 경청으로 일관해 오던 이 회장을 광장으로 밀어냈다. 그는 하루아침에 갑자기 변한 사람처럼 여섯 달 동안 임직원들을 상대로 하루 최장 16시간 열변을 토했다. 뜻대로 움직이지 않는 조직에 대한 울분, 선진기업들과의 격차에 따른 한탄, 새로운 지평을 향한 열망을 거침없이 쏟아 냈다. 그는 1993년 7월 17일, 일본 오사카 삼성 주재원과의 간담회 자리에서 "개혁(신경영)의 배경이 무엇이냐?"는 직원의 질문에 이렇게 답했다.

"여러분이 불쌍해서다. (내가) 도와주지 않으면 죽을 것 같아서다. 나 자신을 위해서가 아니다. 나는 내 재산의 '이자의 이자'만 갖고도 3~5대까지 먹고살 수 있다."

부잣집 아들로 태어나 얼마든지 편하게 살 수 있는데도 굳이 모든 것을 바꾸겠다고 달려드는 이유를 제대로 알아달라는 절절한 호소였다.

이 시절 그의 머릿속에는 삼성이라는 좁은 울타리만 들어 있었던 것이 아니다. 이 회장은 생각보다, 기대보다 훨씬 느리게 발전하고 있던 직원들의 의식수준, 사회 인프라와 국가관리 시스템을 보며 자주 답답함을 호소했다. 기업가로서 경영 효율과 관리 시스템의 선진화를 외면할 수는 없지만 그것이 구현되는 가치관과 세계관의 변화, 사회 인프라의 동반 성장이 긴요하다고 봤기 때문이다. 임직원들에게 변화를 역설하면서 교육과 삶의 질의 중요성을 설파한 이유도 그것이다. 1993년 2월 미국 LA 전자 사장단 회의에서 그는 이렇게 발언했다.

"내 재산을 늘리기 위해 이렇게 떠드는 것이 아니다. 재산이 10배 더 늘어봐야 내게는 별 의미가 없다. 여러분이 잘되게, 회사가 잘되게, 나라가 잘되게, 여러분의 자손이 잘되게 하기 위해서다. … 한 나라의 경제가 기울면 그 나라의 통화 가치뿐만 아니라 사람값도 떨어지게 마련이다. 우리나라는 과학 기술에 대한 몽매 때문에 역사의 낙오자로 오랫동안 수모를 받아 왔다. 삼성이 주체적 기업의식, 주인의

식, 민족의식을 갖지 않으면 안 된다……."

오사카 회의에서도 비슷한 내용의 주문은 계속 이어졌다.

"모든 것이 양에서 질로 가고 있다. 경영이 그렇다. 장래에 대한 물질적·정신적 보상, 가족과 자식의 미래 보장, 삶의 질을 올리기 위해서는 바꿔야 한다. … 삼성의 질만이 아니다. 여러분 개개인의 인격, 상식, 자식의 질도 생각하자. 생활의 질, 자식 교육의 질도 생각하자. 앞으로는 자율적이고 유연한 사고를 가진 사람이 출세할 것이다. 그렇지만 질서와 도덕을 지키라. 선배를 섬기고 후배를 키워라……."

20년의 기다림

좋은 생각이 결실을 거두려면 정밀한 계산과 타격이 필요하다. 촌각의 타이밍을 맞추기 위해 연습을 거듭하는 곡예사들처럼 시간과의 싸움을 치러야 한다. 그 시간만은 누구도 대신해 줄 수 없다. 이 회장은 이 타이밍을 1993년에 맞췄다. 대폭발의 임계점이었던 것이다.

이건희 회장은 호암 이병철 선대회장 아래서 20여 년간 경영수업을 했다. 그가 경영 일선에 모습을 드러낸 시기는 미국 유학을 마친 뒤 1966년 동양방송에 입사하면서였다. 그 후 중앙일보·동양방송의 이사와 삼성물산 부회장을 거쳐, 1979년 2월부터 삼성 부회장직을 맡았다. 호암은 이때부터 경영 일선에 항상 이건희 회장을 동반해 현장 감각을 익히도록 배려했다. 또한 아들에게 경청傾聽이라는 휘호를 직접 써주고 목계木鷄를 물려주어, 경영자는 남의 말을 잘 들어야 하고 끝없이 자기 자신을 일깨우고 경계해야 한다는 교훈을 전수했다. 기업 유지遺志의 엄중함을 실감하는 동시에 2인자의 어려움을 절감하던 시기였다.

이건희 회장은 회장 취임 이후 다시 5년의 실전기를 보냈다. 유교적 세계관이 강한 가족 분위기에서 자라난 그는, 비록 마음에 들지 않는 것이 있어도 아버지가 만들어 놓은 경영구도와 시스템을 일거에 허물 수는 없었다. 그렇게 오랜 기간을 참으며 수없이 가다듬었던 개혁구상들이 일거에 분출된 시점이 바로 1993년이었다.

이 회장은 수백 명의 중역들을 미국, 유럽, 일본으로 몇 달씩 데리고 다니면서 삼성의 현주소를 확인시켰다. 내로라하는 선진기업 제품들과 나란히 놓인 삼성 제품들은 초라하고 볼품없었다. 현지 최고급 호텔에서 잠을 자고 나온 중역들은 입을 닫았다. 당시 이 회장은 사장단과 중역들에게 "집에 있는 TV가 어느 회사 제품인가?"라고 묻고는 삼성 제품이라는 대답이 나오면 칭찬을 하는 것이 아니라 오히려 심하게 나무랐다. "내 것을 안 쓰면 죄악인 줄 아는 옹졸한 주인의식일 뿐이다. 다른 회사 제품도 사용하고 비교를 해봐야 우리 것이 더 발전할 수 있다"고 말했다. 지금 보면 아무렇지도 않은 말 같지만 당시 기업 총수가 한 이야기치고는 꽤나 충격적이었다.

이 회장은 1993년 내내 더 이상 시간이 없다며 임직원들을 독려하고 질타하고 때로는 호소했다. 새로운 세기를 앞두고 생존을 위해 주어진 시간은 길어야 7년일 뿐이라고 경고했다. 절박함이 삼성 전체를 휘감던 시기였다.

그렇게 20년의 세월이 흘렀다. 삼성은 상전벽해를 이뤘다. 삼성의 브랜드파워는 지구촌의 축제 올림픽과 영국 프리미어 리그에서 아프리카 오지의 봉사단 깃발에 이르기까지 세계 전역을 휘감고 있다. 2012년 브랜드컨설팅그룹 인터브랜드는 삼성전자의 브랜드 가치를 세계 9위(234억 달러)로 매겼다. 2003년(25위)에 처음 30위권 안에 진입한 데 이어 처음으로 10위권 내에 진입한 것이다. 일본 도요타, 독일의 메르세데스 벤츠와 BMW, 프랑스의 루이비통도 삼성 뒤로 밀렸다. 1993년에는 인터브랜드 평가 명단에도 끼지 못한 삼성이었다.

삼성 반도체의 세계 1위 품목은 D램, 낸드플래시, 모바일AP, DDI 등 메모리반도체와 시스템LSI를 아울러 10여 개에 이른다. 꿈같은 일이 현실로 이뤄진 분야는 TV와 휴대폰이다. TV는 2006년, 휴대폰은 2012년에 각각 세계 1위에 올랐다. 이 모두 삼성이 아무리 날고뛰어도 1등은 불가능하리라 여겼던 사업들이다. 선진제품 비교 전시회의 주역도 더는 소니나 파나소닉, 필립스, 노키아가 아니게 되었다.

2012년 삼성전자 매출과 영업이익은 각각 201조 원과 29조 원, 삼성 자산은 사상 처음으로 400조 원을 넘어섰다. 전 세계 어떤 전자회사도 삼성을 감히 넘겨다보지 못하는 수준이다. 1993년에 비해 매출은 25배, 영업이익은 무려 60배나 급증한 것이다.

이건희 회장은 신경영 20년을 통해 삼성을 초기 산업화 시대의 추격자에서 후기 디지털-모바일 시대의 패권기업으로 바꿔 놓았다. 자본, 기술, 전문 인력 등 어느 것 하나 제대로 구비하지 않고 출발했지만 수많은 위기와 부침 속에서 한국 전자산업을 세계의 중심으로 끌어올렸다. 그런데도 이 회장은 도무지 멈출 줄을 모른다. 승리를 자축하는 파티도 없다. 오히려 그 대신 "5년, 10년 후에는 지금 삼성을 떠받치고 있는 모든 사업이 사라질지도 모른다"는 위기감 가득한 경고를 내놓고 있다.

국경 없는 경제전쟁 시대에 성공하는 기업의 존재는 모든 국가와 국민의 자부심이다. 성장과 복지, 일자리 모두 기업의 지속적 발전이 없으면 얻을 수 없는 것들이다. 지금 이 순간에도 많은 정부들은 자국 기업의 경쟁력 향상을 위해 유·무형의 지원을 아끼지 않고 있다. 한 나라의 국력을 가늠하는 척도는 과거 총칼의 힘에서 글로벌 경쟁력을 갖춘 기업들의 숫자와 질로 이동하고 있다. 글로벌 경쟁력을 갖춘 기업의 숫자가 때로는 군대보다 더욱 강한 힘이 된다는 사실은, 멀리 갈 것도 없이 대한민국과 삼성의 사례만으로도 충분히 입증할 수 있다. 어떻게 이런 기적이 가능했을까. 이제 그 긴 여정 속으로 들어가기에 앞서 이 회장의 소회를 아래의 글로 갈음한다.

2012년 11월 30일, 취임 25주년 행사가 열렸던 호암아트홀. 총 550여 명의 임직원들이 참석한 가운데 기념 사진전과 함께 그동안의 경영 성과를 정리한 영상물이 상영되었다. 선진기업들과의 그 한숨 나던 격차를 따라잡기 위해 미국 실리콘밸리와 일본의 엔지니어들을 찾아다녔던 '젊은 이건희'의 힘겨운 여정이 화면 속에서 조용히 숨을 고르고 있었다. 행사장을 조용히 응시하고 있던 이 회장은 주변에 들릴 듯 말듯 나직이 말했다.

"지금 다시 하라면 어떨까… 아마 못하겠지……."

차례

서문 4

프롤로그 _ "다시 하라면 못하겠지" 11

1   위기의 승부사 이건희

1 출근경영에 담긴 비밀   29
    팁스토리 부정부패는 조직의 암

2 필생의 화두, 위기의식   39
    팁스토리 이건희와 토플러

3 개혁의 상징, 프랑크푸르트 선언   46
    팁스토리 신경영 이모저모

4 전율과 긴장의 7·4제   61
    팁스토리 관리의 삼성? 창조의 삼성!

5 창조적 파괴   71
    팁스토리 품질은 화장실에서부터

6 통찰력의 산물, 업의 개념   80
    팁스토리 무한탐구 정신, 5WHY

7 사상 초유의 외환위기 극복기   92
    팁스토리 "권한도 책임도 여러분의 몫"

8 삼성의 밀레니엄 경영   106
    팁스토리 이건희 회장과의 40년 우정

2　월드베스트를 향하여

1 질 경영 1호 반도체　　　　　　　117
　　팁스토리 복합화가 경쟁력이다

2 휴대폰 세계 1위, 갤럭시의 위업　　132
　　팁스토리 오륜마크 달고 훨훨

3 TV, 추격자에서 선도자로　　　　　148
　　팁스토리 와인 잔에서 얻은 영감

4 2차 전지의 진격　　　　　　　　　161
　　팁스토리 "소니에게 배워라"

5 마천루 신화와 드릴십 제패　　　　171
　　팁스토리 마이싱글 vs. 메칼프의 법칙

6 엔지니어 이건희　　　　　　　　　183
　　팁스토리 제조기술의 원천, 금형

7 디자인이 최후의 승부처　　　　　　193
　　팁스토리 10趣 10藝

3 사람이 전부다

1 이건희의 인재철학 207
    팁스토리 월급쟁이 천국

2 삼성의 미래를 밝히는 핵심 인재 218
    팁스토리 내 고향은 인도, 또 다른 고향은 삼성

3 선견력의 결정판, 지역전문가 230
    팁스토리 아무도 가지 않은 길을 가다

4 여성이 미래다 239
    팁스토리 삼성전자 최초의 여성 주재원

4 사회와 함께

1 병원의 소프트 혁명 251
  팁스토리 나의 반려자

2 함께 가야 멀리 간다 263
  팁스토리 中企 인재교육의 산실

3 성장의 과실, 사회와 함께 276
  팁스토리 장애인에게 꿈과 희망을

4 국민, 정부, 기업 한 배를 타야 287
  팁스토리 홍보는 야당?

5 이건희의 눈물, 평창의 웃음 294
  팁스토리 신경영과 오케스트라

에필로그 306

위기의 승부사 이건희

1

출근경영에 담긴 비밀

필생의 화두, 위기의식

개혁의 상징, 프랑크푸르트 선언

전율과 긴장의 7·4제

창조적 파괴

통찰력의 산물, 업의 개념

사상 초유의 외환위기 극복기

삼성의 밀레니엄 경영

> 결국 내가 변해야 한다.
>
> 그래야 비서실이 변하고 계열사 사장과 임원이 바뀐다.
>
> 과장급 이상 3,000명이 바뀌어야 그룹이 바뀔 수 있다.
>
> 그 시기는 나도 모른다. 1년, 2년, 3년이 걸릴지 아무도 모른다.
>
> 나는 앞으로 5년간 이런 식으로 개혁 드라이브를 걸겠다.
>
> 그래도 바뀌지 않으면 그만두겠다.
>
> 10년을 해도 안 된다면 영원히 안 되는 것이다.

출근경영에 담긴 비밀

1

2011년 4월 21일 오전 6시, 이건희 삼성 회장이 서울 서초동 삼성전자 사옥에 들어섰다. 이례적인 출근, '출근경영'의 신호탄이었다.

삼성타운에 서서히 폭풍이 몰아치기 시작했다. 협력업체로부터 향응을 제공받은 계열사 임직원들이 줄줄이 회사를 떠났고, 최고경영자도 옷을 벗었다. 삼성의 컨트롤타워인 미래전략실의 인사팀장과 경영진단팀장도 전격 교체되었다. 계열사라는 한 조직이 부정에 물든 것은 그룹의 책임이 크다는 엄중한 메시지였다. 긴장과 전율이 삼성 전체를 휘감았다.

한두 번 나오고 말 줄 알았던 이 회장의 출근은 주 2회씩 정례화되었다. 평소 "내가 회사에 나오면 사장들이 눈치를 보느라 엉뚱한 일에 정신을 팔고 임직원들도 경직된다"는 이유로 좀처럼 회사에 모습을 드러내지 않았던 그였다.

이건희 회장은 1987년 회장 취임 이후 권한을 하부에 대폭 위임했다. 본인은 큰 방향을 잡고 비서실이 세부 전략을 마련하고 각 계열사가 이를 실천하는 이른바 3각 편대 구도였다.

이 회장은 부회장 시절부터 임직원의 안테나가 과도하게 회장과 비서실에게 쏠려 있다고 질책했으며 이로 인해 제 할 일은 않고 눈치 보기에 급급한 부정적 조직문화가 발생했다고 판단했다. 그래서 그는 취임하자마자 비서실을 대폭 축소하고 본인과 비서실에 쏠려 있는 안테나를 임직원, 고객에게 돌려야 한다고 강조했다.

이건희 회장은 당시 한 언론과의 인터뷰에서 "선대회장은 경영권의 80퍼센트를 쥐고 비서실이 10퍼센트, 각 계열사 사장이 10퍼센트를 나눠 행사하도록 했다. 그러나 나는 앞으로는 회장이 20퍼센트, 비서실이 40퍼센트, 각 계열사 사장이 40퍼센트를 행사하는 식으로 바꾸겠다"고 밝히면서 자율경영을 독려해 왔다. 1991년 200명이 넘던 비서실을 130명으로 축소한 것도 그런 취지에서였다.

다시 위기에 서다

이러한 그의 경영 방정식은 삼성 최대 위기였던 IMF 시절에도 수정되지 않았다. 자율경영은 이 회장의 '트레이드마크'였다. 그렇기에 많은 사람들은 더욱 의아해했다. 도대체 왜? 지금 이 시점에?

2010년 삼성전자의 경영 실적은 반도체 경기 악화에도 불구하고 매출 154조 6,000억 원에 영업이익 17조 3,000억 원으로 사상 최대를 기록했다. 4년 전인 2007년에 비해 매출액은 57퍼센트, 영업이익은 93퍼센트나 늘어났다. 순수 전자회사 단위로 매출액은 세계 최고였다. HP, IBM, 소니, 델도 적수가 되지 못했다. 바야흐로 전 세계가 삼성을 주목하던 시절이었다. 특히 궤멸 위기에 놓인 일본 전자업계는 삼성을 쳐다보며 자신들의 느린 의사결정과 혁신능력 쇠퇴를 자탄하고 있었다.

'윈텔 동맹'으로 PC 시대를 석권했던 마이크로소프트와 인텔의 위력도 거센 모바일 태풍 앞에 반감되고 있었다. 매년 초 미국 라스베이거스에서 열리는 세계 최대 전자박람회인 CES(The International Consumer Electronics Show, 국제전자제품박람회)에서도 삼성 제품은 항상 톱티어Top-tier였다. TV는 2006년 이후 부동의 세계 1위를 질주하고, D램과 낸드플래시, LCD모니터와 모바일AP도 굳건한 위상을 지키고 있었다. 2007년 6월 전격 출시된 애플 아이폰이 노키아 추격에 여념이 없던 삼성 휴대폰 사업 전략을 흔들었지만, 2010년 출시한 갤럭시S가 세계시장에서 선방하면서 어느 정도 자신감도 붙은 상황이었다.

이 회장의 출근 배경은 곧 드러났다. "삼성이 다시 한 번 변해야 한다"는 위기론의 재점화였다. 당시 미래전략실 커뮤니케이션팀장을 맡고 있던 장충기 사장은 "회장님이 갑자기 정례 출근을 하시겠다고 해서 당황스러웠습니다. 논의를 거듭한 끝에 '아, 회장님은 지금을 또 다른 위기국면으로 진단하시고 있구나'라는 결론을 내렸습니다"라고 말했다.

당시 외견상 모든 지표들이 괜찮았지만 이 회장의 생각은 달랐다. 아날로그에서 디지털로, 다시 모바일로, 숨 돌릴 틈 없이 패러다임을 옮겨간 세계 전자업계에서 삼성은 매번 목숨을 건 전쟁을 벌여왔다. 성과도 있었지만 위기요인 또한 엄존했다. 포연은 아직 걷히지 않았고 모든 것이 불확실한 전장이었다.

영원한 동지는 없다

문제는 두 가지였다. 하나는 애플과 구글로 대변되는 새로운 경쟁사의 출현이었다. 창발적 소프트웨어와 네트워크를 앞세워 모바일 생태계를 거머쥔 애플과 구글은 하드웨어의 최강자 삼성을 완전히 새로운 경쟁 환경으로 몰아넣고 있었다. 이미 애플은 이 회장이 출근경영을 단행하기 엿새 전인 4월 15일, 삼성전자가 자사 디자인을 베꼈다는 이유로 첫 특허소송을 제기한 상태였다. 반도체 등의 부품 분야에서 삼성의 최대 고객사이기도 한 애플의 공세 전환은 향후 양사의 경쟁이 한치 앞을 내다볼 수 없는 대혼전으로 치닫게 될 것이라는 예고였다.

과연 그랬다. 애플은 이후로 전 세계 14개국에서 특허소송을 내며 전 방위로 삼성을 압박했다. 신제품이 나오면 어김없이 소장을 날렸다. 핵심부품 거래처를 바꾸고 삼성의 글로벌 제휴통신사들에 대한 대규모 교란작전이 그 뒤를 이었다. 게다가 2010년에 등장한 애플 아이패드는 순식간에 태블릿 시장을 장악하며 기존에 존재했던 모든 모바일PC 제품들을 쓸어버리고 있었다. 아이폰은 몰라도 아이패드는 여전히 난공불락이었다.

　삼성과 협력해 갤럭시 S 출시를 지원한 구글도 속을 알 수 없기는 마찬가지였다. 개방형 운영체제OS 안드로이드를 앞세워 애플을 제외한 모든 하드웨어 업체들과 손을 잡았지만 독자적 범용 운영체제를 확보하지 못한 삼성으로서는 안드로이드에 대한 종속 자체가 '불안한 동거'일 수밖에 없었다. 이 회장의 이런 걱정은 2011년 8월, 구글이 한때 삼성의 휴대폰 경쟁사였던 모토로라를 인수하면서 더욱 실감나게 다가왔다. 삼성과 구글의 협력 관계는 지금도 지속되고 있지만 애플과의 관계가 그랬듯이 언제 경쟁 관계로 전환할지는 아무도 속단할 수 없는 상황이다.

　하지만 이건희 회장의 위기의식을 굳이 애플과 구글로만 한정해 설명할 수도 없다. 그는 제품과 시장, 국내외 경제와 세계 정세를 동시에 생각하며 기회 요인과 위기 요인을 진단하는 일이 일상화되어 있는 인물이다. 경제계의 변화는 수많은 스톡Stock과 플로Flow들이 엉켜 복잡하게 전개된다. 여기에다 인식-판단-의사결정이 이뤄지는 동안 시간 지체 현상까지 나타난다. 경제학자들은 이를 동태적 복잡성이라고 부르는데, 이 회장의 위기감은 이 같은 경제계의 복잡성을 꿰뚫어 보려는 입체적 사고와 판단에서 비롯된 것으로 볼 수 있다.

　이건희 회장은 호황과 불황이 교차하는 시장에서 경제 흐름을 나름대로 예측하며 의사 판단을 하는 기업들의 행위가 얼마나 위험천만한 변화에 노출되어 있는지를 경험적으로 잘 알고 있다. 상호작용을 하는 수십, 수백만 가지 경제행위들이 몰고 오는 미지의 세계에 전율을 느끼면서 그 흐름이 일정 수준의 변곡점에 도달했을 때 주저 없이 선택과 결정, 실행을 한다. 출근경영은 그 동안 이 회장이 당도했던 수많은 선택지 중 하나였다. 호사가들의 영역에서는 "이 회장이 도대체 출근해서 무엇을 하는가?"가 관심사일 수 있겠지만 사실 그의 생활이 달라진 것이라곤 거의 없다. 보고를 받는 방식이든, 대화 내용이든, 그저 장소만 달라졌을 뿐이다.

사실 이건희 회장이 출근경영을 통해 임직원들에게 전파하고자 했던 메시지는 2011년 신년사에도 잘 드러나 있었다.

"지금부터 10년은 미래 100년을 향해 나아가는 새로운 도전의 시기가 될 것입니다. 21세기를 주도하며 흔들림 없이 성장하는 기업, 안심하고 일에 전념하는 기업을 목표로 삼아야 합니다. 사업구조가 선순환 되어야 하며 지금 삼성을 대표하는 대부분의 사업과 제품은 10년 안에 사라지고, 그 자리에 새로운 사업과 제품이 들어서야 합니다."

이 회장이 회사에 나가야겠다고 결심한 또 하나의 이유는 내부의 자만이었다. 안주와 자만은 파멸의 신호라는 것이 그의 지론이다. 한때의 성과에 취해 변화와 혁신을 게을리 하다가는 한순간에 뒤처지고 만다는 것이다. 이 회장은 상대적으로 느슨해진 조직 기강과 안일함에 젖어 있는 임직원들의 행태를 바로잡아야 한다고 판단했다. 동시에 자율경영에도 새로운 '규율'이 필요하다고 여겼다. 그 근본적 배경에는 '삼성=일류'라는 자만의식을 타파하겠다는 의지와 질타가 담겨 있었다. 최지성 미래전략실장은 이렇게 말했다.

"변화와 혁신은 지난 신경영 20년간 회장님의 트레이드마크였다고 해도 과언이 아닙니다. 회장님은 좀처럼 만족하는 법이 없습니다. 하나의 고비를 넘고 나면 바로 다음을 생각하지요. 그래서 누구보다도 걱정이 많고 고민이 깊습니다. 어떻게 보면 '미래는 불확실하다. 그래서 지금이 위기다'는 식의 사고가 체질화되어 있는 분입니다."

이건희 회장의 출근경영은 거대 삼성조직과 42만 임직원들에게 새로운 변화를 몰고 오기 위한 전략적 결정이었다. 그리고 1993년 신경영 선언 이후처럼 많은 것이 바뀌기 시작했다. 사업 전반의 현주소를 파악하면서 새로운 미래전략들이 속속 수립되었다. 이 회장이 과거 신경영 때만큼 일일이 지시하고 독려한 것은 많지 않았다. 다만 그 동안 만나지 못했던 일반 직원들과의 점심식사나 간담회를 하는 등 소통을 부쩍 확대했다. 20년 가까이 축적된 삼성의 학습 실행 역량은 그의 뜻을 빠르게 전파, 확산시켜 나갔다.

잔잔한 호수에 누군가 돌을 던지면 일시적으로 파장이 생기지만 곧 잠잠해진다. 하지만 여러 사람이 지속적으로 던진다면 그 파문은 쉴 새 없이 물결을 치고 앞으로 나아간다. 오랜 은둔을 깨고 서초사옥에 나타난 것 자체가 변화의 시작이었다.

출근경영은 신경영과 20년의 세월을 건너뛰어 같은 길을 추구하는 혁신으로 손을 맞잡았다고 볼 수 있다. 이 같은 길항拮抗이 삼성의 또 다른 전진, 단절 없는 혁신을 밀어 올리는 선순환의 고리를 만들어낼 것이다.

팁스토리 부정부패는 조직의 암

삼성은 깨끗한 조직문화를 지향한다. 임직원들의 부정과 부패는 그 어떤 것이라도 용인할 수 없다는 것이 창업주 이병철 선대회장 시절부터 내려오는 기업문화이다.

이병철 선대회장은 매일 아침 출근하면서 비서실장에게 쪽지 두 장을 건네줬다고 한다. 본인이 개인적으로 쓸 돈과 조직을 위해 써야 할 돈의 액수였다. 개인 용도의 돈은 개인 계좌에서, 조직을 위해 써야 할 돈은 회사 계좌에서 찾도록 했다고 한다. 중간에 용도나 액수가 바뀌면 쪽지를 새로 썼다.

오랫동안 삼성 자문교수로 일했던 이창우 전 성균관대 명예교수는 "윗물이 맑지 않으면 아랫물이 더러워진다고 여겼던 창업주는 오너였음에도 본인과 회사의 영역을 이처럼 엄격하게 구분했다"고 말했다.

이 같은 조직 관리의 엄정함은 이건희 회장 시대에도 예외가 아니다. 다만 이 회장은 '자율경영'과 '인간존중'의 경영 철학을 강조하면서 감사의 기능을 과거 네거티브 방식에서 포지티브 방식으로 바꿨다. 즉 부정이나 비리를 적발하던 종전 감사의 기능과 역할을 잘못된 방향을 바로잡아 주는 '경영지도'와 모범사례를 찾아 파격적 포상을 해주는 '발탁 감사'로 확대한 것이다. 그 수혜자들 가운데는 스타급 경영자들도 적지 않다. 이기태 전 삼성전자 부회장의 사례가 대표적이다.

1998년 삼성전자 구미공장에서 부서 담당자 간의 갈등으로 회사에 제법 큰 손실이 발생한 일이 있었다. 당시 삼성 비서실 감사팀이 사건을 조사한 결과, 이기태 당시 전무에게 도의적 책임을 물을 수 있는 사안이었다. 하지만 감사팀은 문제를 해결하기 위해 이 전무가 이끌던 팀에 인원을 보강해 주고 힘을 실어 주었다. 옛날 같았으면 자칫 회사를 떠날 수도 있었던 이 전무는 훗날 애니콜 돌풍을 일으키며 삼성 휴대폰 중흥기의 기틀을 마련했다.

2000년대 초중반 이기태 전 부회장과 함께 삼성전자 사각 편대의 한 축을 맡았던 이상완 전 삼성전자 LCD 사업 총괄사장도 비슷한 경우이다. 전무 시절 사업 적자 폭이 커지자 감사를 받게 된 것이다. 이상완 전무는 책임을 질 용의는 있지만 6개월만 더 기다려 달라고 요청했고 감사팀은 이를 받아들였다. 이후 LCD 사업은 화려한 부활을 통해 삼성전자의 캐시카우Cash Cow로 거듭났다.

오동진 전 삼성 감사팀장은 "삼성 감사가 갖고 있는 또 하나의 기능은 인재를 발굴하고 육성하는 일이었습니다. 개별 단위 조직에서 잘 드러나진 않지만, 묵묵히 일하며 전체 조직의 중추적 역할을 하는 사람들을 집중적으로 발탁했습니다"라고 설명했다.

그러나 입체적 감사 시스템에도 임직원들의 비리나 불합리한 관행이 완전히 근절되지는 않았다. 이건희 회장이 출근경영을 하게 된 배경 중에는 조직이 커지고 때로는 자율이 방만으로 흐르면서 일부 부정부패 사례들이 포착되고 있다는 보고도 작용했다. 특히 이 회장은 2011년 일부 계열사 경영진들의 비리 내용을 파악한 뒤 큰 충격을 받았다. 그는 그해 6월 삼성 경영진단팀 임원들과의 오찬 간담회에서 이렇게 말했다.

"큰 구상을 위해 7~8년 회사에 나오지 않는 동안 정말 많이 썩었다. 가만히 놔두면 불이 그룹 전체로 번질 것이다. 부정부패에는 향응도 있고 뇌물도 있지만 제일 나쁜 것이 부하직원을 닦달해서 부정한 일을 시키는 것이다. 자기 혼자 부정을 저지르는 것도 문제인데 부하까지 끌고 들어가면 부하는 나중에 저절로 부정에 입학하게 된다."

필생의 화두, 위기의식

2

돌이켜 보면 공식·비공식 석상을 가릴 것 없이 이건희 회장이 일관되게 강조해온 것은 바로 미래에 대한 두려움이었다. '10년'은 중간 키워드였다. 생각의 크기, 상상의 수준을 알게 하는 기간이다. 경영복귀를 선언했던 2010년 3월 24일도 마찬가지였다.

"지금이 진짜 위기다. 글로벌 일류 기업들이 무너지고 있다. 삼성도 언제 어떻게 될지 모른다. 앞으로 10년 내에 삼성을 대표하는 사업과 제품은 대부분 사라질 것이다. 다시 시작해야 한다. 머뭇거릴 시간이 없다. 앞만 보고 가자."

이 유서 깊은 '10년 위기론'의 장면을 2002년 6월, 이 회장이 용인 삼성인력개발원에 소집한 그룹 사장단 회의로 돌려보자. 당시 회의는 디지털 사업의 중장기 성장 전략을 토의하고 구체적 대비책을 마련하기 위한 자리였다. 사장단은 글로벌 시장 지배 기업의 전략 분석과 함께 디지털AV 제품, 부품사업 등의 일류화 추진 방안을 논의한 후 디지털 사업구조 재구축, 신규 사업 발굴 및 육성, 전략기술에 대한 R&D 체제 강화 등을 통해 2010년까지 세계 전자업계 톱 3에 진입한다는 전략을 수립했다.

샌드위치 위기론

이날 회의의 백미는 "5년 후 또는 10년 후에 무엇을 먹고살 것인가를 생각하면 식은땀이 난다"는 이건희 회장의 발언이었다. 그는 "5~10년 뒤 무엇으로 세계 1위를 할 것인지에 대한 중장기 전략과 목표를 수립하고, 이를 위해 첨단기술과 최고 인재를 조기에 확보할 것"을 주문했다. 특히 온갖 기술이 융합되는 디지털 컨버전스 시대를 맞아 사업부 간의 협력이 그 어느 때보다 필요하다는 점을 강조했다. 2002년은 삼성전자 시가총액이 일본의 소니를 추월한 기념비적인 해였지만, 그런 이정표 따위는 전혀 그의 관심을 끌지 못했다. 오히려 국내 언론에 삼성이 소니와 어깨를 나란히 하게 되었다는 보도가 연이어 나오자 "누가 이런 얘기를 언론에 떠들고 다니는가? 우리가 소니를 따라잡으려면 한참 멀었다"고 역정을 냈다.

필자가 보기에 이 회장이 미래에 대해 갖고 있는 불안과 두려움은 생래적인 것이 아니었다. 그 자신의 표현대로 오랜 사업 경험을 통해 '감각적으로' 느끼는 것이었다.

경영자들에게 '미래'는 철학적이고 사변적 의미의 시간이 아니라 구체적 두려움으로 다가온다. 스마트모바일 시대의 개척자인 스티브 잡스는 생전에 "미래는 예측하는 것이 아니라 창조하는 것"이라고 기염을 토했다. 하지만 참으로 도전적이고 당돌한 이 말을 정말 미래를 창조하겠다는 것으로 오해해서는 안 된다. 시간과 공간이 얽어 놓은 변화의 복잡성, 미래의 불확실성을 돌파하겠다는 의지로 이해해야 한다.

이건희 회장의 위기의식은 당대 우리 경제의 현실을 정확하게 짚어낼 때가 많았다. 그래서 더 호소력이 있었고 짧은 한마디에도 많은 이들이 공감을 표했다. 대표적인 것이 '샌드위치론'이었다.

이 회장은 2007년 1월 25일, 서울 신라호텔에서 열린 전경련 회장단 회의에서 "중국은 쫓아오고 일본은 앞서가는 상황에서 한국 경제는 샌드위치 신세다. 이를 극복하지 않으면 고생을 해야 하는 위치"라고 경고했다. 다음달 9일에는 서울 효창동 백범기념관에서 열린 '투명사회협약 대국민 보고대회' 행사장에서 기자들에게 "삼성뿐 아니라 우리나라 전체가 정신을 차리지 않으면 5~6년 뒤에는 큰 혼란을 맞게 될 것"이라고 말했다.

이 회장의 이 같은 발언에는 기본적으로 당시 반도체, LCD, 휴대폰 등 삼성전자 주력업종의 이익률이 갈수록 떨어지고 있는 상황에서 새로운 성장 동력을 찾지 못하고 있는 현실 인식이 깔려 있다고 볼 수 있었다. 실제로 삼성전자의 매출은 2004년부터 2006년까지 3년간 57~58조 원 사이에서 정체 상태를 벗어나지 못하고 있었다.

하지만 동시에 글로벌 시장의 급격한 판도 변화가 한국 산업의 경쟁력 전반을 위협하고 있다는 위기감이 '샌드위치론'으로 표출된 것이기도 하다. 당시 우리나라의 설비투자율은 10년 전 수준을 밑돌았고, 각종 규제와 반反기업 정서가 경제 전반의 활력을 꺾어놓고 있었다. 국내 주요 산업의 대對중국 기술 격차 또한 하루가 다르게 좁혀지고 있었다. 중국은 이동통신 장비와 디지털TV 분야에서 한국을 맹렬히 추격하고 있었다. MP3플레이어는 이미 2005년에 우리를 앞질렀다. 우리가 앞서 있던 휴대폰, LCD, 철강 등도 기술 격차가 1년으로 좁혀진 상태였다. 조선업계도 마찬가지였다. 한때 기술력에서 10년은 뒤처져 있다고 폄하되었던 중국 조선업체들은 2007년 초, 전 세계 선박 수주량의 절반 이상을 휩쓸며 한국을 제치고 1위에 올라섰다.

더 깊게 보고 연구해야 한다

이건희 회장은 늘 기회와 위기 요인을 예민하게 포착하며 앞날을 설계하고 준비해 왔다. 그것은 아무도 대신해 줄 수 없는 고독한 싸움이기도 했다. 노키아를 두려워하면서도 휴대폰 사업에 승부를 걸었고, 소니와 도시바의 힘을 알면서도 디지털TV와 낸드플래시 메모리 사업을 독자적으로 추진했다. '샌드위치 위기론'에서도 볼 수 있듯, 그는 밤잠을 설치게 만드는 중압감을 견뎌 왔다. 어떻게 보면 이 회장은 생래적으로 걱정이 많은 사람이다. 새로운 사업을 시작해 대규모 인력을 뽑을 때마다 그가 입버릇처럼 되뇌는 말은 듣기에도 힘겨운 것이었다. "이 사람들은 나 그리고 삼성을 믿고 온 것이 아닌가. 우리가 이 사람들을 끝까지 책임질 수 있을까"였다.

2013년 4월 6일 김포공항, 87일간의 해외 일정을 마치고 기자들을 만난 이건희 회장의 소감에도 신경영 20년을 관통하고 있는 위기감과 도전의식이 압축되어 있다. 얼핏 보면 그다지 대단할 것 없는 문구들로 이루어져 있지만 하나하나의 단어를 뜯어보면 적지 않은 세월 절치부심하며 하루도 편할 날 없이 살아왔던 한 기업인의 내적 고민이 녹아 있다. 그의 개혁 20년 소회다.

"이제 20년이 되었다고 안심해서는 안 됩니다. 모든 인간은 항상 위기의식을 갖고 더 열심히 뛰고 더 사물을 깊게 보고 연구해야 한다고 생각합니다."

> 팁스토리

이건희와 토플러

이건희 회장은 미래의 변화를 예측하기 위해 '미래학자'들을 자주 만나 혜안을 얻고자 했다. 앨빈 토플러도 그중 한 명이었다. 미국의 저명한 미래학자인 토플러는 1998년 4월 정부 초청으로 한국을 방문했다. 외환위기 발발로 한치 앞을 내다볼 수 없던 시절에 세계 최고의 미래학자가 방한한다는 소식은 큰 관심을 끌었다. 특히 그의 저서《제3의 물결》은 국내외에서 공전의 히트를 기록했다.

토플러는《제3의 물결》뿐 아니라《미래쇼크》《권력이동》등의 저서를 통해 관료조직 붕괴를 예언하고, 권력이 물리적 힘→경제력→지식과 정보력으로 이동한다고 역설했다. 토플러의 저서들을 읽은 이 회장은 자신과 토플러의 미래관이 매우 흡사하다는 데 주목하고 있었다. 두 사람은 봄기운이 완연한 한남동 승지원에서 만났다. 이 회장은 토플러를 정중히 접대하면서 '미래'에 대한 생각들을 주고받았다. 토플러는 한국이 IMF 체제로 어려움을 겪고 있지만 미래는 밝다고 하면서 희망을 잃지 말 것을 당부했다.

두 사람은 산업사회의 미래는 정보의 중요성이 부각될 것이며 변화가 초고속으로 이뤄질 것이라는 데 인식을 같이했다. 다만 토플러는 변화의 원동력을 '정보'라고 보는 데 반해 이건희 회장은 '기술의 진보'라고 생각했다. 토플러는 산업사회의 동질화·대중화 현상이 미래 사회에서는 이질화·개성화로 흘러갈 것이라고 내다본 반면 이 회장은 '소프트화'에 더 주목했다.

하지만 정부 역할의 감소, 국제화 추세 등에 있어서 두 사람의 견해는 거의 완벽하게 일치했다. 토플러는 특히 주요 경제주체의 변화 속도를 분석했는데 기업이 '시속 100마일'로 가장 앞서가면서 사회 다른 부문의 변혁을 주도하고 그 다음으로는 시민단체(90마일), 가족(60마일), 노조(30마일), 정부 조직(25마일), 학교(10마일), 국제기구(5마일)로 변화 속도의 순서를 매겼다. 이건희 회장이 '기업은 이류, 행정은 삼류, 정치는 사류'라고 진단하면서 정부와 기업, 시민이 같은 방향, 같은 속도로 변화해야 선진국으로 나아갈 수 있다는 견해와 맥을 같이하는 대목이다.

한편 토플러는 "젓가락질을 하는 민족이 21세기 정보화 시대를 지배한다"고 말해 한국이 정보산업 강국이 될 것을 예견하기도 했다. 이 역시 이건희 회장이 반도체 사업을 하는 데 우리 젓가락 문화의 섬세함이 적합하다고 진단했던 것과 비슷한 대목이다.

개혁의 상징, 프랑크푸르트 선언

3

그것은 원죄이기도 했다. 국내 대표기업 삼성이라는 착각, 우물 안 신화의 종말이었다. 악성종양은 은밀히 자라나고 있었다. 불량은 뿌리 깊이 자리 잡은 악습이었다. 삼성전자 세탁기는 부품 규격이 맞지 않아 종업원들이 칼로 표면을 깎아 냈다. 이런 모습이 삼성 사내방송(SBC)을 통해 그대로 방영되었다. 그런데도 해당 계열사들은 취재 내용이나 방영 일정을 사전에 전혀 알지도 못했다. 말 그대로 폭풍전야였다.

켐핀스키 호텔에서의 첫날밤

1993년 6월 초, 도쿄에서 프랑크푸르트로 향하는 루프트한자에는 삼성 최고 수뇌부 7~8명이 나란히 앉았다. 이건희 회장이 맨 앞줄에 앉았고 안민수 수행비서, 이창렬 비서팀장 등 당시 주요 멤버들이 뒷줄에 차례로 자리를 잡았다. 이 회장은 비행기 이륙 후 식사를 하면서 골똘히 서류를 보고 있었다. 한 시간쯤 지나자 그는 뒤를 돌아보면서 수행 임원들을 자신의 자리로 오라고 손짓했다. 그리고 모여든 측근들에게 삼성전자의 문제점들을 낱낱이 지적했다. 당시 비서실 전자담당 손욱 전무는 이 회장의 말을 이렇게 증언했다.

"일본인 고문이 올린 보고서에 이렇게 적혀 있습니다. '삼성 사람들은 공장에서 콘센트가 발에 걸리적거려도 제자리에 정리할 생각을 하지 않고 무심히 지나친다. 이런 기본적인 것들에 대해 문제의식을 가지고 말하는 사람이 하나도 없다.' 이런 문제점에 대해 여러분은 어떻게 생각합니까?"

여기서 이 회장이 언급한 보고서는 당시 삼성전자 오디오 부문 고문이었던 기보 마사오가 작성한 보고서이다.
이건희 회장은 이에 앞서 일본 고문들과 밤새 토론을 벌였다. 후쿠다 타미오, 기보 마사오 고문은 삼성에서 근무하면서 느낀 바를 솔직하게 적어서 이 회장에게 전달했다. 그는 보고서를 읽은 뒤 울화통이 터지고 화가 치밀어 올랐다. 후쿠다 보고서는 주로 디자인과 관련된 내용이며 기보 보고서는 삼성 사업장의 정리정돈 및 청결 상태 등 기본에 관한 사항이었다.

특히 이 회장은 〈경영과 디자인〉이라는 제목의 후쿠다 보고서에 깊은 인상을 받았으며, 이 보고서는 훗날 디자인경영의 촉매제가 되었다. 이 회장은 삼성전자 과장급 이상 임직원들에게 후쿠다 보고서를 탐독하도록 지시하기도 했다. 보고서의 골자는 이렇다.

"경영진과 디자인 부서가 서로를 모른다. 정보가 공유되지 않고 타 부서에 대한 이해가 부족하다 보니, 업무의 비효율성이 눈에 띈다. 디자인에 관한 프로세스 개선과 사고방식의 혁신이 필요하다."

이건희 회장은 임원들에게 이러한 보고서 내용을 설명한 뒤, 일본 전자산업의 경쟁력, 원자력, 산업용 전기 등 일본의 인프라에 관한 강의를 시작했다. 삼성의 현안에 대한 이야기도 있었지만 기업 성장을 위한 일반 조건에 대한 주제도 있었다. 이 회장은 "5WHY에 입각해서 토론해 보세요"라고 의견을 제시했고 관계자들은 열띤 토론을 벌였다. 목적지인 켐핀스키 호텔에 도착하고 난 뒤에도 이 회장은 임원들을 자신의 방으로 다시 불렀다. 독일 역사의 정취가 물씬 배어 있는 프랑크푸르트의 특급 호텔이었지만 일행들은 도시의 전통과 정취를 온전히 느낄 틈이 없었다. 관광은커녕 정신 없이 몰아치는 이 회장의 호출에 얼이 빠질 지경이었다.

임원들이 모인 시각이 오후 3시 30분쯤이었는데, 이 회장의 강연은 어느덧 다음날 새벽 2시를 넘어서고 있었다. 식사는 룸서비스로 대신했다. 새벽까지 토론이 이어지자 잠자코 옆에 있던 부인 홍라희 관장이 나섰다. "사람들도 피곤하니 이제 답을 알려드리세요. 그래야 내일 또 일을 할 수 있죠."

켐핀스키 호텔의 첫날은 앞으로 한 달간 이어지게 될 고된 여정의 예고편이었다. 문제의 비디오테이프 때문이었다. 일본에서 독일행 비행기를 타기 직전 하네다 공항을 떠나려는 이 회장에게 삼성사내방송팀이 제작한 30분짜리 비디오테이프가 전달됐고, 그것이 켐핀스키 호텔에서 공개된 것이다.

격노 그리고 세기말의 고민

그 테이프에는 세탁기 제조 과정에서 불량품이 어떻게 만들어지는지가 적나라하게 담겨 있었다. 세탁기 뚜껑 규격이 맞지 않아 직원들이 칼로 깎아 내는 장면도 생생하게 나왔다. 입술을 지그시 깨문 이 회장은 서울로 전화를 걸어 다음과 같이 지시했다.

"지금부터 내 말을 녹음하세요. 내가 질 경영을 그렇게도 강조했는데 이게 그 결과입니까? 수년간 그렇게도 강조했는데도 변한 게 고작 이겁니까? 나는 지금껏 속아 왔습니다. 사장들과 임원들 전부 프랑크푸르트로 집합시키세요. 이제부터 내가 직접 나설 겁니다."

사장단은 이 회장의 '격노'가 담긴 녹음테이프를 들었다. 삼성 핵심 경영진 200여 명은 허겁지겁 서울발 프랑크푸르트행 비행기에 몸을 실었다. 그때나 지금이나 또는 앞으로도 없을 진귀한 풍경이었다.

6월 7일, 비장한 표정의 이건희 회장이 호텔 내에 마련된 회의장에 모습을 드러냈다. 이날 그의 육성은 절규에 가까운 것이었다.

"세탁기만 저런 게 아닙니다. VCR 불량은 내가 몇 번이나 경험했습니다. 아끼는 테이프를 다 갉아먹으니 울화통이 터집니다. TV는 영화를 보는 도중에 퓨즈가 나가요. 당연히 고객들이 회사를 욕합니다. 불량이 나오면 100명 중 50명은 다시는 사지 않습니다. 뿐만 아니라 이 회사 제품은 엉터리라고 떠들고 다닙니다. 이런 게 바로 암입니다. 1979년부터 불량은 안 된다고 소리소리 질렀지만 부회장, 후계자라는 핸디캡 때문에 내 말이 먹히질 않았어요. 그런데 회장에 취임한 지 5년이 지나서도 '불량은 안 된다. 양이 아니라 질로 향해 가라'고 했는데 아직 양을 외치고 있습니다. 비서실장, 삼성전자 사장, 비서실 전자팀장이 모두 양을 지향합니다. 어처구니없는 발상, 썩어 빠진 정신입니다!"

격앙된 이 회장의 질타에 좌중은 그대로 얼어붙었다. 이날 참석자들은 "회장님이 그렇게 화내는 모습을 본 적이 없다"고 전했다. 이건희 회장은 실로 크게 실망했다. 그의 눈에 비친 삼성은 패망으로 가는 선로 위를 달리는 기차였다. 종착역을 바꾸지 않으면 기차 안에서 이리저리 아무리 뛰어봤자 소용없었다. 본인을 포함해 임직원들의 대오각성을 주문하는 그의 목소리는 지금 들어도 절절하다.

"뛸 사람은 뛰어라. 바빠 걸을 사람은 걸어라. 말리지 않는다. 걷기 싫으면 놀아라. 안 내쫓는다. 그러나 남의 발목은 잡지 말고 가만히 있어라. 왜 앞으로 가려는 사람을 옆으로 돌려놓는가?"

이른바 '질 경영'을 위해 "마누라와 자식 빼고 다 바꾸라"는 프랑크푸르트 선언은 그렇게 터져 나왔다. 이 선언이 훗날 삼성과 우리 사회에 얼마나 많은 반향을 일으켰는지는 뒤에 설명할 것이다.

1987년 호암 이병철 선대회장이 타계한 뒤 삼성 경영권을 물려받은 이 회장은 1992년 이전까지 이렇다 할 만한 대외 활동을 하지 않았다. 이즈음 그의 최대 고민은 '세기말 변화에 어떻게 대처할 것인가'였다. 사람들의 사고방식과 사회구조, 산업·경제의 흐름을 바꾸어 놓은 대 변화는 대개 세기말에 일어났다는 것이 고민의 출발점이었다. 실제로 근대 문명을 전개시킨 산업혁명이 18세기 말에 꽃피었고, 자본주의의 질적 전환이 일어난 시기도 19세기 말이었다. 20세기 말도 예외가 아니어서 산업사회에서 정보사회로의 패러다임 시프트가 본격화되고 있었다. 그 변화의 속도는 갈수록 빨라져 향후 5년, 10년의 변화는 지난 100년의 변화보다 훨씬 클 것으로 예견된다.

경제 외적으로는 냉전체제 종식과 함께 글로벌 경제전쟁 시대가 시작되었다. 소련이 붕괴되고 독일이 통일됐으며, 중국은 죽竹의 장막을 걷고 개혁·개방의 길로 나아갔다. 과거 냉전시대에는 동서 양 진영의 강대국이 약소국을 지원하고 보호해 주었다. 그러나 이제는 약소국을 지원해 줄 이념이나 당위성은 사라지고 이해관계에 따라 움직이는 무한경쟁 시대가 되었다는 것이 그의 판단이었다.

이건희 회장은 "우리나라가 처한 환경이 러시아, 중국, 일본 등 열강에 둘러싸였던 100년 전과 아주 비슷하다. 우리가 경제전쟁에서 패하고 일류 진입에 실패하면 우리 스스로 '제2의 이완용'이 될 수밖에 없다"는 비장한 각성을 하기에 이르렀다. 즉 국가와 기업이 외부 환경 변화를 읽지 못해 제대로 대응하지 못한다면 선진국들의 경제에 예속될 수밖에 없다고 생각한 것이다. 이와 같은 세기말의 격변 속에서 과연 삼성은 어떤 모습이고, 앞으로 어떻게 변해 가야 할 것인가. 세기말 변화에 대한 이 회장의 위기의식은 마침내 삼성 내부에 대한 성찰로 이어졌다.

LA에서 목격한 삼성의 현주소

그렇다면 당시 삼성은 어떤 모습이었을까. 1990년대 초 삼성전자는 국내에서조차 명실상부한 1등이 아니었다. 삼성 제품은 외국에서도 싸구려 취급을 받았다. 어느 누구도 삼성을 주목하지 않았다.

앞서 언급했듯이 이건희 회장은 자신이 영입한 일본인 고문들이 제출한 보고서를 읽으며 말할 수 없는 자괴감을 느꼈다. 결국 전면적 대수술이 불가피했다. 1988년 3월, 제2창업을 선언한 이후 끊임없이 변화와 개혁을 강조해 왔지만 그저 공염불에 그치고 만 것이다. 그는 한동안 허탈감에 빠졌다.

급기야 1992년 여름부터 겨울까지 길고 긴 불면의 날들이 시작되었다. 이대로 가다가는 삼성 전체가 날아갈지도 모른다는 위기감 탓에 입맛도 잃었다. 하루에 밥 한 공기를 겨우 먹을 정도였다. 체중은 10킬로그램 이상 줄었다.

그의 위기감은 1992년 말부터 표출되었다. 12월 1일, 취임 5주년 기념식에서 이건희 회장은 다섯 가지의 경영화두를 던졌다. 기회선점, 경영 인프라 확장, 자율경영 체제, 질 위주의 경영, 초일류 구현이었다. 그때만 해도 사장단의 반응은 무덤덤했다. 개혁을 결심한 이 회장은 1993년 새해가 밝자마자 수백 명의 중역들을 대동하는 해외 시장 순방 프로그램을 가동했다. 2월 LA, 3월 도쿄, 6월 프랑크푸르트와 런던, 7월 도쿄와 오사카, 후쿠오카로 이어지는 대장정이었다. 6개월에 걸쳐 1,800여 명을 대상으로 회의와 교육을 실시했다. 이 회장이 임직원들과 나눈 대화는 350시간에 달했다. 이를 풀어쓰면 A4용지 8,500매에 해당하는 방대한 분량이었다.

2월 LA에서 목격한 삼성 제품의 실상은 참혹했다. 삼성이 잘한다고 자부하며 만든 제품들은 현지 매장 구석에서 잔뜩 먼지를 뒤집어쓰고 있었다. 삼성전자 제품의 현주소를 뼈저리게 실감한 것이다. 소니, NEC 등 일본 전자제품들은 진열대 앞쪽 잘 보이는 곳에 정돈되어 있었지만 삼성 제품에는 누구 하나 눈길을 주지 않고 있는 상황을 목격한 것이다. 이건희 회장이 당시 김광호 삼성전자 사장 등 7~8명의 전자 사장단을 불러 모아 던진 첫 질문은 이랬다. "느낀 점이 무엇입니까?"

사장단은 꿀 먹은 벙어리일 수밖에 없었다. 그때 현지법인 관계자에게 당장 연회장을 물색하라는 이 회장의 지시가 떨어졌다. 그는 연회장에 삼성전자 제품과 일본 선진기업 제품을 비교해 전시하라고 주문했다. "삼성이라는 이름을 반환해야 한다. 먼지구덩이에 처박힌 것에다가 왜 삼성이란 이름을 쓰는가? 전시대에 놓여 있는 제품 중에도 뚜껑이 깨져 있거나 작동이 안 되는 것도 있다. 이는 주주, 종업원, 국민, 나라를 기만하는 행위이다"라고 통탄했다. LA에서 곧장 일본 도쿄로 날아가 진행된 회의에서도 이 회장의 질타는 계속되었다.

"정말 위기입니다. 위기의식을 가져야 합니다. 이대로 가면 안 된다고 했을 때부터라도 움직였으면 훨씬 여유를 가지고 할 수 있었는데. 이제 7년밖에 남지 않았습니다. 이 시간 내에 완전히 배수의 진을 치고 일해야 하는데, 40조가 넘는 이 큰 덩치를 갖고 왜 이렇게 위험한 모험을 하게 만듭니까? 종업원을 몇 만 명씩 거느리면서 자동화 시설 등 엄청난 투자를 하고서도 400~500억 원밖에 이익을 내지 못하고 있으니 삼성전자는 망한 회사나 다름없습니다……."

이 중에서도 특히 "7년밖에 남지 않았다"고 언급한 점을 주목할 필요가 있다. 그의 신경영 선언이 세기말적 대전환을 겨냥했다는 점에서다. 그는 삼성 제품이 이류라는 점, 그것도 그대로 있으면 삼류, 사류로 전락해 결국 망할지도 모른다는 절체절명의 위기감을 전 임직원이 공감하고 대변화에 나서기를 바랐다.

그것은 양量이냐 질質이냐의 선택이었고, 20세기의 패러다임이냐 21세기의 패러다임이냐의 선택이었으며, 국내 제일에 머물 것인가 아니면 세계시장으로 나아가 초일류로 도약할 것인가의 승부수였다.

"삼성이 바뀌지 않으면 내가 그만두겠다"

이 회장의 화두는 한마디로 "나부터 변해야 한다"였다. 비싼 돈을 들여가며 외국에서 회의를 가진 것 자체가 국내라는 우물에서 벗어나 넓은 세계 일류를 경험해 보라는 뜻이었다. 아울러 개인과 조직의 이기주의, 타율과 획일, 불량품을 만들면서도 문제의식조차 느끼지 못하는 도덕 불감증에 걸린 현실을 질타하고, 인간미와 도덕성을 회복하자는 호소였다. 그리하여 경영의 모든 부문에서 하루라도 빨리 질 위주로 전환해야만 세기말 대변화에서 살아남을 수 있다는 메시지였다.

이건희 회장의 스타일도 그야말로 파격이었다. 평소 남 앞에서 말하기보다 듣는 편이었던 그가 직접 나서서 열변을 토하자 임직원들은 엄청난 충격을 받았다. 대기업 총수가 임직원들을 대거 해외로 불러 모아서 직접 강의를 하고, 개혁을 호소하는 것은 상상조차 할 수 없던 일이었다. 그만큼 이 회장의 호소는 절박했고, 그런 과정을 거쳐 탄생한 신경영은 삼성의 어떤 경영 지침보다, 어떤 회사의 사업 전략보다도 생생한 목소리를 담고 있었으며 현실에 대한 뼈를 깎는 반성과 변화를 향한 뜨거운 열정을 품고 있었다. 오사카 회의 때 이 회장의 육성을 소개한다.

"나는 일본에 있을 때 일본 역사를 알기 위해 45분 비디오 45편짜리를 수십 번 보았습니다. 도쿠가와 이에야스 30회 이상, 도요토미 히데요시 10회 이상, 오다 노부나가 5회 이상……. 상상해 보세요. 시간과 정신을 얼마나 집중해야 하는지. 나는 과거 10년 동안을 그렇게 살아왔습니다. … 한 손을 묶고 24시간 살아보면 고통스러울 겁니다. 그러나 이를 극복해 보세요. 나는 해봤습니다. 이것이 습관이 되면 쾌감을 느끼고 그때 바뀐다는 것을 알게 될 겁니다."

혁신은 우리에게 무척 익숙한 단어이지만 그 자체가 위기 극복을 보장해 주는 것은 아니다. 방향을 잘못 잡은 혁신, 자기기만적 혁신, 현실과 괴리된 혁신 등의 사례는 얼마든지 찾아볼 수 있다.

기업들은 지금까지의 지식이나 경험으로 이해할 수 없는 현상이 나타났을 때 이것이 그저 비합리적이고 무질서한 일과성 현상인지, 아니면 더 큰 질서를 내재하고 있는 대변화의 시작인지를 가려낼 수 있는 혜안을 가져야 한다. 동시에 위기를 기회로 바꿀 수 있는 경영혁신 역량을 길러야 한다. 그런 점에서 1993년 이 회장과 삼성의 신경영은 아이디어와 방향성, 실행능력 모두에서 자기완결성을 갖고 있다고 볼 수 있다.

이제 이건희 신경영의 상징인 프랑크푸르트 강연의 하이라이트다.

"마누라와 자식 빼고 다 바꾸라"는 구호의 오리지널 버전을 공개한다. 그는 이 자리에서 개혁에 회장직을 걸겠다고까지 말하며 강력한 배수진을 쳤다.

"결국 내가 변해야 한다. 바꾸려면 철저히 바꿔야 한다. 극단적으로 얘기해 마누라와 자식 빼고 다 바꿔야 한다. 그래야 비서실이 변하고 계열사 사장과 임원이 바뀐다. 과장급 이상 3,000명이 바뀌어야 그룹이 바뀔 수 있다. 그 시기는 나도 모른다. 1년, 2년, 3년이 걸릴지 아무도 모른다. 나는 앞으로 5년간 이런 식으로 개혁 드라이브를 걸겠다. 그래도 바뀌지 않으면 그만두겠다. 10년(회장 취임 후 5년, 앞으로 5년)을 해도 안 된다면 영원히 안 되는 것이다."

팁스토리 신경영 이모저모

삼성 임직원들은 승진 교육을 받을 때마다 '신경영' 철학에 대한 교육을 받는다. 교재에는 신경영의 골격을 한눈에 정리한 '신경영 체계도'가 반드시 포함되어 있다. 신경영 체계도는 어떻게 만들어졌을까?

프랑크푸르트 회의 당시 이창렬 비서팀장, 손욱 비서실 전자담당, 고홍식 화학담당 등 3명은 이건희 회장의 어록을 정리해야겠다고 마음먹었다. 그들은 진정성을 갖고 온몸으로 쏟아 내는 이 회장의 '어록'을 주제별로 일목요연하게 정리하기로 했다. "이야기를 이렇게 많이 하시는데 우리가 한 번 핵심을 정리해 보자"고 해서 TF팀을 만들고 실무 작업을 통해 신경영 체계도를 만들었다. 이를 이 회장에게 보고하는 과정에서 '이 말씀은 이런 것 아닙니까?'라고 묻고 '맞다. 더 다듬어 봐라'고 확인하는 과정을 반복해 최종적으로 신경영 체계도가 완성되었다." 이창렬 비서팀장은 이렇게 말했다.

이 회장은 주로 직설화법을 구사했기에 외부로 나가서는 안 되는 내용이 많았다. 당시 내용에는 정치권과 정부를 향한 직설적 비판, 계열사 사장의 그릇된 경영 형태에 대한 신랄한 지적이 적지 않았다고 한다. 회장의 어록을 정리한 비서진은 DAT Digital Audio Tape Recorder 방식의 소니 녹음기를 사서 삭제해야 할 부분 등을 계속 편집해 나갔다. 유럽에 있는 DAT 방식 녹음기가 모두 동나는 바람에 일본에서 공수해올 정도로 많은 양의 테이프를 녹음하고 편집했다.

그러다 보니 항상 일손이 딸렸다. 그래서 서울에 연락해 인력을 충원했

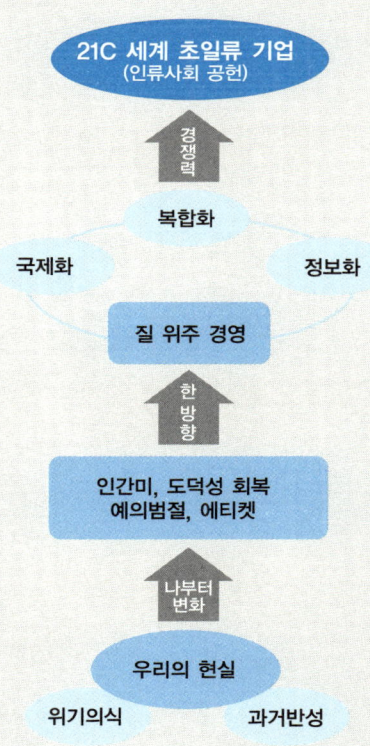

신경영의 골자를 한눈에 정리한 '신경영 체계도'

다. 200여 명의 임원들은 켐핀스키 호텔에서 약 열흘 정도를 묵었다. 5성급 호텔인 켐핀스키는 독일 최고급 호텔이었다. 당시 삼성 임원의 해외 숙박비 규정은 1박당 100달러 내외였는데 켐핀스키 호텔의 숙박비는 이를 훨씬 초과했다. 삼성의 '관리기준'으로 봐서는 이 호텔 숙박은 당초부터 불가능했던 일이었다.

회사의 손익을 관리하는 경리담당 임원들 사이에서 작은 논란이 일어났다는 사실을 전해 들은 이건희 회장은 거두절미하고 모두 켐핀스키에 묵으라고 지시했다. 당시 참석자들을 하루 이틀 머물고 귀국할 줄 알았는데 일정이 길어지면서 갈아 입을 속옷조차 없어 불편을 겪었다. 호텔 측에서는 중간 정산을 요구했는데, 카드 한도가 초과되었다고 한다.

어떤 루트를 통했는지 모르지만 이 사실을 알게 된 이 회장은 당시 삼성카드 최고경영진을 크게 질책했다. "이것밖에 안 되는가. 이런 한심한……." 이런 에피소드를 보면 당시 참석자들은 독일 최고 공장과 인프라를 견학시켜 '일류를 느끼게 해주겠다'는 이 회장의 의중을 제대로 깨닫지 못했던 것 같다.

전율과 긴장의 7·4제

4

　신경영 선언 이후 이건희 회장은 임직원들에게 변화를 체험할 수 있는 방안을 찾기 위해 장고에 들어갔다. 이창렬 비서팀장은 "질 경영을 어떻게 구현해 나갈지 고민이 깊었습니다. 그 고민으로 밤을 새기 일쑤였어요. 질을 구현하기 위해 무엇을 어떻게 해야 할지 수많은 문답을 되풀이하면서 회장님이 조기 출퇴근제를 아이디어로 던졌고 몇몇 참모들 사이에서 찬반 토론이 진행되었습니다"고 술회했다.

4시, 퇴근종이 울리다

　1993년 6월 말, 런던에서 일정을 마친 이건희 회장은 서울에 잠시 들렀다가 일본을 방문했다. 하네다 공항에 내린 이 회장은 서울로 전화를 걸어 '7·4제'를 실시할 것을 지시했다. 7시 출근, 4시 퇴근으로 임직원들의 근무시간을 전면 재조정하라는 것이었다. 삶의 질을 중시하는 '스마트 워킹'을 강조하고 유연·탄력 근무제를 시행하는 요즘 시각으로 봐도 가히 혁명적 발상이었다.

7·4제 실시는 당시 18만 삼성인뿐 아니라 '출근 시간은 9시, 퇴근 시간은 6시'라는 고정관념에 빠져 있던 모든 기업에게 큰 충격을 주었다. 7월 7일 오전 7시, 삼성 사장단들이 태평로 사옥에 모였다. 그 자리에서 7·4제를 지시한 이 회장의 육성 테이프가 공개되었다.

"아침 7시 내지 7시 30분에 시작해서 오후 4~5시 사이에 일과를 끝내 보세요. 그것도 이번 기회에! 그래서 귀가하기 전에 어느 곳을 들러서 운동을 하든지, 친구를 만나든지, 어학 등 공부를 하든지 하고 6시 30분 전에 집에 들어가라는 겁니다. 가끔 가족들과 외식도 하는 등 완전히 습관화시켜 보세요. 스케줄을 그렇게 만들어 주면 자연히 가정적인 사람이 되고, 친구 안 만나면 가족 불러내서 저녁 먹게 되고, 그런 것이 일주일에 최소한 두 번은 될 겁니다. … 과장에서 부장까지는 5시까지는 정리하고 모두 사무실을 나가세요. 이것은 명령입니다. '윗사람이 먼저 퇴근해야 하는데…'라는 발상, 이제는 더 이상 안 됩니다. 안 나가는 사람이 나쁜 사람입니다."

7·4제 시행은 삼성의 체질을 질 경영으로 전면 전환하기 위한 이건희 회장의 승부수였다. '변화'에 대한 절박감을 임직원들이 온몸으로

느끼게 하기 위한 고육책이었던 것이다. 오랜 습관으로 굳어진 시스템의 관성을 극복하려는 본격적 변화의 신호탄이었다.

신태균 삼성인력개발원 부원장은 "신경영에서 가장 상징적인 개혁이 바로 7·4제였습니다. 일상의 시스템을 바꾸어 실제 변화를 몸으로 느끼도록 하기 위한 조치였습니다"라고 평가했다. 처음에 많은 임직원들은 당황했다. 공연히 업무시간만 늘어나는 것 아니냐며 반신반의하는 분위기도 있었다. 오전 7시에 출근해 퇴근은 종전처럼 오후 6시를 넘기는 사람들도 없지 않았다. 4시에 퇴근하는 척하다가 저녁을 먹고 다시 회사로 들어오는 부서도 있었다.

그러자 이 회장은 "이렇게 말귀를 못 알아듣느냐"며 다시 한 번 호통을 치고 나섰다. 비서실은 오후 4시가 되면 주요 계열사들을 돌아다니며 퇴근 시간이 제대로 지켜지는지를 지속적으로 파악했다. 오후 4시가 넘어서도 직원들이 남아 있는 계열사의 사장은 그 경위를 일일이 설명해야 했다. 인사팀 직원이 사무실을 다니며 종을 치면서 퇴근을 독려하는 모습이 초창기 7·4제 풍경이었다. 당시 전자계열사 K모 전무는 직원들에게 "퇴근 시간도 아닌데 왜 이렇게 일찍 퇴근하느냐"고 말했다가 징계를 받기도 했다.

이창렬 당시 비서팀장은 이렇게 회고했다. "7·4제 시행 후 회장님이 가끔 새벽에 회사를 나왔습니다. 제도가 제대로 시행되는지 지켜보기 위해서였어요. 당시 저는 분당에 살아서 어떨 때는 회장님보다 늦어 민망한 적도 있었습니다. 그런 모습을 보면서 정말 혼신의 각오로 신경영을 추진한다는 것을 느낄 수 있었습니다."

7·4제의 취지는 업무의 양은 줄이되 질은 높이자는 것이었다. 과거에는 초과근무로 일의 양을 늘렸지만 이제는 일의 질을 높여서 종래 10시간 걸려서 하던 일을 8시간에 마치자는 것이었다. 또한 업무의 질을 높여서 얻게 되는 여유시간을 자기계발에 활용하면 결국 개인의 득이요 회사의 득이며 나아가 국가의 득이 된다는 것이 근본 취지였다. 점차 임직원들이 이 회장의 이런 뜻을 이해하게 되면서 새로운 근무 시스템은 자리를 잡아 갔다.

7·4제는 이건희 회장의 입체적 사고의 결과물이기도 하다. 우선 제품의 질을 높이려면 종업원 삶의 질이 높아져야 하며, 그러기 위해서는 임직원들이 자기계발을 할 수 있는 기회가 주어져야 한다는 것이 그의 판단이었다. 실제 삼성 비서실이 7·4제 이전과 이후 임직원 자격증 취득 현황을 조사한 것을 살펴보면 7·4제 이후 외국어 자격 및 정보화 자격증 취득자가 2~3배씩 증가했다. 이 회장은 7·4제 실시 후 사장단들과의 모임에서 그 의미를 이렇게 평가했다.

"18만 명이 출퇴근 시간에 하루 한 시간씩 득을 보면 이것이 결국 국가 전체에도 득이 된다. 지금부터 30년 동안 하루 한 시간만 퇴근 시간 이후에 뭔가를 하면 그 방면에서 전문가가 될 것이다. 한 가지를 천 번 하면 박사가 된다. 정보가 상식이 되고, 상식이 모여 지식이 되며 결국 지혜로 통한다. 이런 식으로 전무까지 쭉 올라오면 이것이 진정 평생직장이라는 사실을 깨닫게 될 거다. 이것은 이 세상에는 아직 없는 월급쟁이 천국을 만들어 보겠다는 새로운 도전이다."

삼성 임직원들은 7·4제를 통해 업무를 효율적으로 처리할 수 있는 방안을 연구하기 시작했다. 먼저 자신의 업무를 냉철히 분석해 나갔다. 시간을 질질 끌면서 하던 일을 짧은 시간에 효율적으로 처리하고 개인이나 부서 간에 중복되는 일, 비효율적 업무를 찾아냈다. 또한 집중적으로 일하고 능률을 더 높이기 위해 출근 이후 9시까지는 부서 간의 연락을 자제하기도 했다.

변화의 요체는 자기 자신이다. 변화는 자기 자신을 정확히 아는 것에서부터 출발한다. 나를 완벽하게 알아야 '왜'를 반복하며 생각을 거듭하게 된다. 이건희 회장이 제시한 변화의 방식은 지금, 나부터, 작은 것부터의 시작이었다. 7·4제는 삼성인들을 이런 식으로 각성시켜 나갔다. 당시 비서실 인사담당 임원이었던 김인 삼성라이온즈 사장은 이렇게 말했다. "오후 4시 퇴근이 정착되면서 임직원들의 생각과 행동에도 많은 변화가 나타났어요. 외국어를 공부하고 야간대학원에 진학하는가 하면 좀 더 많은 시간을 가족과 함께 보내는 등 삶의 질을 생각하는 새로운 라이프스타일이 정착되기 시작했습니다. 회사 차원에서도 임직원 개개인의 변화 및 조직문화 혁신을 위한 다양한 지원책을 마련하게 되었습니다."

1993년 11월에는 서울 서초동에 수영장과 헬스장, 볼링장, 실내 골프연습장 등을 구비한 삼성레포츠센터를 개관해 임직원과 가족들이 이용할 수 있도록 했다. 1994년 6월에는 서소문 서울연수소 빌딩에 삼성생활문화센터를 열어 교육·의료·문화·탁아 등의 시설을 무료로 이용할 수 있도록 했다.

시행 2년이 지나 7·4제가 뿌리를 내리자 삼성 계열사들은 이를 업무 특성에 따라 변형하거나 자율 근무제로 발전시켜 나갔다. 서울 태평로 삼성본관 주변은 7·4제, 기타 사업장은 8·5제를 실시하고 한 회사 내에서도 영업직은 9·6제, 연구소는 자율 근무제를 적용했다.

삼성 신경영과 7·4제는 외부에도 큰 반향을 일으켰다. '이건희 신드롬'이라는 용어가 등장할 정도로 사회 일반의 관심이 높아졌다. 1994년 1월 당시 집권당인 민자당 사무처 당직자 390명이 경기도 용인 삼성인력개발원에서 "나부터 변해야 한다"를 주제로 교육을 받은 것을 비롯해 교육부 및 내무부, 서울시 경찰청 등의 정부기관들도 삼성인력개발원을 찾았다. 신경영 선언 이후 일 년 사이에 삼성인력개발원에서 연수를 받은 외부 인원은 총 6,800명에 달했다. 삼성에서 시작된 공무원 경제교육은 1994년에 붐을 이루어 많은 대기업들도 그와 비슷한 과정을 실시했다. 삼성이 시행한 구체적 개혁 조치들도 외부로 널리 확산되었다. 특히 조기 출퇴근제는 대기업뿐만 아니라 중소기업으로까지 확산되어 나갔다.

고정관념과 타성을 깨는 것은 정말 어려운 일이다. 개혁이 실패하는 이유는 저항에 부딪쳐 추진력을 잃거나 구체적 실천방안이 없어 시간이 지날수록 흐지부지되기 때문이다. 그런 점에서 7·4제는 삼성인들의 생각과 행동을 양 위주에서 질 위주로 바꾸는 데 결정적 기여를 한 조치였다. 이건희 회장이 신경영 이후 오늘날까지 쏟아 내고 있는 숱한 개혁적 조치들을 떠받친 상징적 이정표이기도 했다.

> 팁스토리

관리의 삼성? 창조의 삼성!

과거 삼성의 모토는 '관리의 삼성'이었다. 호암 이병철 선대회장 시절 만들어졌던 이 표현은 '일등 삼성'과 동의어였다. 1987년 이건희 회장이 취임하고 난 뒤 '인재-기술 제일주의'를 표방하고 나왔을 때도 삼성을 일컫는 한마디는 '관리의 삼성'이었다.

삼성의 관리는 인사와 예산을 통제하는 데서 시작된다. 변화의 속도가 빠르지 않았을 때 그리고 지금처럼 인적 구성과 비즈니스 모델이 다양하지 않았을 때 '관리'는 굉장한 위력을 발휘했다. 이 회장은 신경영 당시 자신이 회의석상에서 했던 발언을 모두 녹음하도록 하여 임원들에게 의무적으로 들려주었다. 이른바 '관리통'들은 회장의 발언에 녹아 있는 강조점과 이행사항을 따로 분리해 필요한 인물들을 적재적소에 앉히고 예산을 배분했다.

이는 미국 제너럴일렉트릭GE의 '톱다운Top down' 식 경영혁신과도 궤를 같이하는 방식이다. GE의 경영자들은 지금도 중량급 고객들을 만날 경우 5년 내에 100만 달러 이상의 수익을 낼 수 있는 사업군 선정을 협의한다. 그런 식으로 형성된 회의체가 80여 개에 이른다고 한다.

삼성이 관리가 강했던 이유는 최고경영자의 아이디어나 의지를 구체화하는 중간 관리자들의 능력이 뛰어났기 때문이다. 인재들로 가득 찼던 옛 비서실은 이런 중간 관리자들의 집합체였다. 성실한 업무 태도, 완벽한 일처리, 철저한 사후평가, 끝을 보는 회의 문화 등은 여전히 삼성의 중요한 자산이었다.

'관리의 삼성'이 새로운 전환점을 맞이하기 시작한 시기는 2006년 초, 이건희 회장이 '창조경영'을 주창하고 나왔을 때였다. 많은 삼성인들은 관리의 시대가 가고 새로운 경영이 시작된다고 이해했다. 어감 상으로도 '관리'와 '창조'는 상극인 것 같았다. 톱다운 혁신에 익숙해 있던 삼성인들은 모호한 슬로건에 당장 구체적 변화의 방향이 제시되지 않자 "도대체 뭐가 달라지는 것이냐?"고 반문하기 시작했다.

그러던 와중에 '삼성특검' 사태가 터졌다. 이 회장은 임직원들에게 창조경영의 진면목을 이해시킬 시간과 여유를 갖지 못했다. 추상적 슬로건에 강력한 실행의 에너지를 주입할 수 있는 틈을 찾지 못했던 것이다. 그래서 지금의 삼성은 충분히 글로벌화 되었지만, 기업문화의 측면에서 보면 '관리'와 '창조'의 중간단계에 머물고 있는 것처럼 보인다.

당초 이건희 회장이 주창한 창조는 예술가나 과학자들이 언급하는 창조와는 다르다. 기업에 있어 창조는 뭔가 새롭고 유용하며 가치 있는 것을 만들어내는 작업이고 그런 점에서 창조경영은 '창조적 아이디어를 사업으로 연결시킬 수 있는 지속적 혁신'을 의미한다고 이해할 수 있다.

따라서 창조경영이 성공하려면 창조적 아이디어가 사장되지 않고 혁신으로 연결될 수 있는 실행 프로세스를 보유하고 있어야 한다. 그렇기 때문에 관리와 창조는 상호 보완적이라고 할 수 있다. 삼성의 전통적 관리가 이제 그 대상과 방식을 바꿔야 할 시점에 와 있는 것이다. 인력 영입만으로는 조직의 창의성을 극대화할 수 없다. 비록 아이디어가 많은 인재를 보유하고 있더라도 창조성을 발현할 수 있는 여건이 갖춰져 있지 않으면 아무 소용이 없다. 그렇다고 완전히 자유방임으로 관리할 수도 없다. 실행 전략 없이 아이디어만 난무하는 조직은 가시적 성과를 내기 어렵다

우리는 저명한 심리학자이자 창조적 시스템 이론을 제시한 미국 시카고대학의 미하이 칙센트미하이 교수의 분석을 경청할 필요가 있다. 그에 따르면 창조경영의 시스템은 개인individual, 분야field, 영역domain으로 구성된다. 개인은 새로운 아이디어나 지식을 만들어내는 사람이다. 분야는 개인의 아이디어를 선별하고 자원 배분을 결정하는 존재이다. 기업의 경우 사업화나 투자여부를 결정하는 의사결정권자가 이에 해당된다. 마지막으로 영역은 과거에 생성된 지식이나 정보 규칙 절차 등의 집합체다. 기업 내에 존재하는 각종 정보, 지식, 기술, 관행, 문화, 제도 등이 해당된다.

창조경영은 이 세 가지 요소가 상호작용하는 가운데 구현된다. '개인'이 고정관념을 깨는 아이디어를 제시하면 '분야'의 의사결정권자가 이를 평가하고 자원 배분 여부를 결정한다. 아이디어가 구체화되면 새로운 지식이나 관행 등의 형태로 '영역'에 정착한다. 따라서 아무리 창조적 아이디어가 백출하더라도 평가나 선택을 담당하는 의사결정권자가 거부해 버리면 공염불에 그치고 만다.

일선에서 창조를 담당하는 개인의 역량이 떨어지거나 이들이 일상에 매몰되어 있어 새로운 시도를 할 여력이 없을 때는 어떻게 해야 할까? '관리쟁이'들은 창조 역량이 뛰어난 인재를 외부에서 뽑아 오거나, 일상에 지친 직원들이 창의적 업무에 몰입할 수 있는 여건을 만들어 주어야 한다.

반면 탁월한 한두 명이 창조적 혁신을 간헐적으로는 일으키지만, 지속성이 결여되어 있다면 어떻게 해야 할까? 창조를 지원하는 내부 인프라를 뜯어고쳐야 한다. 창조 지향적 교육을 실시하고 관리 방식과 조직문화에 변화를 줘야 한다.

결국 기업 조직에서 관리와 창조는 따로 갈 수 있는 것이 아니다. 창조적 활동에 대한 지원과 통제는 관리가 지향해야 할 양날의 칼이다. 돌이켜보면 이 회장이 창조경영을 추진하려 한 이유는 경영 시스템 전반을 창조의 관점에서 평가하고 재설계함으로써 과거 7·4제 도입을 통해 그랬듯이 기업 체질을 획기적으로 바꾸려는 시도였던 것으로 해석할 수 있다.

창조적 파괴

5

성공적 기업을 일구기는 어렵다. 하지만 성공을 계속 이어 가기는 더욱 어렵다. 기업들은 대개 현재의 강점분야만 고집하거나 기존 역량을 활용하려는 관성을 갖고 있다. 이른바 '역량의 함정'이다. 여기에는 이미 투자한 자원을 최대한 활용해야 한다는 강박관념도 작용하고 있다.

성공한 기업들은 종종 창조적 아이디어를 죽이는 체계적 시스템을 갖고 있다는 사실을 망각한다. 특히 시장의 질서를 일거에 무너뜨리는 와해성 혁신의 경우, 규모를 중시하고 정교한 예측을 요구하는 기존의 경영 마인드로서는 채택하기 어려운 것이 현실이다. 하지만 그러다가 무너진다.

지속적으로 성공하는 조직은 과거의 영광에 집착하지 않고, 변화하는 환경 속에서 자라나고 있는 성공과 실패의 싹을 관찰한다. 그렇게 해야 훨씬 더 급격하고 단절적인 변화에 능동적으로 대응할 수 있다.

비관을 긍정으로 바꾸는 마법

'잘나갈 때가 위기'라는 위기의식으로 무장한 이건희 회장은 기본적으로 비관의 경영자이다. 실제로 그는 1993년 〈한국경제신문〉과의 단독 인터뷰에서 "기업가란 항상 비관적이다. 모든 것을 비관적 바탕 위에 놓고 긍정적 결과를 바라는 것이 기업"이라고 말한 적이 있다.

그러나 위기감이 부려 놓은 비관이야말로 이 회장에게는 창조적 파괴의 원천이었다. 그는 자신의 트레이드마크인 변화와 혁신을 위해 끊임없이 부수고 파괴한 뒤 재건하는 일을 반복했다. 신경영을 전후로 진행했던 라인스톱제, 과거 청산, 무선전화기 화형식에 이어 2003년 브라운관 TV 생산중단 등이 그 대표적 사례였다.

이 회장은 이 같은 파괴적 혁신이 조직 내 공명을 일으킬 때 긍정의 자기복제가 확산되고 기업 경쟁력이 높아진다는 확신을 갖고 있는 사람이다. 비관을 긍정으로 바꾸는 경영자의 마법, 세계를 상대로 싸우는 기업가의 전략이기도 하다.

이 회장은 프랑크푸르트 선언과 7·4제의 전격 시행 이후 숨 돌릴 틈 없이 내부개혁에 착수했다. '다 바꾸라'는 기치를 내걸었던 만큼 실로 파괴적이고 파격적인 행보를 이어 갔다. 기존 관행과 가치, 시스템을 전면 부정했다. 단호하면서도 거침이 없었다. 신경영은 그렇게 창조적 파괴를 먹고 자기증식을 해나갔다.

'라인스톱제'는 "품질을 위해서라면 라인을 세우라"는 지시였다. 당시 삼성 컬러 TV의 불량률은 6~8퍼센트에 달했다. 최소 3퍼센트 이내로 관리해야 할 VCR은 8퍼센트 대였다. 냉장고, 전자레인지, 세탁기 등도 마찬가지였다. 이런 현실을 직시한 그는 프랑크푸르트에서 "불량은 암이다", "30,000명이 만들고 6,000명이 수리하는 삼성전자는 망한 회사나 다름없다"는 질책을 쏟아 냈다.

라인스톱제는 양 위주의 경영에 젖어 있던 삼성 경영진들로서는 쉽게 받아들이기 힘든 제도였다. 통상 수십, 수백 번의 조립공정을 갖고 있는 전자회사 라인에서 한 곳에 결함이 발생해 전체 라인을 세울 경우 매출과 생산성 손실은 이만저만이 아니다. 결함은 최종 조립라인에서 걸러내고 해결하는 것이 관행이었다. 일선 경영진의 관심은 오로지 전년에 비해 얼마나 많이 생산하고 판매했는가였다.

하지만 이 회장은 이 제도를 전자를 비롯한 전 계열사에 전격 시행했다. 근본적으로 불량률을 낮추지 않으면 세계시장에서 승부가 불가능하다는 판단에서였다. 그는 "질을 위해서는 한 달이고 두 달이고 무조건 공장 가동을 멈추라. 목표 대비 110퍼센트 생산은 더 이상 하지 마라. 90퍼센트도 좋고 80퍼센트, 20퍼센트도 괜찮다"고 강조했다.

불량을 불사르다

이건희 회장에게 있어 양과 질은 처음부터 비교 대상이 아니었다. 하나를 포기하고 하나를 얻겠다는 식이 아니었다.

라인스톱제에는 단기 시장 점유율과 매출을 포기하고서라도 품질에 대한 인식의 전환을 완벽하게 이루겠다는 의지가 담겨 있었다. 라인스톱제는 금융과 서비스 부문에도 적용되었다. 서비스 라인스톱제는 서비스 수준이 일정 기준에 미달하거나 문제가 있는 부서에 대해서는 업무를 중지하고 특별교육 등의 방법을 통해 품질을 높이도록 한 것이다. 삼성화재의 경우 1994년 대전 지점 등에서 모두 6회의 라인스톱이 행해졌으며, 삼성카드는 가맹점 실태조사 후 불량 가맹점이 발견될 경우 문제점을 개선하고 나서 재개점하거나 아예 등록을 취소시켰다.

1994년 삼성물산은 6개 의류 대리점에서 라인스톱 조치를 취했다. 삼성건설은 부실공사 방지를 위해 공사중단권 발동제를 도입했다. 삼성에버랜드는 1995년 2월 서비스 불친절, 불결, 시설불량 매장에 대해 과감히 영업을 중단하는 드롭커튼제를 실시했고, 친절서비스 불량자를 재교육하고 현장에 투입하는 오프스테이지제를 도입했다.

그 다음은 주요 계열사와 사업부들을 대상으로 한 '과거 청산'이었다. 이 회장은 7월 5일, 도쿄회의에서 "일체의 책임을 묻지 않을 테니 지금까지 저질렀던 실수나 비리, 덮어 두었던 문제점 등 모든 것을 끄집어내라"고 지시했다. 끝까지 감췄다가 나중에 발각되면 관련자들을 엄중히 문책하겠다고도 했다.

　이는 삼성의 현 위치를 자각한 상태에서 새로운 변화와 출발을 모색해야 한다는 판단에 따른 것이었다. 그러자 과거 양 위주의 경영에서 비롯된 부실자산, 불용자재, 악성재고 등 누적된 부실과 문제점들이 줄줄이 보고되었다. 이건희 회장은 관련 임직원들을 일괄 면책하면서 부실자산들을 정리하고 문제점들을 고쳐 나갔다. 아울러 부실을 사전에 예방하기 위해 과거 부실 사례를 정리하여 임직원에게 교육시킴으로써 경각심을 고취시켰다.

　이 회장의 창조적 파괴는 1995년 '불량제품 화형식'에서 절정에 달했다. 1994년 삼성전자 무선사업부는 무리하게 제품 출시를 서두르다 불량률이 11.8퍼센트까지 치솟았다. 때마침 회사에서 추석 선물로 임직원들에게 제공한 무선전화기에서 불량이 발견되어 직원들의 불만이 터져 나왔다.

　이 회장은 "신경영 이후에도 이런 나쁜 물건을 만들고, 엉터리 물건을 파는 정신은 무엇인가? 적자 내고, 고객으로부터 인심 잃고, 악평을 받으면서 이런 사업을 왜 하는가? 삼성에서 수준 미달의 제품을 만드는 것은 죄악이다. 회사 문을 닫는 한이 있더라도 반드시 시정해야 한다"며 문제의 심각성을 강하게 질타했다.

　뒤이어 15만 대의 전화기가 구미사업장 운동장에 쌓였다. 2,000여 명의 임직원이 지켜보는 앞에서 해머를 든 여남은 명이 전화기 더미를 내리쳤고, 산산조각 난 전화기들이 불구덩이에 던져졌다. 엄청난 충격요법이었다. 이기태 당시 무선사업부 이사는 이렇게 말했다.

"제품이 불타는 것을 보니 만감이 교차하더군요. 그런데 불도저가 잿더미를 밀고 갈 때쯤 이상하게도 갑자기 각오랄까, 결연함이 생겨났습니다. 다들 주먹을 불끈 쥐었어요. 우리 모두에게 그 불길은 과거와의 단절로 다가왔습니다."

1994년 4위에 그쳤던 삼성 무선전화기의 국내 점유율은 1995년 19퍼센트로 1위에 올랐다. 이러한 가시적 조치와 노력을 통해 '불량은 곧 암'이라는 인식이 삼성인들 가슴속에 자리를 잡아 갔고, 현장 구석구석에 숨어 있는 부실 요인을 찾아 고치는 풍토가 삼성 전체로 확산되었다.

이건희 회장의 이 같은 창조적 파괴는 2000년 도요타의 오쿠다 히로시 회장이 '타도 도요타'를 밀레니엄 슬로건으로 내걸었을 때 새삼 주목을 받았다. 도요타가 삼성에게서 어느 정도 영향을 받았는지는 정확하게 확인할 길이 없지만, 도요타가 조직 내 도전정신이 사라지고 있다는 점을 질타하면서 "도요타의 적은 내부에 있다"고 선언했을 때 많은 삼성인들은 무선전화기 화형식을 떠올렸다.

팁스토리 **품질은 화장실에서부터**

"용변의 욕구도 해결해 주지 못하면서 어찌 품질을 바라겠는가?"

이건희 회장이 1980년대부터 공장을 방문할 때마다 반드시 점검하는 곳이 있다. 직원 식당과 화장실이다. 직원 식당이야 이해가 가지만 왜 하필 화장실일까?

부회장 시절, 이 회장은 수원 공장을 방문해 화장실을 둘러봤다. 화장실 곳곳에 신문지가 널브러져 있는 등 지저분하기 이를 데 없었다. 이 회장은 그 자리에서 "용변은 인간의 가장 기본 욕구인데, 이를 제대로 해결해 주지도 못하면서 어찌 품질을 바라겠는가?"라고 경영진을 강력하게 질책했던 것으로 알려졌다.

화장실 청결 문제에 대한 이 회장의 관심은 그 이후에도 줄곧 이어졌다. 프랑크푸르트 선언이 있었던 1993년 6월, 그는 삼성전관(현 삼성SDI) 독일 생산 법인을 방문했다. 이곳에서도 어김없이 화장실을 둘러본 이 회장은 갖가지 주문을 쏟아 냈다.

"화장실이 왜 이리 어두워요? 편안하고 아늑하게 느껴져야 할 곳이 이렇게 지저분하면 어떡합니까? 벽에 조화造花라도 붙이세요. 비누는 손을 뽑으면 바로 잡히는 곳에 있어야 하지 않겠어요? 거울도 좀 큰 걸로 갖다 놓으세요."

수행 중이던 K모 전무는 도무지 할 말이 없었다. 그저 거침없이 쏟아내는 회장의 말을 수첩에 받아 적기에 급급했다. 삼성전관 독일 법인은 바로 일 년 전인 1992년 이 회장이 직접 나서 치열한 경쟁을 거쳐 인수한 공장이다. 삼성전관은 즉각 수십만 마르크를 들여 호텔 수준으로 화장실을 개조하기 시작했다.

이건희 회장이 화장실 청결을 강조하는 배경에는 회사가 종업원의 인간적인 삶을 보장해 줘야 한다는 철학과 함께 품질에 대한 강한 의지도 녹아 있다.

이 회장은 반도체 업의 특성을 '양심산업'이라고 정의하고 있다. 공정을 책임지고 있는 종업원 한 사람 한 사람의 양심이 불량하면 수율이 떨어진다는 것이 그의 지론이다. 그래서 직원들의 양심 배가 운동이 꼭 필요한데 화장실이나 직원 식당 같은 기본 복지조차 제대로 갖추지 않고 직원들의 편의를 돌봐 주지 않은 상태에서 어떻게 직원들의 양심을 기대할 수 있느냐는 것이다.

손욱 전 삼성종합기술원 원장은 "종업원들이 보다 쾌적한 상태에서 일할 수 있어야 품질과 서비스가 좋아진다는 것이 이건희 식 경영 관리"였다고 분석했다.

삼성은 이 회장의 이런 철학을 실천하기 위해 1990년대 중반부터 전 계열사 사업장의 화장실을 고급화하기 시작했다. 당시 일본 오쿠라 호텔 수준으로 만들라는 것이 그의 지시 내용이었다. 비데가 흔치 않았던 1990년대 후반부터 사업장별로 비데가 설치된 배경이다.

통찰력의 산물, 업의 개념
6

　전문가와 비전문가를 가르는 기준은 모호하다. 과학적이고 계량적인 분석과 진단 능력을 갖고 있다고 해서 모두 전문가라는 칭호를 얻을 수 있는 것은 아니다. 아주 초보적 개념의 전문가로는 변호사, 회계사, 컴퓨터프로그래머, 기상학자, 통계학자, 지질학자 등을 들 수 있을 것이다. 대개 자격과 자질을 측정하는 시험을 통과하거나 일정 학습 프로그램을 이수한 사람들이다. 이들은 주로 과거를 연구하며 경험과 학습 역량의 범위 내에서 주어진 문제에 대한 해결을 시도한다.

　그러나 뛰어난 통계학자가 경제의 흐름을 정확하게 예측하거나, 회계사가 미래 기업경영이 나아가야 할 바를 명확히 제시할 수는 없다. 마찬가지로 기상학자가 일기의 불규칙한 변화를 미리 예측해 우리의 나들이 날짜나 계절상품의 론칭 시기와 생산 규모를 정확하게 알려줄 수도 없다.

변화에 대한 예측, 즉 미래를 다루는 분야에는 또 다른 능력이 필요하다. 바로 직관과 입체적 사고이다. 우리가 흔히 최고의 전문가로 일컫는 사람들은 분석과 지식 습득 외에 매일 쏟아져 들어오는 무수한 정보를 처리할 수 있는 지적 역량과 선견력을 갖고 있다. 물론 세칭 '최고 전문가'들도 사후적으로 많이 틀린다. 최고의 싱크탱크들이 내놓은 경제성장률 전망치가 불과 몇 개월도 지나지 않아 수정되는 일이 비일비재하다. 그럴 때마다 '경제학 무용론'이 제기되지만 경제학자들의 효용은 결코 줄어들지 않는다. 실수가 잦을수록, 예측이 빗나가는 폭이 커질수록 그들의 목소리는 더 높아진다. 직관이 통제할 수 없는 범위를 벗어나는 사건이 생겼는데 어떡하느냐는 변명도 당당하게 곁들인다. 그래서 그 사건을 다시 '정밀하게' 분석해 과거의 오류가 되풀이되지 않도록 하는 것이 자신들의 역할이라고 강변한다. 그것이 현실의 아이러니이다.

카드업은 외상 관리가 핵심

하지만 경제학자들과 달리 실수를 저지른 경영자들은 엄중한 추궁을 받는다. 경영자의 실패는 해당 기업의 주주나 종업원에는 재앙이나 마찬가지이다. 소비자들은 제품과 서비스의 실수를 결코 용납하지 않는다.

이건희 회장이 신경영을 선언한 1993년, 임직원들을 상대로 350시간의 마라톤 강연을 펼친 것은 주지의 사실이다. 강연의 요체는 크게 두 가지였다. 초일류 기업으로 거듭나지 않으면 미래가 없다는 것, 그렇기 때문에 전대미문의 변화와 혁신이 불가피하다는 것이었다.

이 회장은 취임 후 1988년, 경영의 개념을 "인간과 기술을 조화시켜 업業을 성취하는 종합예술"로 규정했다. 경영을 '예술'로 선언한 이유는 정보와 지식, 직관과 선견력을 총동원해 돌파해야 하는 현대 경영의 복잡성을 의식했기 때문이다. 경영전문가로서 최고의 경지에 오른 자만이 경영의 예술을 펼칠 수 있으며 그 결과로 기업의 성공과 발전을 견인할 수 있다는 생각이다.

그는 결코 맹목적으로 변화와 혁신을 강조하지는 않았다. 초일류 기업 건설이라는 분명한 지향점이 있었지만, 최고경영자가 경영이념과 비전을 제시하는 것만으로 이 목표를 달성할 수 없다는 사실을 알고 있었다. 모든 흐름을 정교하게 예측해서 방향성을 제시할 수는 없지만, 사업장 곳곳에 혁신이 필요한 사례들을 집대성해서 세세하게 알려줄 수는 없지만, 모든 임직원이 공유할 수 있는 보다 실질적 지침과 전략적 사고를 전파해야 할 필요성을 느꼈다. 그렇게 해서 나온 것이 '업의 개념'이다.

20년의 세월이 흘렀지만 당시 이 회장이 설파한 업의 개념은 지금도 삼성 내부에서 '선견력의 결정판'이라는 평가를 받는다. 업의 본질과 특성을 깨닫는 것이 경영의 출발이요 모든 판단의 잣대라는 지침은 그저 "제품 잘 만들어 잘 팔면 되는 것 아니냐"는 고정관념에 머물고 있던 전문경영인들에게는 꽤나 자극적이고 충격적이었다. 이 회장이 업종별로 갈파한 업의 개념은 얼핏 생뚱맞아 보일 때도 있었지만 시간이 흐를수록 본질을 꿰뚫는 깊이와 혜안을 깨닫게 된다.

1994년 1월, 이 회장은 금융계열사 사장단과의 회의에서 불쑥 물었다. "신용카드업의 개념이 무엇인지 압니까?" 누구도 선뜻 대답하지 못하자 이 회장은 "카드업은 외상 관리가 핵심"이라고 말했다. 사장단이 이해하기 어렵다는 표정을 짓자 그의 설명이 이어졌다. "카드업은 한마디로 외상값을 잘 받아야 한다. 아무리 영업을 잘해도 돈을 제때 받지 못하면 망하는 경우가 많다. 결국 채권 관리가 생명이다. 실적을 올린다고 마구잡이로 회원을 모집하면 당장 경쟁사와의 외형 경쟁에서는 앞서 나갈지 몰라도 종국에는 연체와 부실채권 양산으로 낭패를 겪게 된다."

이 회장의 이런 지적은 2002년 한국 경제를 또 한 차례의 위기로 몰아넣었던 '카드대란' 때 그대로 현실화되었다. 수많은 신용카드사들이 도산 위기에 직면해 매물로 나왔고, 부실이 그나마 적었던 삼성카드 역시 삼성전자의 증자를 받아야 했다.

해답은 업의 개념

이 회장은 신경영 때 기본적으로 업의 개념을 이렇게 설명했다.

"업의 개념은 입체적 사고를 통해 자기 자신을 이해하고 기업이 영위하는 사업의 본질과 특성을 이해하여 직급에 따른 직무를 수행하는 것이다. 업의 개념은 시대에 따라 변화하므로 향후 10년 후에 어떻게 될 것인가도 파악해야 한다. 각 계열사는 간부들은 물론 신입사원부터 업의 개념을 확실히 인식시켜 놓을 필요가 있다."

그러면서 세세하게 업의 개념을 제시해 나갔다. 우선 업종별로 생산기술업의 개념을 정립해야 한다고 강조했다. 예를 들어 제조업의 생산이 기계로 하는 일이라면 보험업에서는 사람을 모집하는 것이 생산이고, 증권업은 상담을 하는 것이 생산이라는 말이었다.

이 회장은 이 가운데 생명보험업의 본질을 '생활보장사업'이라고 밝혔다. 과거 신경영 TF의 일원이자 현재 삼성생명 사령탑을 맡고 있는 박근희 부회장은 이렇게 말했다.

"회장님은 생보업을 인생의 라이프사이클에 따라 요구되는 보장, 금융, 복지 서비스의 제공을 통해 풍요롭고 윤택한 고객의 미래를 실현하는 생활보장사업이라고 하셨습니다. 고객의 돈을 빌려 보관하고 있는 만큼 고객 미래의 삶에 기여해야 한다는 거지요. 다시 말해 고객의 현재 자산을 부동산이나 유가증권에 투자해 불리고, 국채를 사서 국가 재정에도 기여하면서 증식된 자금을 가입자에게 돌려주는 것이 업의 지속성 여부를 판가름하는 요체라는 말씀이었습니다."

이 회장은 같은 보험사이면서도 손해보험사인 삼성화재에 대해서는 "고객의 각종 위험을 인수하고 관리라는 기능을 통해 고객의 경제적·심리적 안심을 제공하는 '종합 안심서비스업'이라고 규정했다.

삼성화재가 2012년 발표한 '고객에게 안심을 주는 리스크솔루션 사업' 등 주요 사업에 '안심'이라는 단어가 빠지지 않는 배경이다.

또한 경비용역회사인 에스원에 대해서는 직원들의 사기와 단결력이 업의 본질이라고 말했다. 기술집약적이면서도 특별한 기능을 갖춘 인력들의 노동집약산업인 반면 특별한 자산은 필요 없는 업종인 만큼 무엇보다 사람관리가 최우선이라는 설명이었다. 백화점이나 호텔업은 기본적으로 '장치산업'의 일종인 만큼 부동산업의 개념을 알고 입지를 선정해야 한다고 강조했다. 고객의 접근성과 입지 여건, 인근 상권과의 조화 등을 고려하지 않으면 질 높은 서비스도 제공할 수 없다는 뜻이었다.

업의 개념과 관련해서 이 회장이 가장 심혈을 기울여 설파한 분야는 반도체업이었다. 그는 두 가지 축으로 반도체업의 본질을 설명했다. 우선 인력면에서 보면 박사에서 기능직 사원까지 수천 명의 종업원이 300여 개의 공정에서 단 한 번의 실수도 없이 가족처럼 믿고 합심해서 일해야 하는 '양심산업'이고, 영업면에서는 남보다 조기에 양산해야 이익을 극대화할 수 있는 '타이밍 사업'이라는 것이다.

그는 "한국이 유일하게 세계 최고의 위치를 점유하는 업종은 삼성전자의 16메가 D램이다. 반도체 산업은 자연과학과 사회과학이 모두 결합된 최첨단, 고두뇌, 자본집적의 타이밍 사업"이라고 말했다.

16메가 D램은 신경영의 절정기였던 1993년 6월, 해외 경쟁사들을 제치고 세계 최초로 완공한 8인치 생산라인의 주력제품이었다. 당시 이 회장은 "내가 처음 그룹 경영을 인계받았을 때 1메가 생산이 6개월 늦었다. 늦은 원인을 분석했더니 기술, 판매, 생산을 위한 준비는 다 갖추었는데 생산설비가 늦게 들어왔기 때문이었다. 설비 발주 담당자가 계단식으로 결재를 올려 삼성전자 회장의 재가를 받다 보니 최종 승인까지 28개의 도장이 필요했고 그 시일은 넉 달이나 걸렸다. 그래서 도장을 찍을 사람을 다 모아 놓고 기획안을 발표하도록 하고, 의문이 있으면 그 자리에서 논의하게 했더니 단 하루 만에 결재가 났다. 덕분에 4메가 설비는 과거보다 훨씬 빠른 속도로 발주가 이루어졌고 생산성 향상도 앞당겨졌다"고 발언했다.

이 회장이 제시한 업의 개념은 임직원들이 더욱 입체적이고 종합적인 시각에서 사업을 입안할 수 있는 기본 설계도의 역할을 했으며 오랜 시간이 지나도 변하지 않는 업의 본질과 고객의 가치를 삼성 전반에 내재화하는 밑거름이 되었다. 돌이켜 보면 이 회장의 선견력은 일류 제품과 서비스를 앞세워 시장을 선점하려는 경영자로서의 욕구와 맞닿아 있으며 철저하게 현실에 기반을 둔 것이었다. 그는 비즈니스의 달인처럼 도처에서 핵심을 찔러 나갔지만 그런 경지에 도달하기까지 부단히 자신을 단련하고 가슴을 치던 시간들이 있었을 것이다. 다른 분야라면 몰라도 경영에 천재가 있을 수 있겠는가.

그런 점에서 업의 개념은 고민과 숙고의 산물이었으며 전 세계 모든 경영자들이 칭송하는 선견력 역시 부단하게 스스로를 몰아세운 강박의 결정체였다고 볼 수 있다. 신태균 삼성인력개발원 부원장은 이렇게 이야기한다.

"업의 개념 같은 통찰력이 하루아침에 길러지는 것은 아닙니다. 오랜 경영수업을 통해 체득한 지식과 경험, 더 나은 미래를 향한 성찰과 열망, 끊임없는 위기의식으로 단련한 각성 등이 일체화되어 나타난 것으로 봐야 합니다. 사실 이런 문제에 정답이란 게 있겠습니까? 임직원들의 공감을 얻으면서 조직을 한 방향으로 움직여 갔다는 점이 중요합니다. 실제로 회장님은 소비자의 기호나 기술혁신 등에 따라 업의 개념도 계속 달라진다고 말씀했습니다. 신경영 이후 등장한 디자인경영이나 스마트모바일 같은 화두도 그런 고민의 산물이라고 볼 수 있습니다."

팁스토리 무한탐구 정신, 5WHY

"경영이 무엇이냐고 묻는 사람들이 많다. 그럴 때마다 나는 '보이지 않는 것을 보는 것'이라고 답하면서 경영이든 일상사든 문제가 생기면 최소한 다섯 번 정도는 '왜?'라는 질문을 던지고 그 원인을 분석한 후 대화로 풀어야 한다고 덧붙인다."

1997년 이건희 회장이 펴낸 《생각 좀 하며 세상을 보자》의 한 구절로 이른바 '5WHY' 론으로 알려진 이 회장식 사고의 요체이기도 하다. 그는 모든 환경이 초음속에 비견될 정도로 급변하는 상황에서는 동일한 사물을 보면서도 여러 각도에서 살펴보는 입체적 사고가 필요하다고 강조했다. 사물의 본질을 놓고 끝없이 질문을 던지는 과정에서 문제 해결을 위한 새로운 솔루션을 찾을 수 있다는 것이다.

이 회장은 사장단과의 면담에서도 자주 이런 식의 문답을 활용했다. 신경영 당시 독일 켐핀스키 호텔에서는 아래와 같은 대화를 나누기도 했다.

"이 팀장, 일본에 원자력 발전소가 몇 개 있는지 압니까?"(이건희 회장)

"OO개로 알고 있습니다."(이창렬 전 비서팀장)

"그럼 수력 발전소는 몇 개입니까?"(이 회장)

"정확할지 모르겠지만 OO개로 기억합니다."(이 전 팀장)

"원자력과 수력발전소의 전기료는 얼마나 차이가 납니까?"(이 회장)

"······."(이 전 팀장)

"그럼 한국의 전기료는 얼마입니까?"(이 회장)

"가정용은 킬로와트당 ○○원, 산업용은 ○○원입니다."(이 전 팀장)

"한국과 일본의 전기료가 왜 다른지 압니까?"(이 회장)

"······."(이 전 팀장)

"여기 있는 다른 사람들도 몰라요?"(이 회장)

"······."(좌중)

이 대목에서 모두 말문이 막혔다. 예나 지금이나 한국의 전기요금은 일본보다 싸다. 발전 단가가 싼 원자력 발전 비중이 상대적으로 높은 데다, 민간발전사들이 많은 일본의 전기요금은 한국과 달리 정부의 통제를 덜 받기 때문이다. 이 회장이 이날 양국의 전기요금을 비교한 이유는 삼성과 일본 업체들의 경쟁력의 차이를 다각도로 짚어보기 위해서였다. 일본에 비해 많은 부분이 열세에 있지만 우리가 우위에 있는 점도 있다는 사실, 전력 단가가 반도체 같은 첨단업종의 경쟁력에 미치는 영향 등을 입체적으로 고려할 필요가 있다는 생각에 문답을 되풀이한 것이다.

삼성 경영자들은 이건희 회장의 이런 스타일을 '무한탐구 정신'이라고 부른다. 그는 신경영을 전후로 무엇 하나 허투로 보고 그냥 지나치는 법이 없었다. 2000년대 초 유럽 출장길에 러시아 상공 아래 바이칼호를 지날 때면 면적과 길이, 담수 능력, 한국과의 관련성 등을 끊임없이 물어 동행했던 사장들을 당혹스럽게 한 일화는 유명하다. 이 회장이 굳이 비즈니스와 아무 관련도 없는 바이칼호에 대한 질문을 반복한 것은 한반도 전체면적의 7분의 1에 해당할 정도로 광대한 면적을 자랑하는 이 호수가 세계의 광활함을 느끼게 해주기 때문이다. 현실과 미래의 좌표를 생각하는 것이 체화되어 있던 그는 세계 속의 삼성과 한국의 좌표를 느낄 수 있는 단상들 속에서 작은 것 하나에도 끊임없이 자문자답하는 일상을 되풀이했다.

2003년 12월, 삼성의 몇몇 사장들과 외부 인사를 초청해 가진 송년 만찬에서 나온 대화의 주제는 'KTX 개통'이었다. 당시의 언론들은 2004년 4월부터 개통될 KTX가 전국을 반나절 생활권으로 만들 거라며 연일 기획 보도를 내놓고 있었다. 1992년 6월 30일 천안아산역에서 기공식이 거행된 후 12년 만에 개통을 앞두고 있던 터였다. 6년의 공사 기간을 예정했으나 부실공사 의혹, 잦은 설계 변경, 문화재 훼손 논란 등으로 당초 예상보다 두 배가량 늦은 상황이었다.

이날 KTX 개통 이후 장밋빛 청사진을 주고받던 좌중의 얘기를 잠자코 듣고 있던 이건희 회장은 도저히 안 되겠다 싶었던지 침묵을 깨고 나섰다. "KTX의 개통 지연이 그동안 우리 경제에 얼마만큼의 손실을 가져왔는지 생각해 봤습니까?" 느닷없는 질문에 아무도 대답을 하지 못했고 이 회장의 질문은 속사포처럼 이어졌다. "천안의 땅값이 얼마입니까?" "대전은요?" "부산의 땅값은 어떻지요?" 그는 잠시 뜸을 들이다가 "왜 지금 시점에서 잘된 것만 보려고 하고, 과거에 잘못된 것을 생각해보지 않는지 모르겠습니다. KTX가 정상적으로 개통되었더라면 물류비 절감은 물론 천안과 부산의 지가가 크게 올랐을 것이고, 이로 인한 지방 경제 활성화 효과는 수 조 원이 되었을 겁니다. 개통 지연에 따른 기회손실은 이처럼 천문학적입니다. 더욱이 이런 손실을 만회할 길이 없다는 것이 문제"라고 예리하게 지적했다.

  이 회장의 '5WHY' 론은 모든 것을 원점에서 생각하자는 뜻과도 일맥상통한다. 모든 사물과 일을 대할 때 과거의 타성을 버리고 원점에서 다시 보면 새로운 시각과 처방을 얻을 수 있다는 것이다.

사상 초유의 외환위기 극복기

7

　1697년 호주에서 '검은 백조(블랙 스완)'가 발견되자 사람들은 큰 충격을 받았다. 백조는 모두 하얗다고 생각하던 시절이었다. 이후 '블랙 스완'은 가능성이 희박해 예측하기는 어렵지만, 일단 발생하면 엄청난 충격을 몰고 오는 사건을 의미하는 단어로 자리 잡았다.

　기존의 패러다임과 사고방식이 완전히 폐기되고 새로운 질서가 만들어질 때까지, 사회와 조직 구성원은 많은 혼란과 고통을 겪게 된다. 하지만 무척 드물게 나타난다는 블랙 스완은 현대 사회의 복잡성과 맞물려 의외로 자주 출몰하고 있다. 미국의 9.11 테러, 서브프라임 모기지 사태, 일본의 동북부 대지진 등이 대표적 사례로 지목된다. 우리나라에는 1997년 11월 발발한 외환위기가 꼭 그랬다.

미몽의 시간들

정부 정책의 실패였는지 방만한 기업 경영이 원인이었는지는 명확하지 않다. 누군가는 금융·외환 시장과 노동시장 개혁을 제때 해내지 못한 정부의 실책이라고 했고 어떤 이들은 실력도 없이 부채를 짊어지고 세계시장으로 내달았던 기업들을 탓했다.

이 논쟁은 지금도 명확하게 정리되지 않았지만, 한 가지 분명한 사실은 모든 사람이 달러당 800원의 마약에 취해 있었다는 것이다. 이제 막 먹고살 만해져 해외여행을 즐기게 된 국민들도 그랬지만 기업이나 금융사들도 마찬가지였다. 기업들은 엄청난 투자를 싼값에 즐겼다. 고평가된 원화 가치를 활용해 거리낌 없이 달러 빚을 끌어다 썼다. 종합금융사들이 금융의 국제화라는 미명 속에 1996년부터 동남아 금융시장에서 많은 빚을 얻어 쓴 것도 저환율이 영원히 지속되리라는 그릇된 믿음에 따른 것이었다.

1997년 여름, 국제 투기세력이 대만, 태국, 홍콩을 차례로 공격하며 동남아를 초토화시킬 때만 해도 정부 당국자들은 "한국의 펀더멘털은 건실하다"고 국민들을 기만했다. 한보, 기아가 줄줄이 무너지고 은행과 종합금융사들의 해외 부실투자가 속속 부메랑으로 돌아오고 있던 시절이었다. 1995년 80억 달러였던 경상수지 적자는 1996년 230억 달러로 눈덩이처럼 불어났다. 건국 이후 최대 위기라는 'IMF 사태'는 태국이 무너진 지 불과 넉 달 만에 우리를 덮쳤다.

1993년 이건희 회장의 신경영 선언 당시, 수출주도형 경제체제를 유지했던 우리나라는 엔고라는 호재를 배경으로 호황가도를 질주하고 있었다. 일본과의 수출제품 가격 경쟁에서 유리한 위치를 점할 수 있었기 때문이다.

1993년 우리나라 경상수지는 8억 달러의 흑자를 기록하면서 3년간의 적자에서 벗어났다. 수출이 늘어나자 성장률도 가파르게 올라갔다. 1993년 5.8퍼센트였던 경제 성장률은 1994년 8.6퍼센트, 1995년에는 8.9퍼센트로 상승했다. 이 시기에 삼성은 엔고와 반도체 특수에 힘입어 한국 경제의 호황을 주도했다. 특히 삼성전자는 1995년 16조 원이라는 기록적 매출을 달성했다.

신경영으로 삼성의 사세는 비약적으로 확장되었다. 1996년 삼성 매출은 72조 원으로 이건희 회장이 회장에 취임했던 1987년 17조 4,000억 원의 네 배로 늘어났다. 연평균 17.2퍼센트의 증가율로 같은 기간 한국의 국민총생산GDP이 연평균 8퍼센트 늘어난 것과 비교하면 괄목할 만한 신장세였다. 특히 1994년에는 처음으로 조兆 단위 경상이익을 실현해 한국 기업사에 새로운 이정표를 세웠다. 국내에서는 처음 있는 일이었으며 한국도 혁신을 통해 얼마든지 세계시장에서 승부를 겨룰 수 있다는 가능성을 보여 준 것이었다.

하지만 삼성을 포함해 그 시절 한국 기업들이 일궈낸 성과는 사상누각처럼 위태로운 것이기도 했다. 엔고 현상에 따른 반사이익은 경제 곳곳에 거품을 만들어 냈다. 지금 되돌아보면 구조조정이 필요했던 시기에 투자를 늘리는 데만 급급했고 투자 재원은 대부분 차입에 의존했다. 1995년 350퍼센트였던 30대 기업 집단의 평균 부채비율은

1996년 400퍼센트로 높아졌다. 달러당 800원대라는 저환율 시대에 해외여행에 대한 규제가 풀리면서 여행수지 적자폭이 확대되었고, 단기 호황에 편승해 소비재 수입도 증가했다.

이건희 회장은 위기를 직감했다. 그는 1996년 신년사를 통해 "우리가 지난해 달성한 계수적 성과는 우리 스스로의 힘과 실력으로 얻은 것이라기보다 세계적 호황과 엔고라는 외부환경에 기인된 바가 큽니다. 현실이 이런데도 조직 내에서는 자만과 방심, 착각이 다시 고개를 들고 있는 것은 아닙니까"라며 우려를 나타냈다.

실제로 삼성 내부에도 거품의 조짐이 보이기 시작했다. 삼성 전체 매출액은 1992년부터 1996년까지 연평균 18퍼센트에 달하는 높은 성장률을 기록했지만, 같은 기간 판매 관리비는 이보다 훨씬 더 급격히 늘어나 연평균 21퍼센트나 증가했다. 자연히 매출액 대비 판매 관리비 비율도 1992년 9.3퍼센트에서 1996년에는 10.3퍼센트로 높아졌다. 삼성전자로의 쏠림 현상도 가속화되었다. 1995년 삼성 세전이익 2조 9,000억의 85퍼센트는 삼성전자가 거둬들인 것이었다.

이 회장의 신년사 발표와 동시에 삼성은 긴축경영에 들어갔다. 비서실 재무팀에서는 삼성이 올린 이익 가운데 환율 효과가 얼마나 되는지를 분석했다. 우려한 대로 착시적 요인이 있다는 분석과 향후 견실경영이 불가피하다는 진단이 나왔다. 이건희 회장은 1996년 4월, 멕시코 티후아나 복합단지를 방문한 뒤 미국 샌디에이고에서 사장단 회의를 주재했다. 이 회의에서 그는 "반도체가 조금 팔려서 이익이 난다고 하니까 자기가 서 있는 위치가 어디인지도 모르고 그저 자만에 빠져 있다"며 삼성 내부의 느슨해진 분위기를 강하게 비판했다.

외환위기 발발 전의 경상수지 통계를 보면 이 회장이 제대로 맥을 짚었다는 사실을 알 수 있다. 이른바 '반도체 착시'가 통계의 왜곡과 '펀더멘탈은 괜찮다'는 정책적 오판을 야기했을 가능성이 있었다는 뜻이다. 1992년 삼성이 D램 세계 1위에 등극한 이후 수출통계는 반도체 때문에 끊임없이 교란되었다. 마치 키가 작은 여러 사람들 틈에 아주 큰 사람을 넣어 전체 평균을 계산하는 양상이었다.

1994년 한국의 무역수지는 31억 5,000만 달러의 적자를 기록했지만 반도체를 제외하면 110억 달러의 적자였다. 47억 5,000만 달러의 무역적자가 발생한 1995년에도 반도체를 제외하면 219억 8,000만 달러의 적자였다. 이렇게 1994년부터 1997년까지 쌓인 무역적자는 무려 774억 달러였다. 그러니 외채가 쌓이지 않을 수 없었고 반도체 경기가 나빠지면 무역수지 자체가 직격탄을 맞는 구조일 수밖에 없었다. 이어지는 그의 발언은 아래와 같았다.

"'싱글 삼성'이라고 하지만 싱글로 나아가기에는 각 계열사별로 차이가 너무 큰 것이 현실입니다. 모든 것을 완벽히 결정해서 없앨 것은 없애고, 줄일 것은 줄이며, 합병할 것은 합병하고 그리고 남는 힘으로 앞을 내다보면서 모든 신경, 모든 자금, 모든 힘을 미래 사업을 위해 집중해야 합니다. 지난 신경영 3년의 성과는 대체로 긍정적이지만 아직도 변화의 속도는 느리고, 물리적 변화에 비해 소프트적 변화가 미흡하며, 변화의 부작용도 나타나고 있습니다. 다들 정신 차리세요."

마치 일 년여 뒤에 다가올 외환위기를 예견이라도 한 듯한 실로 예민한 촉각이었다.

운명의 IMF

그리고 1997년 11월, 외환위기가 터졌다. 필연이었지만 느닷없는 재앙이기도 했다. 금리가 30퍼센트대로 치솟고 외국계 자금들은 썰물처럼 한국을 빠져나갔다. 무디스 등 신용평가기관들은 한국의 국가신용등급을 낮추기 시작했고, 일부 국책은행을 제외한 국내 금융기관들은 해외 단기채무의 만기 연장이 사실상 불가능해졌다.

구제금융을 제공한 IMF가 한국에 요구한 프로그램은 재정 및 금융 긴축, 고금리를 통한 투자 억제 및 저축 증대, 금융개혁을 통한 금융기관 부실 제거, 기업 지배구조 개혁과 금융기관 건전성 회복, 노동시장의 유연성 제고와 외국인 직접투자 촉진 등이었다. 이 와중에 금융사들은 기업들에 대한 자금공급 능력을 상실했고 기업투자는 급속도로 위축되었다. 국가 부도 위기에서 우리나라는 IMF로부터 구제금융을 받는 대가로 한국 경제의 강점이었던 대기업의 선단식 경영을 해체해야 하는 아픔을 맛봐야만 했다.

한국 사회는 엄청난 충격에 빠졌다. 대규모 구조조정으로 회사에서 쫓겨난 실업자들이 길거리를 뒤덮었다. 은행뿐만 아니라 수많은 기업들이 파산의 대행렬에 내몰렸다. 삼성의 신경영도 쓰나미처럼 밀려온 외환위기의 충격을 피해갈 수 없었다. 게다가 몇 년간 캐시카우 역할을 했던 반도체도 세계경기 악화로 가격이 폭락하고 있었다. 이건희 회장이 야심차게 추진한 자동차 사업도 내수시장 위축으로 큰 타격을 받았다.

1997년 12월, 이 회장은 한남동 승지원에서 존 코자인 골드만삭스 회장을 만났다. "삼성전자와 전자 핵심계열사, 삼성생명을 제외하고 그 어떤 회사를 처분해도 좋습니다." 이건희 회장의 이 말에 코자인 회장은 "우리가 해야 할 일이 어디까지입니까?"라고 되물었다.

이 회장은 망설임 없이 대답했다. "우리 회사를 분석하고 값을 매겨 원매자를 찾아서 처분까지 해주십시오. 모든 것을 위임하겠습니다." 삼성전자와 삼성생명을 제외한 모든 계열사를 구조조정 대상에 포함시킬 수밖에 없는 절박한 상황이었다. 세간에서는 이를 '선상투하 식 구조조정'이라고 불렀다. 당시 삼성 재무팀에서는 골드만삭스에게 운명을 맡기는 것을 반대했다. 모든 경영 정보가 유출될 수 있기 때문이다.

그러나 이 회장은 요지부동이었다. 상황이 그만큼 절박하게 돌아가고 있었다. 이듬해인 1998년, 삼성은 창립 60주년을 맞았지만 분위기는 침울했다. 그는 신년사에서 "지금 우리는 사상 초유의 위기적 경영 여건을 맞이하고 있습니다. IMF로 비롯되는 신新질서 형성의 소용돌이 속에서 기업에게는 생존 그 자체가 절박한 과제입니다. 고금리와 저성장의 경제 틀 안에서 우리가 감내해야 할 경영 압박과 고통도 적지 않을 것입니다"라는 비장한 기념사를 발표했다.

구조조정 서류만 8톤 트럭 한 대

　삼성은 비서실을 해체한 뒤 신설한 구조조정본부를 중심으로 성역 없는 구조조정에 나섰다. 적자사업, 한계사업은 물론이고 유동성 확보를 위해 수익사업까지 매각했다. 수많은 기업들이 너도 나도 매물을 내놓다 보니 M&A 시장은 '땡처리 시장'으로 전락하고 말았다. 협상 주도권을 거머쥔 외국자본은 가격을 후려치기 일쑤였다. 삼성은 그 틈을 비집고 고강도 구조조정과 경영 합리화에 나섰다. 1997년 말 삼성의 차입금 규모는 47조 원, 부채비율은 366퍼센트에 달했다. 주력 계열사들을 중심으로 눈물을 머금은 감원이 시작되었다. 삼성전자에서만 30,000명이 정든 직장을 떠나야 했다.

　윤종용 사장을 비롯한 사장단은 당시 사표를 서랍 속에 넣어 놓고 구조조정을 지휘했으며, 재무담당 최고책임자CFO였던 최도석 전 삼성카드 부회장은 한 푼의 자금이라도 더 끌어들이기 위해 하루 종일 은행과 금융권을 돌아다녔다. 이 회장은 전대미문의 경제위기로 인해 수만 명의 직원들이 실직자 대열에 합류해야만 하는 현실을 안타까워하며 정리해고 대신 감봉을 하는 방안을 제시했지만, 그렇게 넘기기에는 위기의 파고가 너무 높았다. 인력을 감축하는 마당에 다른 부문의 구조조정은 더 볼 것도 없었다. 보유 채권과 부동산 등 팔 만한 자산들은 모두 닥치는 대로 처분했다.

　삼성 해외 부문에도 대대적 수술이 가해졌다. 1997년 말 화합물 반도체 회사인 SMS를 미국 와킨슨에 매각한 데 이어, 인터넷TV 관련

소프트웨어 기술 확보를 위해 인수했던 DIBA도 미국 선 마이크로시스템스에 팔았다. 1998년 4월에는 ATM 칩 개발과 판매를 담당하던 IGT를 미국 PMC에 매각했다. 11월에는 미국 텍사스인스트루먼트TI와 합작으로 설립한 포르투갈 반도체 공장을 정리했다.

삼성은 이처럼 대대적 자산매각과 인력감축, 경영 합리화 조치 등을 전방위로 진행했다. 이 과정에서 삼성 구조조정본부에 쌓인 관련 서류만도 8톤 트럭 분량에 달할 정도였다.

삼성은 또 삼성자동차의 부실 문제에 대해 책임론이 대두되자, 이 회장의 사재 출연을 통해 이를 해결했다. 사재 출연은 주식회사 제도의 유한책임론, 다시 말해 지분만큼 경영에 책임을 진다는 원리와는 상반되는 것이었다. 하지만 이 회장은 삼성의 총수로서 무한책임을 진다는 자세로, 본인이 보유하고 있던 사재 삼성생명 주식 350만 주를 채권단에 내놓았다. 그의 용단 덕분에 자동차 부실은 다른 계열사뿐만 아니라 금융권의 부실로도 번져 나가지 않았다.

삼성은 오너의 결단과 임직원들의 고통 분담으로 국내 대기업 가운데 가장 먼저 IMF의 긴 터널을 빠져나왔다. 삼성의 재무구조는 빠르게 개선되었다. 1996년부터 선제적 구조조정에 들어간 덕분에 놀라운 속도로 외환위기의 충격에서 벗어날 수 있었다. 1999년 삼성전자의 전 해외법인이 흑자를 달성하면서 1978년 첫 해외법인 설립 이후 처음으로 본사에 1억 달러의 배당금과 기술사용료를 지급하는 개가를 올렸다. 1999년 말 약 17조 원에 달했던 삼성의 순차입금 규모는 2003년 말에는 3,000억 원으로 대폭 줄어들었다. 한때 360퍼센트를 넘었던 부채비율도 2002년에는 90퍼센트로 떨어졌다.

경제주권 상실의 교훈

삼성은 그렇게 서서히 위기를 벗어나고 있었지만 모두가 안전지대로 대피할 수 있었던 것은 아니다. 30대 기업 가운데 절반 정도가 IMF 쓰나미에 휩쓸려 나갔다. 파산 법정관리에 이어 이름도 생소하던 워크아웃을 통해 속속 주인들이 바뀌고 공장들이 문을 닫았다. 구조조정의 여진은 계속되었고 생산과 고용은 여전히 불투명했다.

국민들을 또 한 차례 충격으로 몰아넣은 것은 재계 서열 2위 대우의 공중분해였다. 대우는 외환위기 발발 2년 만인 1999년 11월, 우지끈 굉음을 내며 무너져 내렸다. 한때 '세계경영'을 질주하며 전 세계의 주목을 받았던 대우는 정부와 금융가를 종횡무진 넘나들던 김우중 회장의 돌파력에 힘입어 위기를 견뎠지만 2년이 한계였다. 수십 조 원에 육박했던 대우자동차 부실이 결정타였다. 외환위기에 이은 대우그룹 패망은 국민 경제에 또 하나의 깊은 상처를 안겨 주었다. 고금리와 고환율 엄습으로 '금단의 지옥'에 어느 정도 익숙해 있던 사람들에게도 대우 패망이 몰고 온 충격파는 컸다. '샐러리맨의 신화' 김우중의 몰락은 개발경제의 종언을 알리는 또 다른 신호탄이었다.

돌이켜 보면 IMF 구제금융은 지금도 여전히 많은 시사점을 던져 주고 있다. 정치권과 관료들은 우리 경제가 항상 성장할 것이라는 착각, 조금 나빠지더라도 언제든 회복이 가능하다는 그릇된 믿음을 버리지 않았다. 통계 속에 도사리고 있던 위험성은 그저 자신들의 발목을 잡는 노파심으로 치부했다. 달러당 800원의 마약에 취한 기업과 국민들은 엄청나게 쌓여 가던 경상수지 적자 누적을 대수롭지 않게 여겼다.

파국이 오자 IMF는 마치 기다렸다는 듯 가차 없는 구제금융 프로그램을 강요했다. 역사상 외환위기를 당한 어느 나라도 한국만큼 혹독한 대가를 치른 곳은 없었다. 위기를 막기 위한 대응책도 없었지만 위기를 맞이하는 준비도 전혀 되어 있지 않았다. 남의 돈을 제 나라 국민의 복지에 흥청망청 퍼부어 남유럽 재정위기의 진원지가 된 최근의 그리스조차 IMF로부터 우리만큼의 혹독한 구조조정을 강요당하지는 않았다.

IMF 사태는 경제력이 허약한 국가는 언제든지 경제주권을 저당 잡힐 수밖에 없다는 냉엄한 현실을 일깨워 주었다. 동시에 정부 기업 국민이 힘을 합쳐 끊임없이 경쟁력을 키워 내는 일만이 우리 공동체의 건강과 안녕을 지탱할 수 있는 유일한 원천이라는 교훈을 남겼다.

팁스토리 "권한도 책임도 여러분의 몫"

우리 사회에서 전문경영인이라는 조어造語는 다소 묘한 뉘앙스를 풍긴다. 오너경영인과 대척점을 이루는 의미로도 쓰이고 기업경영의 합리성·투명성·효율성을 상징하는 용어로도 활용된다. 굳이 경영인 앞에 '전문'이라는 접두어를 붙인 데는 역사적·문화적 맥락이 작용했겠지만 전문성만으로 오너와 전문경영인을 구별할 수는 없다. 전문경영인보다 해당 분야에 훨씬 전문화되어 있는 오너들도 많기 때문이다. 더욱이 전문경영인은 선善, 오너경영인은 악惡이라는 이분법적 사고는 금물이다. 대주주 또는 오너경영인은 때로는 일방적이고 독단적일 수 있지만 이런 성향은 경우에 따라 도전과 열정, 결단과 강한 추진력, 책임경영으로 얼마든지 치환될 수도 있다.

이건희 회장은 자율경영의 신봉자이다. 이는 1987년 회장 취임 이후 줄곧 주창해온 구호이기도 하다. 삼성전자의 최고경영자들은 수천억 원이 들어가는 투자도 이 회장의 승인 없이 집행한다. 많은 사람들이 믿기 어렵다고 말하지만 삼성 내에서는 이것이 진실이다. 이 회장과 일 년에 한차례 정도 중장기 사업계획과 비전에 대한 토의가 끝나면 개별단위 사업의 투자와 집행은 사장들이 전권을 갖는다.

1980년대만 하더라도 삼성의 조직문화는 획일적이고 중앙집권적이었다. 타율적이고 통제 위주의 조직문화 속에서 대부분의 임직원들은 눈에 보이는 하드웨어에만 관심을 기울이고 정작 소프트웨어에는 무관심했던 것이 사실이다. 또한 오랜 세월 계속된 신상필벌의 기조로 실패에 대한 두려움이 많아 자율이나 창의를 기대하기 힘든 분위기였다. 그러다 보니 사장들이 고객이나 기술현장 등의 본업을 챙기기보다 오히려 윗사람의 의중을 살피는 일에 더 많은 시간을 보낸다는 것이 이 회장의 문제의식이었다. 앞서 언급했지만 이 회장이 굳이 회사에 모습을 드러내지 않은 것도 이런 판단에서였다. '신상필벌信賞必罰론' 대신 '신상필상信賞必賞론'을 들고나온 것도 같은 이유에서였다. 그는 신상필상론을 이렇게 설명했다.

"아주 훌륭한 말을 가르치는 특급 조련사는 채찍을 사용하지 않는다. 삼성도 잘하는 사람에게 상을 주지만, 못한다고 해서 벌을 주지는 않겠다. 삼성의 우수한 사람에게는 벌이 필요 없다는 뜻이다. 잘하는 사람이 더 잘할 수 있도록 해주기만 하면 된다."

이건희 회장은 전자산업의 성패가 속도에 달려 있는 만큼, 권한의 하부위임이 과감하게 이루어져야 한다고 여겼다. 그는 "자율경영은 사장에서 사원에 이르기까지 각자가 스스로 할 일을 찾아서 권한을 갖고 소신껏 추진하며 결과에 대해서도 책임지는 경영 자세를 의미한다"며 자신에게 집중된 권한을 비서실, 계열사로 분산시켰다.

외환위기로 회사의 존망이 달려 있던 1998년 말, 삼성 비서실은 자산유동화를 목표로 현금화할 수 있는 것은 모두 매각한다는 큰 방향을 수립했다.

전력용 반도체를 생산하고 있던 부천 사업장(구 한국반도체)도 후보였다. 부천 사업장은 1974년 이 회장이 사재를 털어 인수하여 반도체 사업을 시작한 역사적인 장소였다. 더욱이 전력용 반도체 사업은 연간 매출액 5000억 원, 이익 1000억 원 정도를 창출하는 알짜 사업이었지만 유동성 위기 극복을 위해 고통을 감내하며 매각 리스트에 올릴 수밖에 없었다. 비서실에서 이 회장에게 부천 사업장 매각 건을 보고하자 이 회장은 "여러분이 그렇게 하는 것이 회사를 위해 유익하다고 판단했다면 그대로 하라"며 선선히 동의했다. 삼성은 미국 페어차일드 사에 부천 사업장을 4억 5,000만 달러에 매각했다.

IMF 당시 이른바 빅딜이 추진되었을 때도 마찬가지였다. 정부는 석유화학, 가전, 반도체, 항공·선박용 엔진 등 주요 과잉 설비 업종을 구조조정하기 위해 그룹 간의 딜을 진행했다. 이해관계가 첨예하다 보니 각 그룹을 대표하는 구조조정본부장들이 '오너'의 눈치를 보느라 좀처럼 협상이 진척되지 않았다. 당시 김대중 정부에서 빅딜을 조율했던 고위 공직자 K 씨는 "삼성의 협상 대표는 오너로부터 전권을 받아서 탁자에 앉았는데 다른 그룹은 일일이 전화로 보고하고 지침을 받는 바람에 협상이 더딜 수밖에 없었다"고 회고했다.

최근 이 회장의 출근경영을 놓고서 "자율경영을 접은 것이 아닌가"라는 의문을 제기하는 시각이 있지만 출근경영과 자율경영은 상반되는 개념이 아니라는 게 삼성 측 설명이다. 신태균 삼성인력개발원 부원장은 "출근경영은 위기의식의 발로로 조직의 '메기'가 되겠다는 메시지입니다. 회장님이 출근한다고 해서 눈치를 보는 임직원들은 회장님의 철학을 잘못 이해한 것"이라고 말했다.

삼성의 밀레니엄 경영

8

 역사는 위기를 두려워하지 말라고 가르친다. 돌이켜 보면 모든 위기가 그랬다. 미국은 1930년대 대공황을 겪으면서 세계 최강국으로 탈바꿈했다. 독일은 2차 대전 패배의 아픔을 딛고 1950년대 연평균 7퍼센트의 고도성장을 구현하며 유럽 최고의 공업국가로 발돋움했다. 새로운 질서는 늘 희생과 고통을 자양분으로 태동한다.
 다사다난했던 세기말이 지나자 많은 사람들은 새로운 밀레니엄의 시작에 들떴다. 신질서의 코드는 '디지털'이었다. 전자산업의 패러다임은 아날로그에서 디지털로 이동하기 시작했다. 우리가 도저히 따라잡을 수 없을 것 같던 일본과의 격차를 한꺼번에 줄일 수 있었던 비밀의 코드가 열리는 순간이기도 했다. 그리고 그 중심에는 삼성이 있었다.

디지털경영 시대를 열다

이건희 회장은 2000년 신년사를 통해 21세기를 선도해 나갈 전략이자 경영방침으로 디지털경영을 선언했다.

"새 천년이 시작되는 올해를 삼성 디지털경영의 원년으로 선언하고 제2의 신경영, 제2의 구조조정을 한다는 비장한 각오로 사업구조, 경영관점과 시스템, 조직문화 등 경영 전 부문의 디지털화를 힘 있게 추진해 나가야 합니다. 이를 위해 무엇보다 중요한 것은 남보다 먼저 변화의 흐름을 읽고 전략과 기회를 선점하는 일입니다."

이 회장의 디지털경영 선언은 21세기 초일류 기업의 비전을 달성하고 사업 경쟁력을 한 차원 높이기 위한 것이었다. 동시에 아날로그 시대에 통용되던 모든 것을 바꾸자는 측면에서 1993년 이후 일관되게 추진한 신경영의 연장선이기도 했다. 당시 삼성전자 사령탑을 맡고 있던 윤종용 전 부회장은 이렇게 말했다.

"아날로그 시대에서 산업 후발주자인 한국 기업들은 늘 추종자일 수밖에 없었습니다. 가진 기술과 인력이 부족하다 보니 선진국으로부터 사양산업을 인수하고 기술을 이전 받아 모방하는 전략을 쓸 수밖에 없었지요. 하지만 디지털 분야는 아니었습니다. 한국이나 일본, 유럽 모두 동일한 출발 선상이었습니다. 선진국과의 기술 격차도 거의 없어 노력 여하에 따라서는 디지털 선진국으로 진입할 수 있는 가능성이 있었어요. 게다가 삼성전자는 디지털 시대의 총아인 반도체 분야의 선도 기술을 갖고 있었습니다."

반도체 기술의 발전은 사회 전반의 변화를 주도하는 강력한 원천이 되었다. 이를 기반으로 한 IT 인프라의 급속한 확산과 인터넷 열풍은 농업혁명, 산업혁명에 이어 인류 역사상 제3의 변혁기인 정보혁명 시대를 알리는 신호탄이었다. 특히 인터넷은 디지털 혁명을 더욱 가속화시켰다. 과거 신기술 도입 이후 이용자 수가 5,000만 명이 되는 데 걸린 시간이 라디오는 38년, TV는 13년이었던 것에 비해 인터넷은 5년에 불과했다. 인터넷을 통해 정보가 실시간으로 확산되고 개인의 개성과 역량을 발휘할 수 있는 기회가 거의 무한대로 확대되어 소수의 전유물이던 전문 기술과 지식의 공유가 가능해졌다.

신수종 사업 발아

삼성 밀레니엄 경영의 입안은 2000년 2월 미국 오스틴에서 이루어졌다. 당시 미국은 디지털 혁명의 중심지로 사상 최대의 IT 호황을 누리고 있었다. 마이크로소프트, 시스코Cisco 등 IT 대표 기업들의 실적이 급격하게 향상되었고 닷컴 열풍이 전역에 휘몰아쳤다. 애플은 2000년대 중반의 총아였던 아이팟 출시를 준비하고 있었다. 1998년부터 급등하기 시작한 나스닥 지수는 2000년 상반기, 정점에 이르렀다. 마이크로소프트가 시가총액에서 전통 대기업인 GE를 추월한 시기도 이때였다. 이건희 회장이 디지털경영 선언 이후 사장단과의 첫 회의지로 미국을 선택한 것도 이 같은 변화를 몸소 느껴 보라는 취지에서였다.

그는 이 회의에서 "모든 것이 빛의 속도로 변화하는 디지털 시대의 변화에 발 빠르게 대응하지 못하면 뒤처지는 정도가 아니라 망할 수도 있음을 명심해야 한다"고 강조했다. 또한 앞으로 세계 1등이 될 수 없으면 문을 닫는다는 각오로 디지털 및 정보통신 제품, TFT-LCD, 반도체와 같은 핵심부품에서 세계 1등 품목을 늘려 가자고 역설했다.

분야별로는 디지털 기기의 양산에 대비해 D램, S램 등 메모리 반도체의 생산 능력을 대폭 확대하고 차세대 성장 동력인 플래시메모리 사업을 집중 육성키로 했다. 이 가운데 플래시메모리 사업은 정보처리의 고도화·대용량화와 함께 종전에 볼 수 없던 디지털 기기들의 출현에 힘입어 2000년대 삼성의 새로운 캐시카우로 확고하게 자리매김했다. TFT-LCD사업은 기술 개발을 강화하여 차별화된 경쟁우위를 확보하고, 휴대폰은 해외시장 집중 공략과 기술 개발을 통해 선진업체와의 격차를 좁혀 나가기로 했다.

이 회장은 2000년 4월과 11월에도 연이어 디지털 사업 분야 사장단 회의를 열어, 앞으로 전개될 디지털 시대의 새로운 경쟁 체제 아래서 생존·발전하기 위한 전략을 심도 있게 논의했다. 디지털사업 일류화 추진은 본격적인 디지털 시대의 도래와 맞물리면서 2002년 메모리반도체와 휴대폰, TFT-LCD 사업 등에서 사상 최대의 경영 성과를 일궈 내는 발판이 되었다. 동시에 반도체-휴대폰-TV-디스플레이로 이어지는 '황금의 사각편대'를 구축하는 토대가 되었다.

사실 이와 같은 사업 구도는 외환위기가 일어나기 전인 1997년 봄에 어느 정도 윤곽이 잡힌 상태였다. 삼성전자는 당시 사업 구조를 씨앗사업-묘목사업-과수사업으로 구분해 경영자원을 전략적으로 배분해 나가기로 했다. 5~10년 후에 결실을 맺을 수 있는 사업인 씨앗사업은 자금과 인력을 과감히 투자해 기초를 튼튼히 다져야 할 이동통신 시스템, 네트워킹, 시스템LSI 등이었다. 묘목사업은 향후 거대 과수로 성장할 사업으로 남보다 먼저 기회를 선점해야 할 디지털TV, PDA, TFT-LCD 등이었으며 과수사업에는 기존의 강점을 더욱 강화해 확고부동한 일류로 만들어야 할 대형 컬러 TV, 모니터, 노트북 PC, 휴대폰, 메모리 반도체 등이 선정되었다.

예기치 못했던 외환위기가 이러한 신성장 전략을 다소 지연시킨 것은 사실이지만, 내부 구조조정을 성공적으로 마친 삼성은 새로운 세기를 맞아 오랫동안 눌려 있던 용수철처럼 힘차게 튀어 올랐다.

모두가 변화를 예감했고 도약의 필요성을 역설했던 서기 2000년, 삼성은 디지털 코드를 앞세워 그 꿈과 희망을 펼쳐나가기 시작했고 기업역전의 시대를 준비하는 발판을 마련했다.

팁스토리 **이건희 회장과의 40년 우정**

제임스 호튼(코닝 명예회장)

신경영 20주년을 맞이해 삼성과 40년 동안 이어온 관계를 회상하지 않을 수 없게 된다. 우리의 관계는 단순한 비즈니스 협력을 넘어 비전을 공유하고 기업가로서 상호 존경하고 이를 넘어 개인적 친분을 나누고 있다.

나의 형인 아모 호튼이 코닝Corning Incorporated의 회장으로 재직할 때 이병철 선대회장과 친밀한 관계를 유지했다. 두 사람이 1973년 합작사를 설립한 것은 40년에 걸친 성공적 기술 협력을 위한 토대였다. 이건희 회장이 이병철 선대회장에 이어 회장직을 맡았을 때, 나는 형을 이어 코닝사의 회장이 되어 삼성과의 파트너십을 지속하는 행운을 누리게 되었다.

처음부터 나는 이건희 회장이 삼성을 다음 세대로 이끌 적임자임을 확신했다. 특히 혁신을 향한 그의 끈질긴 집념과 미래에 대한 비전에 깊은 인상을 받았다. 이 회장이 삼성을 세계에서 가장 위대한 IT 기업 중 하나로 만들 수 있다는 데 한 치의 의심도 없었다. 그는 기존의 상식으로는 어렵다고 여겨지던 여러 신제품을 만들었고, 시장에 승부수를 띄워 결국 세계적인 성공을 거두었다.

지난 40년 동안 코닝과 삼성의 파트너십은 오늘날의 비즈니스 세계에서는 매우 드문 사례이다. 이러한 성공은 개인 간의 신뢰와 전문가로서의 존경심, 양사兩社 경영진의 헌신과 굳건한 공통의 가치 때문에 가능했다고 생각한다.

삼성과 코닝은 가족 간에 견고한 유대 관계를 유지해 왔다. 이는 우리 파트너십의 성공의 한 요인으로 작용했다고 본다. 40년 동안 두 회사는 여러 도전과 어려운 상황에 직면했지만, 가족이 어려움을 함께 이겨 내듯이 우리는 언제나 우리의 관계와 미래를 위해 헌신해 왔다.

이 회장 일가와 우리 호튼 일가는 사업뿐 아니라 개인적으로도 친분을 맺어 왔다. 가장 기억에 남는 것은 이 회장이 뉴욕의 코닝 시에 있는 우리 집을 방문했을 때의 일이다. 이 회장에게 선물 받은 아름다운 김치 단지는 아직도 우리 집의 특별한 장소에 보관되어 있다. 우리의 협력과 우정, 장수의 상징인 이 단지를 나는 언제까지나 소중히 간직할 것이다.

이건희 회장은 2011년 10월에도 코닝을 방문했다. 나는 오래된 친구를 만난 것처럼 매우 즐거웠다. 비즈니스 상으로 자랑할 만한 성취가 있었다. 우리는 두 회사의 향후 협력 기회들에 대해 논의했으며 이 중 몇 건은 이미 결실을 맺기도 했다.

코닝의 유리 박물관Corning Museum of Glass에서 저녁식사를 하며 우리는 파트너십과 우정, 혁신을 자축하며 건배를 들었다. 비록 지금은 멀리 떨어져 있지만 그때의 행복한 감정은 아직도 마음속에 남아 있다. 나는 이건희 회장이 건강하고 행복하기를 기원하며 삼성이 더욱 더 번창하기를 바란다.

  삼성의 앞길에는 매우 밝은 미래가 기다리고 있을 것이며 코닝과 삼성은 앞으로도 오랫동안 성공적인 협력관계를 지속할 것이라고 확신한다.

월드베스트를 향하여

2

질 경영 1호 반도체

휴대폰 세계 1위, 갤럭시의 위업

TV, 추격자에서 선도자로

2차 전지의 진격

마천루 신화와 드릴십 제패

엔지니어 이건희

디자인이 최후의 승부처

"

지금이 진짜 위기다. 글로벌 일류 기업들이 무너지고 있다.

삼성도 언제 어떻게 될지 모른다. 앞으로 10년 내에

삼성을 대표하는 사업과 제품은 대부분 사라질 것이다.

다시 시작해야 한다. 머뭇거릴 시간이 없다.

앞만 보고 가자.

"

질 경영 1호 반도체

1

　PC시대의 개막을 알린 메모리 D램은 1970년 미국 인텔이 처음 개발했다. 이후 10여 년간 모토로라, 텍사스인스트루먼트, 페어차일드, 마이크론테크놀러지 등이 산업을 주도하다가 1980년대 들어 일본의 NEC, 히타치, 도시바 등으로 패권이 넘어갔다.

　이건희 회장이 1974년 경영난으로 파산한 '한국반도체'를 인수한 것은 하나의 '사건'이었다. 당시 한국반도체는 트랜지스터를 만드는 수준의 회사로, 반도체 사업을 본격화할 만한 역량이 없었다. 더욱이 삼성 내부적으로도 투자 여력이 부족했다. 1970년대 초 오일쇼크 여파로 삼성전자, 삼성전기, 삼성전관(현 삼성SDI) 모두 자금 압박을 많이 받던 상황이어서 새로운 사업을 추진할 여건이 되지 않았다. 하지만 일찍이 일본 전자업체들의 반도체 사업 확대를 눈여겨봐 왔던 이 회장에게 한국반도체 파산은 더할 나위 없이 좋은 기회였다. 이 회장은 반도체를 주식회사, 원자력과 함께 인류의 3대 발명품으로 꼽으면서 반도체가 미래의 산업·사회·생활 전 분야에 걸쳐 필수요소가 될 것이라고 내다봤다.

이건희 회장은 사재를 털어 한국반도체 지분 절반을 인수했다. 동양방송 이사로 재직하고 있을 때였다. 강진구 전 삼성전자 회장은 삼성전자 사사社史에서 이렇게 회고한다. "당시 삼성 내 전자부문이 무척 고전할 때였습니다. 다들 투자 여력도, 명분도 없었지요. 그래서 우리도 한동안 회장님이 한국반도체 지분을 인수한 사실을 몰랐습니다. 나중에 알고 난 뒤에 무척 놀랐습니다."

IBM을 배워라

미국과 일본의 전자업계는 삼성의 한국반도체 인수를 놓고 "걸음마도 못하는 아이가 하늘을 날려고 한다"며 비아냥거렸다. 사실 반도체 기술 확보란 매우 어려운 숙제였다. 기술보호주의가 대두되면서 미국과 일본은 반도체 기술 전쟁을 벌이고 있었다. 미국은 일본이 자국의 반도체 기술을 빼내갔다며 한국에까지 경계를 늦추지 않았다.

이건희 회장은 일본으로 날아가 기술자들을 직접 만났다. 호텔로 불러서 '룸서비스'를 시켜 놓고 밤새도록 토론했다. 서울로 전화를 걸어 꼼꼼히 기록한 내용들을 전해 주면서 잘 챙기라고도 했다. 반도체 엔지니어를 찾아 미국 실리콘밸리를 드나들던 시기도 이즈음이었다.

이 회장은 반도체 사업과 관련해 경영진에게 이렇게 소회를 밝혔다.

"반도체 사업은 기술과 시간의 싸움입니다. 그러나 미국이나 일본 어느 회사도 우리에게 기술을 주지 않았어요. 개인적으로 기술자를 만나 매달리는 수밖에 없었습니다. 거의 매주 해외에 나가 반도체 전문가들을 만나 조금씩 배웠고, 주말에는 그들을 우리 공장으로 모셔와 현장에서 우리 기술자들을 가르치도록 했습니다. 이렇게 기술이 어느 정도 확보되자 선대회장께서 1983년 반도체 사업 진출을 공식 선언했습니다. 내 이름을 걸고 조그맣게 시작한 반도체 사업이 10년 만에 삼성의 사업으로 인정받은 겁니다."

1987년 회장에 취임한 이건희 회장에게 반도체는 사활을 걸고 도전해 반드시 성공시켜야 할 사업으로 다가왔다. 1981년 기흥 사업장 부지를 마련할 때부터 그는 직접 정부를 찾아가 사업 설명을 할 정도로 애착을 쏟았다. 회장 취임 후 첫 외국 출장지도 미국 샌프란시스코에 있는 반도체 연구소를 택할 정도였다.

그는 특히 한국인의 우수한 두뇌와 근면성, 청결한 생활 습관 등이 반도체의 특성과 잘 맞아떨어진다고 보았다. 젓가락 문화권이어서 손재주가 좋고, 주거 자체가 신발을 벗고 생활하는 등 청결을 중시하는 한국의 문화를 반도체와 결부시킨 것이다.

미국 IBM의 반도체 기술이 뛰어나다는 점에 주목한 이건희 회장은 1982년, 이병철 선대회장과 경영진을 미국 IBM으로 안내해 반도체 중요성과 미래상에 대해 직접 설명하고 확인하는 자리를 만들기도 했다. 삼성전자 사사에 기록된 홍종만 전 삼성코닝정밀유리 사장의 말은 이렇다. "당시 회장님의 주문은 집요했습니다. '무조건 IBM을 분석하라. IBM이 무슨 생각을 하고 있는지 연구해 보라. 반도체 시장의 판세를 거머쥐고 있는 IBM을 읽으면 반도체 사업의 맥을 짚어 나갈 수 있다'는 것이었어요. 대단한 열정이고 집념이었습니다."

포커게임, 2등은 망한다

반도체는 호황과 불황이 분명하게 갈리는 사업이다. 적시에 제품을 내놓을 수 있는 기회 선점 여부가 성패의 관건이며, 양산된 제품이 시장에서 실패할 경우, 기업은 물론 국가 경제도 상당한 타격을 입는다. 따라서 경영자는 불확실한 미래를 예측해 기업의 사활을 건 막대한 선행 투자를 최적의 타이밍에 실시해야 한다. 특히 세트 제품이 아닌 부품이라는 점에서 전 세계 완제품들의 현재와 미래를 동시에 고려해야 한다. 이 과정에서 경영자들은 피를 말리는 고통을 겪을 수밖에 없다. 철저한 사전 분석과 함께 사업가의 동물적 감각이 요구되는 이유가 여기에 있다.

이건희 회장도 이를 잘 알고 있었다. 그는 "투자 시기가 6개월만 늦어도 몇 천억 원의 이익을 날려 버리는 것이 반도체 사업이다. 선행 기업만이 이득을 챙길 수 있는 업종의 특성상 2등은 아무런 의미가 없다"고 강조했다. 이 회장은 반도체 사업을 '2등이 가장 많은 돈을 잃는' 포커게임에도 곧잘 비유했다. 1990년대 이후 한국과 일본 반도체 업계의 흥망이 엇갈린 것도 타이밍 때문이었다. 권오현 삼성전자 대표이사 부회장은 이렇게 말했다.

"삼성전자가 1992년 처음으로 D램 1위에 올랐지만 일본은 여전히 위협적인 존재였습니다. 펀더멘털이 강하고 원천기술도 대단했거든요. 하지만 우리가 일본과 다른 점이 한 가지 있었습니다. 바로 투자의 타이밍이었습니다. 삼성은 불황 때 다가올 호황국면을 내다보고 과감하게 투자를 늘렸습니다. 반면 일본 업체들은 호황일 때 투자에 나서 제품을 양산할 때쯤 불황을 맞는 '엇박자'를 계속 연출했습니다. 8인치, 12인치 전환이 대표적이었지요. 삼성이 선도적으로 치고 나가면 6개월에서 1년 정도 있다가 쫓아왔어요. 하지만 그때는 이미 선발주자인 삼성이 시장 대부분의 수익을 거둬간 후인 경우가 많았습니다. 지나고 보면 누구나 그 타이밍을 알 수 있을 것 같은데, 그게 말처럼 쉽지는 않지요."

권 부회장의 말대로 삼성의 반도체 신화 창조 과정에서 분수령이 된 것은 8인치 웨이퍼를 적용한 16메가 D램 양산 라인 건설이었다. 그때까지만 해도 반도체 웨이퍼의 세계 표준은 6인치였다. 8인치 웨이퍼는 6인치보다 생산성은 1.8배 높았지만 공정이 복잡하고 깨지기 쉬워 수율 확보가 어려웠다. 투자 규모가 6인치의 서너 배에 달하는 것도 큰 리스크였다. 이런 부담 때문에 누구도 8인치를 선택하지 못하고 있었다. 하지만 이건희 회장은 과감하게 8인치 투자를 결정했다. 6인치로는 일본 기업의 생산성을 따라잡기가 어려운 만큼 8인치로 국면 전환이 필요하다고 판단한 것이다. 그렇게 해서 신경영이 한창이던 1993년 6월, 세계 최초의 8인치 양산 라인인 제5라인이 준공되었다. 월 20,000장의 8인치 웨이퍼로 16메가 D램을 300만 개까지 생산할 수 있는, 세계 최대의 D램 생산 라인이었다.

그 결과는 1994~1995년 연속 기록적인 수익으로 연결되었다. 반도체 호황과 맞물린 대규모 투자는 삼성에 1994년 1조 6,800억 원, 1995년에는 3조 5,400억 원의 이익을 안겨다 주었다. 1995년 한 해 동안 메모리 반도체 부문이 올린 이익만 무려 2조 7,000억 원이었다.

하지만 그 어떤 투자도 제품력과 실행력 없이는 효과를 내기 어렵다. 삼성의 투자가 지금까지 뛰어난 수익률을 올리고 있는 배경에는 항상 경쟁사를 한발씩 앞서나가는 집적기술과 양산기술이 있었다.

1992년 8월 세계 최초로 개발한 64메가 D램은 당시 상용화된 첨단기술 중에 한국 기업이 최초로 세계 톱으로 올라선 기념비적인 제품이었다. 이어 1994년 8월, 다시 세계 최초로 256메가 D램 개발에 성공했다. 1,200억 원의 개발비를 투입해 2년 6개월 만에 맺은 결실이었다. 한 달, 한 주가 경영 실적에 결정적 영향을 미치는 경쟁구도 하에서 미국과 일본의 경쟁사보다 6개월에서 1년 가까이 앞선 것이었다.

삼성의 반도체 기술력은 1996년 10월, 꿈의 반도체로 불리는 1기가 D램을 최초로 개발함으로써 다시 한 번 세계를 놀라게 했다. 1기가 D램은 어른 엄지손톱만한 크기의 칩에 신문지 8,000장, 단행본 320권, 정지 화상 400장, 음성 정보 16시간에 해당하는 정보를 저장할 수 있는 대용량 메모리 반도체였다.

  삼성은 1996년부터 1998년까지 반도체 시장에 깊은 불황이 닥쳤을 때도 투자를 멈추지 않았다. 2000년 새로운 밀레니엄을 맞아 세계 PC 시장이 다시 뜰 것으로 내다봤기 때문이다. 1998년부터 투자가 시작된 9라인이 1999년 9월부터 가동에 들어갔으며, 같은 해 12월에는 경기도 화성에 반도체 2단지 건설이 본격화되어 2000년 5월에 10라인, 2001년 3월에는 11라인이 각각 가동되기 시작했다. 기술 업그레이드도 병행되었다.

합작 제의를 거절하다

  2000년을 전후한 시기의 특징은 디지털화의 급진전이었다. 삼성은 디지털 시대의 도래가 메모리 산업에 새로운 성장 동력을 제공할 것으로 내다보고 기존 D램 중심의 사업구조를 전면 재편하기로 했다. 특히 전력 소모가 적으며 언제 어디서나 순간적인 사용이 가능해 유비쿼터스 패러다임에 가장 잘 부합하는 기억장치인 플래시메모리에 주목하여 대표 사업으로 육성해 나갔다. 실제 오디오, 비디오 등의 디지털화가 시작되면서 디지털 정보를 저장하고 처리하는 반도체 수요는 폭발적 성장 잠재력을 갖게 되었다.

  D램이 본궤도에 올랐지만 이건희 회장은 늘 마음이 편치 않았다. D램은 시황에 따라 가격 등락 폭이 너무 컸기 때문이다. 무엇보다 시급

한 과제는 품목 다변화였다. 전통적으로 세계 반도체 시장은 D램으로 대표되는 메모리와 시스템LSI 시장이 30 대 70의 규모이다. 삼성이 메모리 시장에 뛰어든 이유는 초기 투자비가 시스템LSI에 비해 훨씬 적게 들기 때문이었다. 그러다 보니 시스템LSI 시장은 자본 강국인 미국 인텔, 퀄컴, TI 등의 독과점 체제가 견고했다.

이 회장은 1990년대 중반부터 삼성전자 경영진들에게 D램 분야에만 지나치게 의존하는 사업구조에서 탈피해 품목을 다각화해야 하며 특히 시스템LSI에 적극 투자해야 한다고 강조했다. 이에 따라 2000년 이후 삼성의 반도체 사업 전략은 '투트랙Two Track'으로 진행되었다. 메모리 분야에서 D램 의존도를 줄이면서 낸드플래시 등으로 시장을 확대하고 시스템LSI는 씨앗을 뿌린다는 전략이었다.

삼성 낸드플래시 사업의 분수령은 2000년 초에 찾아왔다. 일본 T사가 삼성에 두 가지 제안을 해온 것이다. 자사의 D램 부문을 인수해 달라는 것과 낸드플래시 분야에서 합작을 하자는 제안이었다. 반도체 경기 침체로 장기 불황을 겪고 있는 T사가 구조조정의 파트너로 삼성을 선택한 것이다.

삼성으로서는 격세지감이었다. 반도체의 작은 기술 하나라도 넘겨주기를 꺼려했던 일본 전자회사가 삼성에 사업 전체를 매각하겠다고 나섰으니 말이다. 이는 역설적으로 지난 10년 동안 삼성 반도체 사업이 비약적으로 성장했다는 것을 의미했다.

그러나 이 회장은 T사의 두 가지 제안을 정중하게 거절했다. 그는 T사 제안의 배경을 간파하고 있었다. 세계 1위 낸드플래시 업체였던 T

사는 불황을 맞아 삼성의 현금 유동성을 활용하는 동시에 강력한 잠재 경쟁자를 우산 속에 가둬 놓아야겠다고 판단한 것이다. 삼성은 T사의 울타리로 들어가 안정적인 2위를 유지하느냐, 독자적으로 시장을 개척하면서 T사와 경쟁할 것이냐를 놓고 선택의 기로에 섰다.

이 회장은 2001년 8월 오쿠라 호텔 인근 자쿠로 식당으로 삼성전자 사장단을 불렀다. 그는 경쟁사들의 반도체 사업 전략과 미래 흐름에 대해 의견을 주고받은 뒤 이렇게 말했다.

"일본 D램 사업이 어렵다고 합니다. 우리도 10년 뒤에 일본의 전철을 밟을 수 있습니다. D램 사업을 어떻게 가져가야 할지 고민해야 할 시점입니다. 반도체 사업을 해외로 다각화할 필요가 있다는 게 내 생각입니다."

삼성이 중국 소주蘇州에 이어 서안西安에 반도체 공장을 건설한 것은 이러한 판단 때문이었다. 그렇게 개괄적인 회의가 끝난 뒤 T사 제안 건이 논의되었다. 이건희 회장은 황창규 당시 반도체 사업부장의 의견을 물었다. "충분히 우리가 독자적으로 할 수 있습니다." 그렇게 간단히 결론이 났다.

이 같은 결정은 불과 일 년도 지나지 않아 전략적으로 옳은 판단이었다는 것이 증명됐다. 삼성은 그해 가을, 세계 최고 집적도를 가진 1기가 낸드플래시 메모리 개발에 성공하면서 이듬해 낸드플래시 세계 1위에 올랐다.

삼성의 낸드플래시 점유율은 2000년 26퍼센트에서 2002년 44퍼센트로 급등한 반면, T사는 2000년 45퍼센트에서 2002년 26퍼센트로 떨어졌다. 낸드플래시 시장 장악은 몇 년 뒤에 만개하는 모바일 시장에서 삼성의 대약진을 이끌었다. 전 세계에 확산된 휴대폰의 핵심 칩이 낸드플래시였기 때문이다. 황창규 당시 반도체 사업부장은 이렇게 회고했다.

"훗날 안 일이지만 당시 회장님은 T사의 제의 내용과 의도를 상세히 파악하고 있었고, 독자적으로 사업을 추진하는 것이 바람직하다는 결론을 내린 상태였습니다. 실제로 당시 우리는 낸드플래시 기술의 대부분을 갖고 있었던 데다 세계 최고의 D램 기술까지 보유하고 있어 T사의 제품력을 따라잡는 데는 큰 문제가 없다고 판단했습니다."

반도체는 양심산업

이 회장의 반도체 기술에 대한 안목을 보여 주는 일화는 1980년대 반도체 업계의 화두였던 스택stack과 트렌치trench 방식 논쟁에 대한 그의 결정에서도 찾아볼 수 있다.

삼성이 1987년 4메가 D램을 개발할 때였다. 당시 엔지니어들은 트랜지스터의 집적도를 높이기 위해 회로를 고층으로 쌓아 올릴지, 아니면 아래로 파고들 것인지의 기로에 서 있었다. 전자는 스택 방식, 후자는 트렌치 방식으로 불리는 기술들이었다. 이 둘은 각각의 장단

점이 교차되기 때문에 양산하여 확인하지 않고서는 어느 것이 유리한지 판단하기 어려웠다. 미국, 일본의 선발업체도 쉽게 결정을 내리지 못하는 상황이었다. 이 회장은 아래로 파는 것보다 위로 쌓아 올리는 것이 수월하고 문제가 생겨도 쉽게 고칠 수 있다고 생각했다. "나는 복잡한 문제일수록 단순화하려고 한다. 두 기술을 단순화해 보니 스택은 쌓는 것이고 트렌치는 지하로 파고 들어가는 것인데, 위로 쌓는 것이 더 쉽다고 판단했다." 그의 말은 옳았고, 결과는 대성공이었다. 당시 트렌치 방식을 택했던 경쟁업체는 스택 방식을 취한 삼성전자에게 일사천리로 밀려났다.

이처럼 기술의 흐름에 밝은 경영자의 식견은 중대한 의사결정을 앞두고 커다란 효과를 발휘한다. 이건희 회장은 회장에 취임한 이후 하루도 거르지 않고 매일 반도체 수율을 챙겼다. 기흥공장장의 하루 일과는 삼성 비서실에 수율을 보고하는 것으로 시작했다. 수율이 조금만 떨어져도 비상이 걸렸다.

이 회장은 반도체 업을 '양심산업'이라고 규정했다. 반도체 생산은 300~400가지 공정을 거쳐야 하는데 생산에 참여한 어느 한 사람이라도 부정한 마음을 가지거나 실수를 하게 되면 대형 사고로 이어진다. 게다가 공정상의 문제점은 일정 기간이 지나지 않는 한 쉽게 발견되지 않고 누가 잘못했는지 밝혀 내기도 어려우며 불량품은 전량 폐기해야 하는 특성이 있다.

이 회장이 "반도체 사업은 상식, 도덕 등 윤리적으로 서로 이해해야만 성공하는 사업이요, 법 없이 살 수 있는 사람들이 해야 한다"고 강조한 것도 이 때문이다. 반도체 사업은 개개인이 무엇을 언제 어떻게 하는가에 따라 성과가 크게 달라지기 때문에 일하는 모든 이에게 높은 주인의식이 요구된다.

수율이 기본적으로 임직원들의 마음과 손끝에서 나온다는 믿음을 가졌던 이 회장은 셔틀버스 고급화 같은 사소한 부분에서부터 현장 직원의 이직률 내용까지 꼼꼼하게 점검하는 배려를 아끼지 않았다. 이는 기술적 요인보다는 배경이 되는 근무환경이나 현장의 정서에 더 큰 가치를 두고 문제의 근원을 찾아 해결하려는 이건희 회장의 독특한 경영방식이라고 할 수 있다.

삼성의 반도체 사업은 오너의 결단과 반도체 기술에 대한 안목, 임직원들의 헌신을 바탕으로 비약적 발전을 이루었다. 2012년 메모리와 시스템LSI를 통틀어 34조 원의 매출을 올려 전 세계 반도체 시장의 10퍼센트를 첫 돌파했다. 세계 메모리 반도체 업계에 엄청난 불황이 몰아 닥쳤던 그해 유일하게 적자를 내지 않은 곳도 삼성이었다.

매출로 따진다면 현재 삼성전자의 주력은 모바일 사업이지만 반도체 부문의 지속적인 수익창출이 없었더라면 오늘날 삼성전자가 세계적 종합 전자회사로 발돋움하기 어려웠을 것이다.

삼성의 반도체 사업은 성공의 고비 고비마다 신경영 정신이 녹아 있다는 점에서 '질 경영 1호'로 영원히 기록될 것이다.

팁스토리 복합화가 경쟁력이다

삼성생명공익재단이 운영하는 경기도 용인 '노블 카운티'는 주거·의료·여가·문화·스포츠 시설이 결합된 선진형 실버타운으로, 이건희 회장의 복합화 철학이 고스란히 반영되어 있는 곳이다.

이 회장은 1994년 실버타운 건설 보고를 받는 자리에서 노인과 아동의 세대 간 교류를 촉진할 수 있는 주거 시설, 어린이집, 게스트룸 등을 모두 포함하여 가치 있고 행복한 노후를 보내는 데 필요한 각종 시설을 한 곳에서 제공하는 복합화 개념을 도입해 질 높은 서비스를 제공하라고 지시했다. 회색빛의 고립된 노인들만 있는 생활공간이 아닌, 어린이의 웃음소리가 들리고 모든 세대가 어우러져 함께 생활하는 생동감 넘치는 공간으로 만들어 지역사회에도 개방해야 한다는 주문이었다. 노블 카운티가 어린이, 청장년, 노인 등 3세대가 함께 어울리는 복합공간이 된 사연이다.

복합화는 이 회장 경영 철학의 한 축이다. 단지의 복합화, 빌딩의 복합화, 사업의 복합화, 인재의 복합화, 제품의 복합화, 공장의 복합화 등 이 회장은 틈나는 대로 복합화를 주문했다. 평소 즐겨 강조하는 입체적 사고 또한 어떤 면에서는 '사고의 복합화'를 의미하고 있다. 이 회장의 복합화는 전략의 수준을 넘어 일종의 철학이라고 할 수 있다. 반도체 경쟁력의 관건도 복합화에서 찾았다. 한 사업장 내에 연구·생산·개발 등이 모여 있어야 일본을 이길 수 있다는 판단에서였다.

반도체 사업 초기, 이건희 회장은 일본 반도체 공장들의 배치를 유심히 살폈다. 1993년 7월 12일, 이 회장은 도시바 '욧카이치四日市' 반도체 공장을 방문했다. 당시 도시바는 도쿄 반경 100킬로미터 주변에 10개 공장을 흩어 놓고 운영하고 있었다. 더욱이 설계팀은 도쿄에 위치해 있었다.

이 회장은 가도노 욧카이치 공장장에게 물었다. "설계팀은 도쿄에, 생산은 욧카이치에 있는데 효율이 떨어지는 것이 아닌가? 공장을 한 군데에 모으는 것이 좋지 않은가?" 그러자 가도노는 "지진과 태풍, 쓰나미가 너무 자주 발생하기 때문에 어쩔 수 없다"고 답했다. 자연재해가 빈번한 일본으로서는 공장을 분산하는 것이 리스크를 줄이는 방법이라는 뜻이었다.

이때 이건희 회장은 한국이 일본 경쟁사들에 비해 비교우위를 가질 수 있다는 점을 확신했다고 한다.

'인재의 복합화'도 이 회장이 강조하는 대목이다. 이 회장은 1993년 신경영 당시, 경영자가 기술을 알아야 하며 기술교육을 위해 '테크노 MBA 과정'을 도입하라고 지시한다. 재무나 인사 등 지원 부서에서 기술을 알지 못하면 '관리'만 할 수밖에 없고 그러면 '기술경영'이 꽃을 피울 수 없다는 게 그의 지론이었다.

이 회장의 복합화 철학을 제대로 구현할 화룡점정은 '도곡동 프로젝트'였지만 IMF를 맞아 포기할 수밖에 없었다. 당시 그는 복합화의 효과를 "빌딩을 옆으로만 넓히지 말고 위로 높이자. 좁은 국토를 효율적으로 이용해야 한다. 한 곳에 모든 임직원이 40초 만에 모일 수 있다. 이게 바로 경쟁력이다. 물류비용이 줄고 경영스피드가 제고된다. 교통체증도 없어진다. 이게 바로 복합화"라고 설명했다.

그러나 당시 서울 시내에는 초고층 빌딩을 지을 만한 대지가 없었다. 그러다 마침 서울시가 2만여 평이 넘는 체비지를 매각하기로 했다. 이 회장은 무조건 낙찰을 받으라는 지시를 내렸다. 삼성전자, 삼성물산, 삼성생명 등 계열사들은 평당 2,700만 원에 총 22,714평을 6,226억 원에 매입했다. 당시로는 매우 높은 가격이었다. 초고층 사옥을 짓기 위해 실무진들은 뉴욕의 록펠러 센터 등 세계적 명물들을 벤치마킹했다. 마침내 111층(450미터), 연면적 32만 평에 비즈니스, 커머셜. 퍼블릭 기능을 집어넣어 '직주職住일체형' 타운을 조성한다는 조감도가 마무리되었다. 미국 시어스타워가 443미터, 말레이시아 KLCC가 446미터였으니 도곡동 사옥은 세계 최고층이었다. 그러나 IMF로 인해 이 프로젝트는 수포로 돌아갔다.

이건희 회장은 이때 "아까운 자식 한 명 잃었다"며 극도로 아쉬운 심정을 표현했다. 삼성계열사들은 이 땅을 나대지로 매각하려다가 이건희 회장에게 야단을 맞았다고 한다. 주상복합건물로 지어서 분양하라는 아이디어는 그래서 나왔다.

비록 초고층 빌딩의 꿈은 무산되었지만, 그렇게 들어선 도곡동 타워팰리스는 주상복합이라는 새로운 주거 문화를 열었다는 평가를 받고 있다. 삼성 사업장이나 제도, 시스템에는 복합화 철학이 곳곳에 배어 있으며 이는 삼성의 눈에 보이지 않는 경쟁력 가운데 매우 중요한 부문을 차지하고 있다.

휴대폰 세계 1위, 갤럭시의 위업

2

2013년 3월 14일, 미국 뉴욕의 라디오시티 뮤직홀.

3,000여 명의 청중들이 입추의 여지없이 들어찬 가운데 삼성의 전략병기 갤럭시 S4가 공개되었다. 미국의 심장부인 뉴욕에서 사상 처음으로 삼성이 휴대폰 신제품을 발표하는 순간이었다. 행사는 그동안 페이스북 홈페이지를 통해 공개된 티저 광고로부터 시작했다. 티저 광고에서 갤럭시 S4가 든 박스를 선물 받은 소년은 근사한 리무진에 올라 발표회장인 라디오시티로 향했다. 소년이 이 박스를 무대 위의 신종균 삼성전자 사장에게 건네자 분위기는 절정에 달했다. 외신들은 인터넷에 실시간으로 행사 상황을 문자로 생중계했다. 신 사장은 영어로 진행된 프레젠테이션을 통해 이렇게 선언했다. "지난 몇 주 동안 우리의 신제품에 대한 여러 루머와 예측이 있었고 많은 사람들이 궁금해 했다. 지금 공개하는 갤럭시 S4는 전 세계 소비자들이 열망하는

새로운 가치와 편리함을 제공하는 '삶의 동반자'가 될 것이다."

이날 삼성의 뉴욕 발표회는 희대의 라이벌인 애플의 안방에서 진행되었다는 점에서 전 세계 언론의 비상한 관심을 모았다. 두 회사는 2011년 이후 갤럭시와 아이폰 시리즈를 통해 한 치의 양보도 없는 스마트폰 전쟁을 벌여왔다.

애플의 절대 우세로 출발했던 각축전은 삼성의 사력을 다한 추격과 지속적 제품 혁신이 맞물리면서, 2012년을 기점으로 승부의 저울추가 완전히 반대로 기우는 양상을 보였다. 2013년 4월부터 순차적으로 출시된 갤럭시 S4의 경우 제품 공개 열흘 만에 전 세계 통신사의 선 주문량만 1,000만 대를 넘어섰다. 주요 시장조사기관들은 갤럭시 S4 누적 판매량이 1억 대 가까이 될 것으로 예상하고 있다. 갤럭시 S3는 출시 50여 일 만에 1,000만 대가 팔렸고 지금까지 누적 판매량은 4,100만여 대이다. 갤럭시 S2의 누적 판매량은 4,000만 대, 갤럭시 S는 2,500만 대였다.

뼛속까지 바꾸라

삼성-애플 양강 구도가 형성되기 전까지 글로벌 휴대폰 업계의 패자霸者는 노키아였다. 노키아는 2000년대 초중반 시장 점유율 40퍼센트, 영업이익률 20퍼센트를 넘을 정도로 막강한 위세를 떨치고 있었다. 한때 목재 회사였던 노키아가 최첨단 IT 회사로 탈바꿈한 과정은 전 세계 유명 대학의 경영학 교재로 사용될 정도였다. 삼성이 애니콜 신화를 일으키며 글로벌 진출을 본격화할 때도 노키아 제품의 점유율은 삼성의 두 배가 넘었다. 그래서 반도체, TV는 몰라도 휴대폰 세계 1위는 어렵다는 것이 삼성 내부의 기류였다. 삼성이 노키아를 본격 연구하기 시작한 시기는 2000년대 초부터였다. 핀란드라는 북유럽 소국의 기업이 어떻게 휴대폰 시장을 장악했는지에 대한 의문이 그 출발점이었다. 이건희 회장은 2003년 7월 삼성전자 사장단을 이끌고 노키아를 방문했다. 요르마 올릴라 회장을 만나 그 해법을 직접 듣고 싶었던 것이다. 당시 이 회장을 수행했던 주우식 전 삼성전자 전무는 이렇게 설명했다. "이날 두 분의 대화는 부품 공급과 같은 비즈니스 차원을 넘어 기술경쟁력 원천, 협력사와의 공존공영 철학, 핀란드의 기업문화 등을 중심으로 폭넓게 이뤄졌습니다. 회장님은 밖으로는 글로벌 통신사와 고객들, 안으로는 국내외 협력업체들을 배려하는 노키아 임직원들의 자세가 압도적 제품 경쟁력으로 나타나고 있다는 데 주목했습니다."

유럽 출장을 마친 이 회장은 2003년 11월 전자사장단 회의에서 "뼛속까지 변화하라"고 주문했다.

"세계 1등이 되려면 근육을 바꾸고 걸음걸이, 자세도 바꿔야 합니다. 조직도 완전히 바꿔야 합니다. 디자인 기술, 조직 등 모든 것을 근본적으로 바꾸지 않으면 안 된다는 사실을 명심하여 먼저 스스로를 재정비하고 나서 도전해야 할 것입니다. 더욱 대담하게 부품을 개발하고 적극적으로 투자해 주세요."

부분적 변화로는 영원히 3등, 잘하면 2등까지는 할 수 있지만 모든 것을 완전히 새롭게 바꾸지 않으면 1등은 불가능하다는 메시지였다. 삼성의 휴대폰 1등 달성 전략은 이렇게 가동되었지만 당장 모든 것을 바꿀 수 없는 현실의 한계를 이 회장도 알고 있었다. 그래서 직접 현장을 찾아 더욱 강한 어조로 근본적 변화를 촉구하고 나섰다. 2004년 6월 29일 구미 휴대폰 공장을 방문했을 때의 이야기이다.

"초음속을 돌파할 때는 재료부터 엔진까지 전부 바꿔야 합니다. 2008년까지 엔진 바디의 재료를 바꾸고 파일럿부터 직원 훈련시키는 태도까지 전부 변화시켜야 합니다. 휴대폰 공장이 창조적 초일류 현장이 될 수 있도록 전면적으로 개편하세요."

삼성전자는 모든 전략을 원점으로 돌려놓고 휴대폰 1등 달성 전략을 다시 짜기 시작했다. 경쟁사 제품에 대한 정밀 분석과 함께 삼성전자와 경쟁사 간의 기술 격차, 디자인 격차, 부품 격차에 대한 비교 분석이 진행되었다. 개발체제에도 대폭 손질이 이루어졌다. 이 회장은 1990년대 중반부터 휴대폰 개발을 3선체제로 운영하라고 지시했는데, 이 전략은 이때를 기점으로 본격적으로 구현되기 시작했다.

'3선체제 개발'에서 1선은 상품화 과제를 중점적으로 수행하는 팀이고 2선은 1년 후를 대비하는 개발조직, 3선은 2~3년 후를 대비하는 개발조직이다. 따라서 미래 소비자의 트렌드를 미리 읽으면서 언제든지 시장 변화에 능동적으로 대응할 수 있는 역량을 갖추는 것이 핵심이었다. 삼성전자는 제조방식도 전통 컨베이어 방식에서 탈피해 셀 제조방식으로 전환했다. 다품종 소량 생산체제를 전면 확대하여 소비자의 기호에 맞게 철저히 차별화된 제품을 생산하기 위해서였다.

도전과 응전

하지만 이런 노력에도 불구하고 경쟁사들과의 격차는 좀처럼 좁혀지지 않았다. 삼성은 애가 탔다. 노키아는 철옹성 같았다. 유럽시장은 특히 그랬다.

기회는 엉뚱한 곳에서 찾아왔다. 바로 애플의 스마트폰인 아이폰의 돌풍이었다. 애플은 모바일 혁명에 불을 붙이며 피처폰 시대의 절대강자였던 노키아의 아성을 허물어 나갔다. 2007년 6월, 애플이 출시한 아이폰은 순식간에 전 세계 모바일 시장을 장악해 나갔다. 노키아와 삼성이 피처폰과 초기 스마트폰 모델을 앞세워 방어전선을 펼쳤지만 아이폰은 파죽지세였다. 삼성전자가 2008년 7월 급히 내놓은 옴니아폰은 '흉내만 낸 스마트폰'이라는 혹평을 받고 소비자들의 기억 속에서 잊혀져 갔다.

삼성전자 무선사업부는 절체절명의 위기감에 휩싸였다. 노키아가 무너진다고 결코 좋아할 일이 아니었다. 노키아의 점유율이 하락하는 만큼 삼성의 점유율도 곤두박질쳤다. 대내외 경영환경도 급속히 악화됐다. 리만브라더스 파산이 몰고 온 글로벌 금융위기 발발로 삼성전자는 2008년 4분기에 9,400억 원의 적자를 기록했다. 엎친 데 덮친 격으로 이건희 회장은 삼성특검 사태의 여파로 2008년 4월 경영 일선에서 물러난 상태였다.

안팎의 악재로 삼성이 우왕좌왕하는 사이를 틈타 애플은 삼성의 안방까지 쳐들어왔다. 2009년 11월 아이폰의 한국 상륙은 태풍 그 자체였다. 특단의 대책이 필요했다. 이 회장의 경영복귀는 필연이었다. 2010년 3월 24일, 그의 복귀일성은 비장했다.

"글로벌 일류 기업들이 무너지고 있다. 우리 삼성도 어찌될지 모른다. 10년 안에 삼성을 대표하는 사업과 제품은 대부분 사라질 것이다. 다시 시작하자. 머뭇거릴 시간이 없다. 앞만 보고 가자."

이 회장의 복귀로 삼성 특유의 기동전이 시작되었다. 삼성은 주력 스마트폰 운영체제OS를 구글 안드로이드로 전환키로 결정했다. 기존 제휴선인 마이크로소프트는 뛰어난 소프트웨어 기술을 갖고 있었지만 모바일 OS에 대한 경험은 일천했다. 애플에 맞서 독자 모바일 생태계 구축을 꿈꾸던 구글과 손을 잡자, 삼성의 하드웨어 기술력은 무서운 뒷심을 발휘하기 시작했다.

2010년 5월, 삼성전자의 첫 스마트폰 갤럭시 S가 드디어 그 모습을 드러냈다. 갤럭시 S는 개발인력을 총동원해 불과 6개월 만에 출시된 제품이었다. 통상 전략폰 개발에 1년~1년 6개월 정도 소요되는 점을 감안하면 얼마나 빠른 속도로 신제품을 내놓았는지 짐작할 수 있다. 제품명의 S는 속도speed, 화면screen, 얇기slim를 지향한다는 의미에서 붙은 이름이었다. 휴대폰 사업을 총괄하는 신종균 삼성전자 사장은 이렇게 이야기했다.

"삼성이 갤럭시 S를 6개월 만에 개발할 수 있었던 것은 2000년대부터 선진사를 따라잡기 위해 구축해 놓은 인프라가 있었기 때문입니다. 그런 선행조치들이 없었다면 아마 삼성도 애플의 태풍에 휩쓸려 갔을 것입니다."

갤럭시 S 개발을 맡았던 노태문 부사장은 다음과 같이 회고했다.

"아이폰이 한국에 진출한 2009년 말, 무조건 6개월 안에 새로운 스마트폰을 내놓으라는 지시가 떨어졌습니다. 그만큼 상황이 다급했어요. 최고의 부품을 모아 안드로이드 OS에 최적화된 최고의 하드웨어 성능을 구현하는 것이 개발팀의 과제였습니다. 마침 하드웨어는 그전에 일 년 동안 미리 준비해 놓은 것들이 있었습니다. 하지만 소프트웨어는 역시 우리의 주 종목이 아니었습니다. 정말 어려움이 많았습니다. 거의 매일 밤을 새는 강행군의 연속이었습니다."

"기죽지 마라"

이 시기에 이건희 회장은 스마트폰 대응이 늦었다는 이유로 무선사업부를 질책하기보다는 용기와 자신감을 북돋우고 나섰다. "공포심 가질 필요 없다. 기죽지 마라. 우리도 충분히 할 수 있다"는 격려였다.

갤럭시 S는 출시 7개월 만에 전 세계에서 1,000만 대가 팔렸다. 삼성전자의 첫 '텐밀리언셀러 스마트폰'이었다. 2년간 총 판매량은 2,000만 대에 달했다. 세계는 삼성의 저력에 또 한 번 놀랐다.

애플만이 여전히 냉소적 반응을 보였다. "아이폰에 비하면 갤럭시 S는 스마트폰이라고 할 수 없다"는 얘기를 공공연히 미국 언론에 흘렸다. 사실 갤럭시 S는 출시를 서두르는 과정에서 완벽에 가까운 품질과 성능을 구현하지는 못했다. 소프트웨어 구동 문제로 업그레이드도 19차례나 해야 했다.

하지만 2011년 4월에 출시된 '갤럭시 S2'는 경쟁사를 긴장시키기에 충분할 만큼 압도적인 하드웨어 성능과 진일보한 소프트웨어 역량을 선보였다. 이 회장의 경영복귀 1년 후 출시된 이 제품은 5개월 만에 판매 대수 1,000만 대를 넘어선 데 이어 전 세계에서 4,000만 대가 팔려 나갔다. 경쟁사와의 격차도 빠르게 줄어들었다.

2010년 2분기 스마트폰 시장에서 5퍼센트의 점유율로 애플(13.5퍼센트)에 크게 뒤처졌던 삼성전자는 4분기에는 점유율 격차를 5.5퍼센트포인트로 좁히더니 2011년 2분기엔 1퍼센트포인트로 그 격차를 더 줄였다. 갤럭시 S2가 본격 시판에 들어간 3분기에 삼성은 마침내 세계 스마트폰 1위에 올랐다. 판매량은 경쟁사에 비해 무려 1,000만 대 이상 많았다.

전작의 판매실적을 훨씬 뛰어넘는 갤럭시 S2의 출현은 다른 방향으로 애플을 자극했다. 미국 캘리포니아 법원에 삼성전자를 상대로 특허소송을 제기한 것이다. 전 세계 동시다발적 특허소송의 신호탄이었다. 돌이켜 보면 2011년 4월은 이건희 회장의 출근경영과 갤럭시 S2 출시, 애플의 느닷없는 특허소송이 맞물린 시점이었다. 글로벌 시장의 패권을 놓고 숙명의 일전이 불가피하다고 내다본 결정이었다.

이후 갤럭시 S3, 갤럭시 노트 2 등 신제품이 속속 출시되면서 세계 휴대폰 시장의 판도는 2012년부터 급변했다. 놀랍게도 승자는 삼성전자였다. 글로벌 시장에서 4억 대의 휴대폰을 팔아 점유율 25.2퍼센트를 기록, 사상 처음으로 세계 정상에 등극했다.

삼성의 대역전에 세계 언론들도 놀랐다. 미국의 유명 IT 매체인 '테크크런치Techcrunch'는 2013년 새해 벽두에 "삼성전자를 글로벌 5대 기술기업에 넣어야 한다"고 보도했다. 테크크런치는 "지금까지 미래 기술을 이끌어온 5대 기업으로 아마존, 애플, 페이스북, 구글, 마이크로소프트를 꼽았지만 이제는 마이크로소프트를 빼고 삼성을 포함시켜야 할 때"라고 썼다. 이에 앞서 미국의 또 다른 IT 전문매체 '매셔블Mashable'은 2012년 말, "삼성전자는 애플을 더 이상 흉내 내지 않는다. 삼성은 애플에 맞설 수 있는 유일한 경쟁자"라고 칭송했다.

승패는 소프트웨어와 사람에 달려 있다

삼성전자가 단기간에 '글로벌 톱클래스'의 스마트폰 제조회사로 떠오른 또 다른 요인은 '세계 각국의 다양한 규제를 통과할 수 있는 현지화 제품'을 만들어내는 능력이었다. 삼성전자는 핵심 부품인 애플리케이션 프로세서부터 메모리반도체, 디스플레이, 배터리 등 스마트폰에 들어가는 주요 부품들을 자체적으로 설계·생산할 수 있는 능력을 갖추고 있다.

경쟁사들이 일 년에 한두 개 모델을 내놓는 반면 삼성전자는 다양한 크기와 디자인의 제품을 여러 나라에 동시에 공급한다. 갤럭시 S와 S2 두 제품의 모델 수는 300개가 넘었다. 삼성은 갤럭시 S를 100개국 110개 통신사에, 갤럭시 S2는 120개국 140개 통신사에 각각 공급했다. 갤럭시 S3는 145개국 296개 통신사에, S4는 155개국 327개 통신사에 각각 공급했다. 이는 경쟁사들이 도저히 따라올 수 없는 '세계 최고 수준의 동시 공급 능력'이다.

이 시기에 삼성전자가 올린 개가는 또 있다. 스티브 잡스는 2007년 아이폰을 소개하는 자리에서 "아무도 펜을 원하지 않는다"고 말했지만 삼성전자는 보란 듯이 S펜을 탑재한 갤럭시 노트를 성공시켰다. 2012년 9월 나온 갤럭시 노트 2는 출시 37일 만에 300만 대를 판매하는 기록을 세웠다. 지금까지 없던 시장을 삼성이 만들어낸 것이다. 경쟁사가 부정적으로 평가했던 '5인치대 스마트폰'도 삼성전자가 만들어낸 시장으로 볼 수 있다. 5인치를 넘으면 손에 잡기 불편하다는 고정관념을 일거에 깨뜨렸다.

삼성 휴대폰 신화의 중심에는 이건희 회장의 강력한 '질 경영' 의지가 자리 잡고 있다. 그동안 우리가 사용했던 피처폰의 '통화SEND'와

'꺼짐END'의 위치는 이 회장의 디자인 특허라고 볼 수 있다. 그는 1993년 초, 한 손으로도 쓰기 쉽도록 휴대폰 기판 아래에 있는 통화, 꺼짐 버튼을 위로 올리라고 제안했고 이는 이후에 전 세계 모든 휴대폰 메이커들의 기본 설계로 자리 잡았다.

이 회장의 지시로 1995년 3월 구미 사업장에서 단행된 불량제품 화형식은 품질 혁신의 중요한 이정표가 되었다. 글로벌 톱을 향한 끊임없는 혁신과 도전이 없었더라면 새로운 기회를 포착해 내지 못했을 것이다. 신종균 사장은 휴대폰 사업을 향한 이 회장의 열정을 이렇게 설명했다.

"노키아가 세계 정상이었을 때 회장님이 한 이야기는 '인구 600만 명의 핀란드도 하는데 우리라고 못할 이유가 있느냐'였습니다. 훗날 아이폰 돌풍이 불었을 때는 '겁먹지 마라. 우리도 할 수 있다'고 말했어요. 그런 말을 들을 때마다 한편으로는 두렵지만 한편으로는 힘이 났습니다. 시장의 아주 작은 변화도 예민하게 들여다보고 확신에 찬 어조로 자신감을 불어넣어 주었지요. 회장님이 무조건 1등을 주문하는 것은 아닙니다. '결국 승패는 소프트웨어와 사람에서 판가름 날 것이다. 끊임없이 인재를 모으고 신기술을 고민하라'고 말하고는 합니다. 정말 기본적인 주문입니다. 하지만 이런 것들을 실행하고 보면 정말 무서울 정도로 우리가 강해진다는 느낌이 듭니다."

삼성전자는 2012년 사상 최초로 휴대폰 세계 1위를 달성했지만 이 빛나는 성과를 축하하는 어떤 파티도 열지 않았다. 애플이 여전히 우위에 있는 태블릿PC, 스마트폰 운영체제의 종속 가능성, 중국 업체들의 거센 추격 등 지금껏 일궈 놓은 성공을 위협할 만한 요인들은 도처에 깔려 있다. 따지고 보면 모토로라의 갑작스런 영락零落은 2005~2006년 레이저폰의 빅히트와 동시에 일어났다. "레이저가 그 정도로 인기를 끌지 않았더라면 모토로라가 모바일 패러다임의 변화에 그렇게 방심하지는 않았을 것"이라는 게 업계의 평이다.

어쩌면 삼성의 축하파티는 영원히 없을지도 모르겠다. 어떠한 선도기업이라도 글로벌 경쟁 속에서는 결코 안심할 수 없기 때문이다. 누구보다 이건희 회장이, 그리고 삼성이 그 사실을 너무 잘 알고 있다.

팁스토리 **오륜마크 달고 훨훨**

　이건희 회장의 1993년 신경영 여정 중 주목되는 도시 중 하나는 스위스 로잔이다. 그해 6월 이 회장은 프랑크푸르트를 떠나 로잔으로 향했다. 로잔은 IOC 본부를 비롯해 올림픽 박물관 등 올림픽 관련 시설들이 집중되어 있는, 올림픽의 도시이다. 이 회장은 수행 임원들에게 로잔의 올림픽 인프라를 견학하도록 했으며 사마란치 당시 IOC위원장도 만났다. 이 회장을 수행했던 손욱 당시 비서실 전자담당 전무는 "로잔 방문은 사실 뜻밖이었다"라고 회고했다.

　이 회장이 로잔을 방문한 배경은 이듬해 드러났다. 1994년 그는 "삼성의 브랜드 가치 제고를 위해 올림픽을 적극 활용하는 방안을 마련해야 한다"며 2000년쯤에는 삼성이 올림픽스폰서가 될 수 있도록 준비하라고 지시했다. 로잔 방문과 사마란치 면담은 이를 위한 사전포석이었던 셈이다.

　올림픽 마케팅에 대한 이 회장의 관심은 집요하여, 1995년 초에는 더욱 구체적 지시를 내렸다. "96년 애틀랜타올림픽에서 삼성 브랜드를 알리는 방안을 마련하라." 이에 따라 삼성은 애틀랜타 한복판에 삼성 홍보관인 '삼성 96 엑스포'를 개관했다. 이곳에서 미국, 일본, 러시아 등 세계 14개국이 참가해 문화와 민속음식, 토속상품 등을 전시하고 교류했다. 올림픽의 기치 아래 열린 세계인의 문화축제로 자리매김한 것이다. 이 행사는 현지에서 큰 관심을 끌었고 코카콜라시티, 스포츠잼 96, 근대올림픽 100주년 기념공원 등과 함께 애틀랜타올림픽의 대표 볼거리로 급부상했다. 현지 언론은 "'삼성 96 엑스포'가 소비자들에게 올림픽 이미지를 심어주는 효과를 가져왔다. 삼성은 1,000만 달러를 투자해 모토로라 파나소닉이 4,000만 달러의 정식 올림픽 스폰서 비용을 내고 얻은 효과와 비슷한 효과를 얻었다"고 평했다. 이 회장도 개인적으로 애틀랜타올림픽에서 IOC 위원으로 피선되는 영예를 안았다.

그러나 안팎의 호평에도 이 회장은 만족하지 않았다. 올림픽이 끝난 8월 초, 그는 비서실의 모든 팀장들을 신라호텔로 불러 모았다. "브랜드가 중요하다고 그렇게 강조했건만 이 정도 수준밖에 안 되는가? 지금처럼 해서는 안 된다. 올림픽 마케팅 전략을 전면적으로 업그레이드하라"고 강조했다.

결국 심장부로 뛰어드는 길만이 유일한 방책이었다. 2000년으로 설정했던 올림픽 파트너십 체결을 앞당기는 것이었다. 1997년초 삼성은 IOC에 공식 제안서를 제출했다. 삼성에 호감을 갖고 있던 IOC는 백색가전 분야의 스폰서십을 제의했다. 하지만 삼성은 고민 끝에 이 카드를 거절했다. 백색가전은 내수 비중이 높았기 때문이다. 그러자 IOC는 반도체 분야를 재차 제의해 왔다. 삼성은 반도체가 선도적 기업의 이미지를 부각시키는 데는 괜찮지만 B2B의 특성상 브랜드가치 제고에는 한계가 있다고 판단해 다시 거절했다. 마침내 IOC는 이건희 회장이 고대하던 카드를 꺼내들었다. 무선통신 분야의 스폰서십이었다. IOC는 미국 모토로라와 협상을 벌이다가 조건이 맞지 않자 삼성으로 발길을 돌린 것이다. 삼성은 즉각 김낙

회 당시 비서실 이사, 김태호 부장 등을 로잔에 파견해 3주 만에 협상을 타결시켰다. 통상 일 년이 걸린다는 협상이었다. 김태호 당시 부장은 "계약서가 매우 까다로웠지만 오래 전부터 회장님의 명확한 지침이 있었기에 속전속결로 타결할 수 있었습니다"라고 말했다.

1997년 5월 7일, 이건희 회장과 사마란치 IOC 위원장은 신라호텔에서 1998년 나가노올림픽과 2000년 시드니올림픽에서 삼성전자가 무선통신 분야 공식 스폰서가 된다는 내용의 조인식을 체결했다.

물론 당시 삼성 내부에서는 부정적 의견도 만만찮았다. 미국 모토로라가 무선통신 분야를 석권하고 있던 상황에서 삼성의 '전략 미스'를 지적하는 의견들이 제기되었다. 하지만 이 회장의 생각은 달랐다. 휴대폰이 기존의 중저가 가전회사의 이미지를 벗어나게 해줄 수 있는 첨단 디지털 제품이라는 점에서 무선통신 분야가 최적이라고 본 것이다. 삼성의 올림픽 스폰서 등극은 글로벌 시장에서 삼성 브랜드의 위상을 높이는 변곡점 역할을 했다. 계약 이후 삼성의 브랜드 가치는 무려 5배, 판매량은 40배가 넘는 초고속 성장신화를 일궈 냈다.

특히 시드니올림픽의 마케팅은 대성공이었다. 삼성은 시드니올림픽 경기장 주변에 대형 시설물을 설치하고 각종 행사를 통해 광고·홍보 활동을 집중적으로 벌였다. 메인 스타디움이 있는 올림픽 파크에 삼성 홍보관을 개관했다. 이곳에서 세계 각국의 관광객들은 삼성의 첨단제품을 직접 만져보고 사용하는 기회를 가졌다. 삼성 홍보관은 100만 명이 넘는 방문객이 찾아오는 등 올림픽 기간 동안 인기만점이었다. 삼성은 시드니올림픽에 휴대폰 등 총 25,000대의 통신제품을 공급해 대회 진행에 필수인 통신 문제를 완벽하게 해결했다. 〈뉴욕타임스〉는 "올림픽 경기장과 선수촌 곳곳에서 울리는 삼성의 휴대폰이 이번 대회를 최초의 무선 올림픽으로 만들었다"는 기사를 싣기도 했다.

삼성은 2002년 솔트레이크 동계올림픽과 2004년 아테네올림픽, 2006년 토리노 동계올림픽까지 연이어 올림픽 파트너로 참여해 '대박'을 터뜨렸다. 아테네올림픽에선 성화 봉송 프레젠팅 파트너로 참여하는 개가를 일궜다. 성화 봉송은 올림픽 최고의 상징물 중 하나로 평화와 휴머니즘의 의미를 갖고 있는 프로그램이었다. 특히 세계 최고의 브랜드 가치를 가지고 있는 코카콜라와 함께 참여해 삼성 브랜드 이미지가 동반상승하는 효과도 거뒀다. 아테네올림픽에서 삼성은 'WOW Wireless Olympic Works' 프로그램을 선보였다. 올림픽 정보를 무선으로 제공하는 이 서비스의 성공적 운영으로 삼성은 단순한 후원 기업이 아니라 실제 올림픽 운영에 기여하는 기술 파트너로 성장했다. 이 프로그램은 2006년 토리노 동계올림픽에도 적용되었다. 삼성은 2008년 베이징올림픽을 앞두고 2007년 4월 베이징에서 IOC와 2016년 리우데자네이루올림픽까지 8년간 올림픽 파트너 계약을 맺었다. 이 계약을 통해 삼성은 코카콜라 등과 함께 올림픽 파트너 기업으로서 확고한 브랜드파워를 구축하게 되었다.

TV, 추격자에서 선도자로

3

2005년 7월의 어느 날 저녁, 서울 한남동 삼성 영빈관인 승지원에 윤종용 삼성전자 부회장을 비롯해 최지성 사장, 이상완 사장, 삼성 SDI 김순택 사장 등이 모였다.

이건희 회장이 그 해 4월 이탈리아 밀라노로 전자 사장단들을 불러 디자인 전략회의를 가진 뒤 3개월 만에 다시 소집된 회의였다. 당초 이날 사장단 회의는 이 회장이 여름휴가를 앞두고 노고에 감사를 표시하는 만찬을 겸한 것이었다. 당초 편한 자리로 마련되었지만 분위기는 전혀 그렇지 않았다. 사업 현안들에 대한 이야기가 본격적으로 나왔기 때문이다.

묵묵히 듣고 있던 이 회장은 참석자들을 응시하면서 물었다. "삼성 TV는 왜 1등을 못하는 겁니까?" 일순간 좌중은 정적에 휩싸였다. 질책인지 지시인지도 명확하지 않았다.

한 몸으로 움직이라

그렇게 저녁식사가 끝난 뒤 승지원을 나온 윤 부회장은 각자 집으로 돌아가던 사장들에게 전화를 걸었다. 그는 이 회장에게 별도의 보고를 위해 10여분 늦게 승지원을 나선 터였다. 윤 부회장의 호출로 사장들은 서울 하얏트 호텔에 다시 모였다. "회장님이 TV일류화를 말씀하셨는데 그냥 지나칠 수 없지 않겠습니까? 맥주 한 잔 하면서 어떻게 해야 할지 이야기해 봅시다."

이 회장에게 TV는 늘 부담이었다. TV는 삼성전자의 모태사업이자 상징이었지만 일본을 넘어서기가 어려운 분야였다.

1990년대 초, 미국 양판점에서 먼지를 뒤집어쓴 채 아무렇게나 뒹굴던 TV의 모습에서는 벗어났지만 여전히 세계 톱클래스는 아니었다. 가전회사에서 TV가 차지하는 비중은 이루 말할 수 없다. 세탁기나 냉장고를 구입할 때도 무의식적으로 TV 1위 회사 제품을 구입한다. 일본의 소니, 마쓰시타가 가전시장을 제패할 수 있었던 것도 그들이 TV 시장의 선두주자였기 때문이다.

이건희 회장에게 'TV 1등'은 자신의 질 경영을 마무리하는 마침표이자 사업보국을 실천하겠다며 삼성전자를 설립했던 창업주 이병철 선대회장의 유지를 달성하는 상징이기도 했다. 윤 부회장과 사장단은 이날 하얏트 호텔 간담회에서 'TV 일류화프로젝트 팀'을 만들기로 결정했다. 자연스럽게 누가 팀장을 맡을 것인지 갑론을박이 오갔다. TV 일류화를 위해서는 패널, 기술 개발, 디자인, 마케팅 등 전 부문이 합심해야 한다. 삼성전자뿐 아니라 삼성전자 관계사들까지 망라되어야 한다.

참석자들은 윤 부회장만 쳐다봤다. 삼성전자 대표이사가 중심이 되어 조율해야만 성공할 수 있는 프로젝트라고 생각했기 때문이다. 이런 배경에서 'TV일류화프로젝트 팀장'에 윤종용 삼성전자 부회장이 맡기로 했다. 삼성전자 대표이사가 TF팀장을 맡은 것은 삼성 역사상 전무후무한 일이다.

'TV 일류화프로젝트 팀'은 즉각 삼성 TV의 현주소 파악에 들어갔다. 경쟁사들과의 '비교우위'와 '비교열위' 요인이 무엇인지 조사했다. 일본 경쟁사들은 대형 평면 브라운관 TV 중심의 사업 전략 아래 압도적 브랜드력을 바탕으로 대형 및 고급 제품군에서 시장을 선도하고 있었다. 반면 삼성전자는 원가경쟁력이나 제품 기능은 비슷한 수준이지만 사용자 편의성이나 화질, 디자인, 선행기술 확보 등의 부문에서는 상대적으로 열세라는 결론이 나왔다. 또 경쟁사들은 세트와 부품 간의 유기적 협업을 통해 역량을 집중하고 있었지만 삼성전자는 그렇지 못했다. 브랜드력도 열세였고 판매 현장에서의 바이어 관리도 부족한 구석이 많았다.

약 6개월에 걸친 검토 끝에 '5대 전략 과제'가 도출되었다. 화질과 감성 부문의 경쟁력을 높이고 개발역량을 확충하는 한편, 세트 패널 간 유기적 협력 체제를 강화해 나가기로 했다. 여기에 마케팅력 제고를 위한 투자를 확대하고 시장을 밀착 관리하기로 했다.

'TV 일류화프로젝트 팀'은 이러한 결과를 바탕으로 2006년 3월,

승지원에서 이건희 회장에게 중간 보고를 했다. 이 회장은 이 자리에서 "TV 일류화를 위해서는 전자 관계사 사장들이 매월 모여 한 몸처럼 움직여야 한다"고 말했다. 세트와 패널이 하나가 되지 않으면, 나아가 선행기술 개발을 위해 전자와 관계사들이 한 몸이 되지 않으면 TV일류화는 요원하다는 지적이었다.

'TV 일류화프로젝트 팀'은 이 회장의 조언을 받아들여 회의체를 전면 개편했다. 주요 의사결정 및 현안조정을 위한 목적으로 '8인 위원회'를 신설했다. 참석자는 윤종용 부회장, 김순택 사장, 최도석 사장, 이상완 사장, 최지성 사장, 최광해 부사장, 윤주화 부사장, 이상훈 전무였다. '8인 위원회 산하'에는 최지성 사장이 총괄하는 '일류화 추진 협의회'가 만들어졌으며 추진협의회 산하에는 'TV 공동개발협의회'와 'TV 마케팅협의회'가 꾸려졌다.

조직개편도 단행되었다. 반도체 부문의 시스템LSI 인력 200여 명이 TV사업부로 일원화되었다. 당시 TV시장의 주도권은 브라운관에서 LCD로 넘어온 상태였다. TV 부문으로 자리를 옮긴 반도체 핵심연구원들은 디지털TV의 핵심 칩을 개발하는 임무를 맡았다. 당시 상황에서 볼 때는 무척 파격적인 인사였다. 반도체 연구원 한 명만 다른 곳으로 옮겨도 당시 반도체부문 이윤우 사장의 별도 결재를 받아야 할 만큼 반도체에 집중하던 시절이었기 때문이다. 이들의 역할은 동영상, 색상 최적화, 명암비, 미세 이미지 증폭 등 네 가지 핵심 프로세스를 통해 어떤 조건에서도 최상의 화질을 재현할 수 있는 칩을 만드는 것이었다.

또한 내부 조사의 한계를 고려해 미국 M사에 컨설팅을 의뢰하여, 차별화 전략 및 이를 실행하기 위한 구체적 추진 방안을 수립했다.

브라운관 TV를 포기하다

'TV 일류화프로젝트 팀'이 숨 가쁘게 돌아가는 중에 이건희 회장은 다시 한 번 위기의식을 강조하고 나섰다. 2006년 10월 도쿄 출장길에 서였다.

"기본적으로 TV가 안 되면 아무것도 안 됩니다. 우리가 휴대폰으로 많이 올라왔지만 TV가 올라가면 삼성전자는 정말로 탄탄해질 수 있습니다. 삼성전자와 삼성전자 관계사 상무급 이상을 모아 1박 2일쯤 워크숍을 해서 위기의식을 공유하는 것이 필요합니다. 대만이 쫓아오고 있고, 일본은 저 앞에 있습니다. 우리가 일본을 뛰어넘기는 아직 좀 힘든 것 같아요. 하지만 일본을 넘지 못하면 중국 등 후발주자에게 추월당할 수밖에 없습니다. 무조건 기술로 승부해야 할 상황입니다."

그렇게 대반전의 모멘텀은 차곡차곡 쌓여 갔다. 돌이켜 보면 일류화TF 결성은 삼성 TV가 글로벌 톱을 차지하기 위해 오랫동안 준비해 온 것들을 종합하는 전략 속에 가동되었다. 이 회장은 산업 패러다임이 아날로그에서 디지털로 넘어가는 시기가 경쟁사들을 따라잡을 수 있는 절호의 기회라고 보았다.

이 회장은 2000년 7월 쯤에 TV 사업담당 중역들을 모아 놓고 독려했다. "아날로그 방식에서는 우리가 출발이 늦어서 졌다. 하지만 이제는 디지털 시대다. 출발선이 같기 때문에 우리도 충분히 1등을 할 수 있다." 큰 방향을 제시한 후에 개혁과 혁신을 위한 구체적 지시가 따르는 것은 신경영 선언 이후부터 고수한 그의 전매특허였다.

또 하나의 승부수. 그것은 브라운관 TV 사업을 포기하는 것이었다. 당장의 매출손실을 감수하더라도 디지털 시대를 선도해 나가야 한다는 의지를 대내외에 분명히 보여 주기 위한 고육지책이었다. 이 회장은 2003년 당시 삼성전자 사장단들이 모인 자리에서 커브드Curved 브라운관 TV, 이른바 '배불뚝이 브라운관 TV' 생산을 중단하라고 지시했다. 몇 년 뒤에는 평면 브라운관 TV도 단종하라고 했다. 당시 커브드 브라운관 TV의 비중은 TV 전체 판매량의 27퍼센트, 매출의 9퍼센트를 차지할 정도로 컸다. 윤부근 삼성전자 사장은 이렇게 회고했다.

"당시 우리는 LCD와 PDP TV도 팔고 있었지만, 돈은 브라운관 TV에서 벌고 있던 시절이었습니다. 그런데 그런 사업을 중단하라고 하니 난감했지요. 시장 점유율도 문제였습니다. 갑자기 단종을 시키면 신흥시장의 점유율이 곤두박질칠 것은 분명했습니다. 그 공백을 이제 막 태동하는 LCD-PDP 시장에서 메워야 한다는 부담도 만만치 않았습니다. 하지만 결과적으로 회장님의 지시가 옳았습니다. 신경영 취지대로 양적 사고에서 벗어나 브라운관 TV를 과감하게 버린 것이 세계 1위 등극을 앞당긴 것입니다."

37년 만의 세계 1위 달성

브라운관 TV 구조조정으로 삼성은 TV사업에서 강력한 선택과 집중 전략을 구현할 수 있었다. 그렇게 오랜 세월 준비해서 삼성 TV를 세계 1위로 끌어올린 제품이 보르도 TV다. 2006년 3월 출시된 이 제품은 응답속도 6ms, 명암비 5000:1, 5조 4,000억 컬러 표현 등 탁월한 성능을 갖춘 것은 물론, 기존 제품들과는 차별화된 고급스런 디자인과 컬러를 택했다. 적포도주가 약간 남아 있는 와인 잔을 형상화하면서 앞·뒤·측면을 검은 광택으로 처리해 전 세계 프리미엄 제품 고객들의 찬사를 받았다.

또한 소비자 커뮤니케이션도 기능적 접근이 아닌 감성적 접근을 통해 TV는 단순한 전자제품을 넘어 세련된 가구처럼 거실 주인공의 반열에 등극했다. 보르도 TV는 출시 전부터 베스트바이, 서킷시티 등 미국의 대형 유통업체로부터 디자인과 화질의 우수성을 인정받았다. 세계 유수 평가기관들의 호평도 이어졌다. 독일 TV 부문 최고 권위지 〈비데오video〉와 미국 〈PC월드〉, 'C-Net'은 물론 〈파이낸셜타임스〉와 〈비즈니스위크〉 등 세계 유명 언론들도 보르도 TV를 극찬했다.

그 결과 '세계 TV 시장이 보르도에 취하다'라는 말이 생겨날 정도로 보르도 TV의 인기는 경쟁사를 압도했다. 출시 6개월 만에 누적 판매 100만 대, 8개월 만에 200만 대 그리고 출시 일 년 만에 300만 대를 돌파하는 전무후무한 판매 기록을 세웠다. 삼성전자는 이 여세를 몰아 2007년 '보르도플러스', 2008년 '크리스털로즈' 등 뛰어난 디자인과 성능을 갖춘 신제품들을 연이어 출시하면서 제품 혁신이 결코 일회성이 아니었음을 전 세계에 입증했다.

시장조사기관인 '디스플레이서치'는 2007년 초, 2006년 글로벌 시장에서 삼성 LCD TV가 13.5퍼센트의 시장 점유율로 세계 1위를 차지했다고 공식적으로 발표했다. 삼성전자가 1969년 흑백 TV를 생산하기 시작한 지 37년 만에 이룬 쾌거였다.

비슷한 시기, 미국의 시장조사 전문업체 NPD그룹은 2006년 삼성이 TV 전체, 평판 TV, LCD TV 등 3개 부문에서 시장 점유율 1위를 달성했다고 발표했다. 쟁쟁한 경쟁자들이 버티고 있는 세계 최대 시장인 미국에서 업계 최초로 '트리플크라운'을 달성한 것이다. 1978년 미국에 수출을 시작한 지 29년 만에 달성한 쾌거였다.

진자는 되돌아오지 않았다

삼성은 글로벌 금융위기로 전 세계 경제가 얼어붙었던 2009년 초, 초고가의 LED TV를 앞세워 또 다시 시장을 뒤흔들었다. 이 제품의 판매 가격은 당시 LCD TV보다 동일급 기준으로 800달러나 비쌌다. LED TV는 경기 불황을 정면 돌파하기 위한 삼성의 승부수였고 위기 속에서 오히려 경쟁사를 따돌릴 기회였다. 삼성의 이 같은 판단은 적중했다. 당시 고만고만한 품질의 LCD, PDP TV에 진력을 내던 프리미엄 고객들은 기존 제품을 압도하는 LED TV의 월등한 화질에 열광적인 반응을 보였다. LED TV는 형광등을 광원으로 쓴 LCD TV에 비해 전력 소모가 적고, 화질이 우수하며, 두께가 얇다는 점에서 소비자들을 매혹시켰다. 그해 미국 시장에서 삼성 LED TV는 여태껏 한 번도 달성한 적이 없는 90퍼센트 대의 압도적 시장 점유율을 차지했다. 글로벌 판매치인 250여 만 대 중 200만 대 이상이 선진시장인 북미와 유럽에서 팔려나갔다.

2009년 하반기 들어서 소니, 파나소닉, 샤프 등이 뒤늦게 LED 제품을 내놓으며 추격에 나섰지만 이미 삼성이 완벽하게 시장을 장악한 상태였다. 소니 최초의 외국인 사령탑 하워드 스트링거 회장은 2009년 12월 4일 일본 언론과의 인터뷰에서 "삼성이 TV로 성공을 거두고 있는 것은 사실이지만 가까운 시일 내 TV 시장의 진자(흔들이)는 다시 돌아올 것"이라고 했지만 실지失地 회복은 끝내 이뤄지지 않았다.

일단 탄력을 받은 삼성 TV의 질주는 거침이 없었다. 스마트모바일 패러다임이 물밀듯 들이닥치던 2011년 3월, 세계 최초로 애플리케이션 기반의 스마트TV를 선보이며 경쟁사들을 또 한 발 앞서 나가기 시작한 것이다. 최근 출시된 삼성 스마트TV는 세계 최초로 사람의 동작·음성·얼굴 인식은 물론 말귀까지 알아듣는다. 이를 통해 채널과 음량 변경과 같은 기본 조작이 가능할 뿐만 아니라 클라우드 서비스를 통해 보고 싶은 영화나 드라마 등의 콘텐츠를 자유롭게 TV 안으로 불러들일 수 있다.

2012년 말 기준 삼성전자의 LCD TV 세계시장 점유율은 26퍼센트(금액 기준) 대로 7년 연속 세계 1위를 유지하고 있다. 2006년 이후 고

2010년 라스베이거스 CES 현장에서 이재용 당시 부사장(오른쪽)이 지켜보는 가운데, 이건희 회장과 최지성 당시 삼성전자 사장(왼쪽)이 이야기를 나누고 있다.

부가가치 제품 중심으로 경쟁사와의 격차를 더욱 벌이고 있는 것이다. 시장조사기관인 Gfk와 NPD에 따르면 삼성전자는 전체 조사 대상 67개국 가운데 63개국에서 1위를 차지했다. 업계 최고의 브랜드 파워와 차별화된 제품력을 앞세워 철저한 지역맞춤형 마케팅을 펼친 것이 계속 주효하고 있다는 평이다.

　세계적인 경기불황 속에서도 삼성 LED TV와 스마트TV의 연이은 성공은 삼성의 기존 포지션이었던 '빠른 추격자'에서 '시장 선도자'로 자리매김하는 결정적 계기로 작용했다. 동시에 아날로그 시대의 추격자 삼성이 디지털 시대의 패자霸者로 올라서는 기업 전사戰史의 한 단락을 장식하게 되었다.

팁스토리 와인 잔에서 얻은 영감

옥동자를 낳기 위해 산모가 갖은 고통을 겪듯 삼성 TV를 1등으로 이끈 보르도 TV의 출시 과정은 난산 그 자체였다.

삼성전자 디자인경영센터의 김영준 전무는 2005년 여름, 최지성 사장에게 2006년 출시할 TV 모델 설명회를 가졌다. 최 사장은 전통적인 4각형 디자인에서 탈피해 와인 잔을 형상화한 보르도 TV에 눈길이 갔다. 피아노 광택에 스피커가 숨어 들어가고 두께는 80밀리미터로 슬림화되었다. 김 전무는 최 사장에게 "슬림화된 디자인에 맞출 수 있는 기술 개발이 관건"이라고 말했다.

최 사장은 개발담당 김상학 전무에게 보르도 디자인에 맞춰 부품을 슬림화할 수 있는 방안을 찾으라고 지시했다. 그러나 부품 사이즈를 줄이는 것은 말처럼 쉽지 않았다. 몇 달 후, 최 사장은 개발실 주변을 걷다가 우연히 보르도 TV 시제품을 보게 되었다.

"좀 이상한 것 같은데? 자 좀 가져와 봐. 이 시제품은 디자인 품평회에서 본 그 보르도와는 좀 다른데?"

자로 TV의 두께를 재어 보니 아니나 다를까 당초 품평회에 발표한 제품과는 두께가 달라도 너무 달랐다. 디자이너들이 구상한 두께는 80밀리미터였고 개발팀이 만든 시제품은 110밀리미터였던 것이다. 최 사장은 즉각 개발담당 중역들을 집합시켰다.

"이 제품은 슬림해야 태가 난다. 어째서 기술이 디자인을 따라잡지 못하는가? 처음 디자인한 콘셉트대로 다시 만들라"고 다그쳤다. 그러면서 이제 막 금형에서 나온 시제품을 쇠자로 내리쳤다. 개발 엔지니어들의 자존심은 무참히 짓밟혔다.

개발팀은 이후 자존심을 건 기술 개발에 나선다. 이유를 불문하고 80밀리미터 두께를 맞춰야 한다는 공감대가 형성되었다. 나사 하나부터 시작해 줄일 수 있는 것은 다 줄였다. 그로부터 한 달 후, 마침내 두께 79밀리미터의 시제품이 완성되었다. 자존심 회복을 위해 입술을 깨문 엔지니어들의 분투가 새로운 혁신을 만들어낸 것이다. 최 사장은 훗날 보르도 TV 개발에 대한 에피소드를 이렇게 회고했다.

"밀라노 회의를 마치고 돌아오는 귀국길에 많은 생각을 했습니다. 디자인이 많이 발전했다고는 하지만 명품이라고 자신 있게 말할 수 있는 디자인은 얼른 떠오르지 않았기 때문이지요. 이제는 정말 명품 디자인을 만들어야겠다는 결심을 다졌어요. 마침 돌아오자마자 VD 사업부의 디자인 콘셉트 보고가 있었는데 이 자리에서 하나의 디자인 아이디어가 눈에 들어왔습니다. 직사각형 일색이었던 TV 디자인에서 벗어나 아랫부분에 과감한 변형을 시도하여 와인 잔을 연상시키는 디자인이었어요. 당시로서는 너무 파격적이라 틈새시장을 겨냥한 일회성 디자인으로 기획되었지만 회장님의 말을 되새기며 과감하게 주력 모델로 채택했습니다. 곧바로 명품 디자인 만들기 프로젝트를 진행했지요. 디자이너를 이탈리아 디자인 연구소로 파견해 다양한 감성적 요소를 추출하며 완성도를 높여 나갔습니다. 기구설계, 금형, 마케팅까지 모든 전략을 디자인에 입각해 추진했고요. 이렇게 해서 2006년 과거 어떤 TV에서도 볼 수 없었던 새로운 감성의 보르도 TV가 탄생한 것입니다."

보르도 TV의 성공은 이건희 회장의 디자인경영 철학, 디자이너들의 선행 디자인 능력, 개발자들의 제조 혁신 그리고 최고경영진의 강력한 추진력이 결합된 것으로 삼성을 TV의 명가로 이끄는 기폭제가 되었다.

2차 전지의 진격

4

 삼성의 경쟁력 요인을 여러 가지로 분석하지만 세계적 수준을 갖춘 부품업체들의 수직계열화도 빼놓을 수 없다. 이건희 회장은 일본 부품산업의 경쟁력을 우리도 배워야 한다며 끊임없는 벤치마킹을 주문하고 있다. 이 회장의 이런 관심과 주문을 바탕으로 삼성SDI는 2차 전지분야에서 글로벌 톱으로 발돋움했다.

 삼성은 1990년대 초반부터 2차 전지에 주목하기 시작했다. 노트PC, 휴대폰 같은 고기능 전자제품의 고집적화, 경량화 추세를 실현시킬 수 있는 가볍고 오랜 시간 사용이 가능한 휴대용 전원이 각광 받으리라고 내다본 것이다. 실제 일본 전자업체들은 50여 년 전부터 2차 전지에 관심을 갖기 시작했으며 특히 소니는 1990년대 초부터 상용화 기술을 확보하고 있었다.

 삼성은 1990년을 전후로 2차 전지를 수종 사업으로 선정했지만 연구개발은 삼성전자, 음극재료는 삼성SDI등으로 분산되어 있었다. 우여곡절 끝에 삼성SDI가 2차 전지 사업을 총괄하는 것으로 결정됐지만 기술 수준은 아직 걸음마 단계였다.

1999년 3월 일본 출장길에 올랐던 이건희 회장은 현지에서 2차 전지에 대한 사업전망을 점검한 뒤 삼성SDI로 팩스 한 장을 보냈다. "전지는 장래 삼성을 먹여 살릴 수종 사업이므로 즉시 추진하라"는 메시지였다. 이어 그해 4~5월에는 2차 전지 개발의 구체적 방향성을 다음과 같이 지시했다. "2차 전지는 휴대폰 박형·경량화의 핵심부품으로 연구개발을 집중화해야 한다. 특히 폴리머 전지를 적극 개발하고, 세계적 수준의 고성능 전지 개발을 위해 자원을 최우선으로 투입해야 하며 이를 위해 우수 기술을 보유한 인력을 적극 영입해야 한다."

이 회장의 이 같은 적극적인 관심으로 사업이 본격화됐지만 진행속도는 좀처럼 빨라지지 않았다. 신규 비즈니스는 항상 리스크가 있는 데다 사장 재임 중 성과를 보기 어렵기 때문에 오너의 지시라도 잘 먹히지 않는다는 속성이 있었다. 답답해하던 이 회장은 기어이 '채찍'을 들었다. 바로 삼성 내에서 유명한 '고속도로 통화'이다.

김순택 당시 삼성SDI 사장은 2002년 5월 경부고속도로 상행선 기흥 부근에서 이건희 회장의 전화를 받았다. 그는 갓길에 차를 세우고 한 시간 반이 넘도록 통화했다. "반도체는 두뇌, 디스플레이는 눈, 배터리는 심장에 해당한다. 배터리 사업은 그만큼 중요하다. 배터리 사업을 업그레이드시킬 대안을 마련했는가?"

김 사장은 이 회장이 배터리 부문에 특별한 관심을 쏟고 있다는 사실을 오래 전부터 알고 있었다. 이 회장은 부회장 시절인 1980년대 중반 연료 전지의 중요성을 간파하고 일본의 S사 제품을 들여와 직접 분해하기도 했다.

이 회장의 주문은 계속 이어졌다. "배터리는 내가 관장하는 사업이다. 기술을 업그레이드하기 위해 대기술, 중기술, 소기술 세 가지로 분류하여 각 단계에서 필요한 핵심 인력을 데려와라. 그러나 경쟁 업체들의 신경을 자극해서는 절대 안 된다. 사장이 직접 나서라."

이 회장이 사무실도 아닌 고속도로 위에 있는 상대와 그처럼 장시간 통화를 한 것은 사업진척 속도에 그만큼 답답함을 많이 느끼고 있었기 때문이다. 예상을 뛰어넘는 구체적 지시에 충격을 받은 김 사장은 서울 사무실에 도착하자마자 임원회의를 소집했다. TF를 구성했고 핵심 인력 확보를 위한 로드맵을 열흘에 걸쳐 작성한 후 실행에 나섰다.

'질 경영'으로 일궈낸 수종 사업

이 같은 노력으로 삼성SDI는 세계에서 가장 얇은 초박형 초고밀도 리튬이온전지를 개발한 데 이어 세계 최고 용량 제품인 2200mAh 원형 전지의 양산을 시작으로 기술 리더십을 발휘해 나갔다. 오늘날 휴대폰이 가볍고 두께가 얇은 것은 삼성SDI의 이런 노력 덕분이다.

이건희 회장은 2차 전지 사업에서도 철저하게 '질 경영'을 주문했다. 2003년 경쟁사 제품의 리콜 소식이 날아들었을 때 다시 한 번 강력한 지시를 내렸다. "전지는 삼성뿐만 아니라 국가의 장래를 위해서도 반드시 일류화를 해야 한다. 전지의 기본은 안전성safety이다. 첫째도 안전, 둘째도 안전, 셋째도 안전이다."

전지 품질에 이상이 있어 폭발한다면 고객에게는 인명사고, 회사에게는 엄청난 재정적 타격을 불러올 수 있다. 국가적으로는 통상문제가 발생할 수도 있다. 이 회장의 지시로 삼성SDI는 개발, 제조 등 각 부문별로 대대적 품질 점검과 함께 'K-812'로 명명된 2차 전지 일류화 프로젝트를 추진했다. 2004년부터 2008년까지 4년 동안 질적 일류화를 달성하고 시장 점유율 20퍼센트를 달성한다는 것이다. 질적 일류화는 이익률뿐 아니라 'Safety 넘버 1'을 의미했다. 이런 노력으로 삼성SDI는 2008년 4억 8,000개를 판매해 글로벌 점유율 17퍼센트로 2위를 기록했으며 안전성 평가에서도 최고 등급을 받았다. 그리고 2010년에는 19.8퍼센트의 점유율로 드디어 세계 정상에 올랐다.

그해 삼성SDI는 경쟁사들을 물리치고 최고 일류만 고집하는 BMW사에 2차 전지를 납품함으로써 최고의 위상을 확보했다. 당시 'K-812' 프로젝트에 참여했던 삼성전자 전인상 전무는 "회장님이 2차 전지를 확실한 수종 사업으로 정의하고 인력 확보나 품질 문제에 큰 관심을 가졌기에 짧은 시간에 선진기업을 넘어설 수 있었습니다"라고 말했다.

제조업 수직계열화가 항상 성공하는 것은 아니다. 경기 부침이 심할 경우엔 엄청난 리스크 요인으로 작용하기도 한다. 하지만 삼성은 각자 세계 일류를 향한 치열한 노력과 세트와 부품 간 유기적 협업을 통해 최고의 경쟁력을 확보하는 데 성공했다. 역사상 TV나 휴대폰을 만드는 전자회사 중에서 같은 그룹 내에 반도체, 디스플레이, 2차 전지 등 핵심부품을 완벽한 포트폴리오로 구축한 기업은 삼성이 유일하다. 소니가 한때 삼성과 LCD 합작사를 설립한 것이나 애플이 삼성 반도체를 사용할 수밖에 없는 이유이기도 하다. 경쟁사로부터 부품을 구매하기가 못내 싫었겠지만 그들에게는 다른 선택이 있을 수 없었다.

팁스토리 "소니에게 배워라"

"우리는 아직도 소니에게 배울 것이 많다. 무조건 소니를 선배로, 선생님으로 대우하라"

삼성과 소니가 합작해서 2004년 설립된 'S-LCD'는 한·일간 모범적 협력 사례로 손꼽힌다. 소니 구조조정의 일환으로 설립 4년 만에 청산됐지만 이 프로젝트를 통해 삼성과 일본 전자회사들은 '경쟁'을 넘어 '동반성장'의 가능성을 확인했다는 점에서 매우 소중한 경험이었다는 것이 삼성 측의 설명이다.

S-LCD는 당초 양사 이해관계의 대립으로 무산 직전까지 갔다가 이건희 회장의 강력한 의지로 출범할 수 있었다. 소니의 합작법인 설립 제안을 받은 삼성전자는 처음에는 그들의 주장이 무리하다고 여겨 협상을 중단했다. 소니 측의 요구를 다 들어줄 경우 S-LCD 설립에 따른 실익이 없다고 판단했기 때문이다. 뒤늦게 이 보고를 접한 이건희 회장은 즉각 삼성전자 경영진을 한남동으로 불렀다.

"도대체 왜들 이러는가? 우리가 소니보다 기술적으로 낫다고 생각하는가? 결코 그렇지 않다. 소니를 선배, 선생님으로 대하라. 동등하게 굴려고 하지 마라. 우리는 아직 소니에게 배울 게 너무 많다."

당시 배석했던 이윤우 삼성전자 고문은 이렇게 회고했다. "회장님은 정말 크게 화를 내셨습니다. 저를 포함한 경영진들은 호되게 야단을 맞았지요. 그래서 합작 법인 설립 작업이 일사천리로 진행될 수 있었습니다."

일 년여의 협상 끝에 삼성과 소니는 마침내 2004년 4월, 세계 평판 TV 시장 제패 프로젝트를 추진할 합작사 S-LCD를 설립했다. S-LCD의 S는 삼성과 소니의 공통 이니셜로, 한·일 양국 간판 기업의 자존심을 동시에 지킬 수 있도록 단순하면서도 명쾌하게 한 글자로 합작사의 이름을 정했다. 삼성과 소니는 각각 10억 달러를 투자해 S-LCD의 지분을 50퍼센트씩 보유하고 매달 60,000장의 LCD 패널을 생산해 절반씩 공급받기로 했다.

합작 초기에 두 회사는 세밀하고 꼼꼼하게 일을 처리하는 소니의 문화와 효율과 스피드를 중시하는 삼성의 문화에 서로 적응하고 이해하는 과정에서 충분한 시너지를 발휘했다.

합작사 설립 일 년 만인 2005년 4월, 세계 최대의 7세대 LCD 패널 생산라인인 충청남도 탕정 사업장의 7-1라인(S-LCD 합작라인)이 본격 양산에 돌입하자 양사는 40인치급 LCD TV 시장을 선도해 나가기 시작했다. LCD TV를 대중적으로 시판하기 시작한 2000년대 초의 절대 강자는 일본의 S사였다. 2005년 3분기까지 세계 LCD TV 시장에서 S사는 20퍼센트 이상의 점유율을 유지한 반면, 삼성과 소니의 점유율은 10퍼센트 안팎에 불과했다. 하지만 S-LCD의 TV용 LCD 패널 생산이 본격화되자 세계 LCD TV 시장의 판도는 급변하기 시작했다. 2005년 9월, 소니는 새로운 TV 브랜드인 브라비아를 출시하고 공격적 마케팅을 펼쳐 2005년 4분기에 세계시장 점유율 14.6퍼센트를 기록하며 1위로 올라섰다. 특히 전략 시장인 미국에서는 30퍼센트가 넘는 시장 점유율로 경쟁사들을 멀찌 감치 따돌렸다.

소니의 성공에 이어 2006년에는 삼성이 세계 LCD TV 시장을 석권했다. 전 세계에 와인 열풍이 불기 시작한 시기에 맞추어 감각적인 와인 잔 디자인을 구현한 보르도 TV를 출시해 미국과 유럽에서 1위를 차지한 것이다. LCD를 주력으로 하는 삼성의 디스플레이 사업은 이처럼 삼성 TV의 글로벌 확장전략을 측면에서 지원하는 원동력이 되었을 뿐 아니라 삼성 전자사업 포트폴리오를 완성하는 핵심 역할을 담당해 왔다. 최근 10여 년간 업계의 증설 경쟁으로 제품 가격이 많이 떨어져 있지만 2000년대 중반까지만 하더라도 삼성전자의 LCD 사업은 세계 1위를 질주하며 반도체-TV-휴대폰과 어깨를 나란히 할 정도로 위세를 자랑했다.

삼성이 디스플레이를 차세대 전략 수종 사업을 육성하기로 결정한 시기는 1991년이었다. 사업 초기 삼성은 기술을 보유한 일본 업체들에게 TFT-LCD 기술 이전을 요청했지만, 반도체 사업을 성공시킨 삼성의 저력을 경계한 일본 업체들은 TFT-LCD 기술 유출을 철저히 차단하고 나섰다.

이에 삼성은 기존의 반도체 제조기술을 바탕으로 독자적 연구개발에 나섰고 이 회장의 신경영이 절정에 달하던 1993년 9월, 첫 작품인 9.4인치 제품 양산에 성공했다. 이 제품은 전용 양산 라인이 아닌 연구개발 라인에서 생산되어 판매로까지 이어졌다. 세계시장을 독점하고 있던 일본에 이어 한국이 세계 두 번째의 TFT-LCD 생산국이 되는 쾌거였다.

이어 1994년 11월에는 10.4인치 제품 개발에 성공했고 1995년 2월부터 양산을 시작했다. 이때부터 삼성은 반도체 사업에서 효과를 봤던 '월반

전략'을 구사했다. 향후 시장 확대를 예견하고 항상 경쟁사들보다 한 치수 더 큰 대형 패널을 개발, 생산하기 시작한 것이다. 예를 들어 일본 회사들이 11.3인치를 표준으로 정하고 생산을 시작하면 삼성은 11.3인치를 건너뛰고 차세대 제품으로 12.1인치 개발에 착수하는 식이었다. 물론 여기에는 디스플레이의 속성상 소비자들이 점점 더 큰 사이즈의 화면을 요구할 것이라는 철저한 시장분석과 예측이 있었다.

삼성이 개발한 12.1인치 제품을 처음으로 구매한 회사는 역설적이게도 도시바였다. 삼성은 초기 시장 진입이 어렵더라도 세계 일류업체와 손을 잡아야겠다는 판단에 따라 도시바와 접촉했고 자국 기업들과 TV, 노트북 등의 시장에서 치열한 경쟁을 벌이고 있던 도시바 역시 더욱 차별화된 경쟁력을 필요로 하던 시점이었다. 삼성전자 LCD 총괄 사장을 지냈던 이상완 고문은 이렇게 이야기했다. "삼성이 12.1인치 제품을 도시바에게 대량으로 공급하기 시작하자 일본 업체들도 12.1인치로 긴급 전환을 시도했습니다. 하지만 이미 삼성이 도시바에 이어 IBM, 애플, 델, 컴팩 등에 거래처를 확보하며 6개월 이상 시장을 선점한 상태였습니다. 삼성은 이 같은 방식으로 13.3인치 제품까지 세계시장을 선도해 나갔고 1998년 4분기, 마침내 대망의 세계 1위를 차지하는 개가를 올렸습니다."

2000년부터는 삼성이 선택한 14.1인치가 노트북 PC의 주력 제품이 됨으로써 TFT-LCD 표준경쟁에서도 확실한 주도권을 차지했다. 소니가 TV 시장의 강력한 경쟁사였던 삼성에 LCD 부문 합작사 설립을 제의한 것은 TV용 패널의 대형화 추세가 가속화되는 상황에서 어쩔 수 없는 선택이었다. 이건희 회장의 강력한 지시로 합작은 성사되었고, 그 결과는 윈-윈으로 나타났다.

    삼성전자의 LCD사업은 현재 삼성디스플레이라는 신설 회사에 흡수된 상태이다. 삼성은 2012년 7월, 삼성전자의 LCD사업과 S-LCD, OLED 전문업체인 삼성모바일디스플레이를 합병해 세계 최대의 디스플레이 기업을 출범시켰다. 현재의 캐시카우(LCD)와 미래 성장 동력(OLED)를 결합해 양과 질 모두에서 선도적 역량을 확보해야 한다는 이 회장의 판단에 따른 것이다.

마천루 신화와 드릴십 제패

5

삼성 내에서 삼성전자 매출이 차지하는 비중은 70퍼센트 정도이다. 영업이익 기준으로는 80퍼센트에 육박할 때도 있다. 그만큼 절대적 위상을 갖고 있다. 이 회장의 공식 직함도 '삼성전자 회장'이다. 하지만 삼성에는 전자 외에 또 다른 분야에서도 '국가대표급' 기업들이 있다. 세계 최고층 빌딩인 두바이의 '부르즈 할리파'를 만든 삼성물산과 고부가가치 선박인 '드릴십drill ship' 시장을 장악하고 있는 삼성중공업이다.

세상에 삼성을 우뚝 세우다

2004년 12월, 중동 두바이에서 깜짝 놀랄 만한 뉴스가 날아들었다.

두바이 정부가 국가 랜드마크로 건립키로 한 '버즈 두바이'(이후 부르즈 할리파로 건물명 변경) 시공을 삼성물산에 맡기기로 결정했다는 소식이었다. 세계에서 가장 높고(162층, 828미터), 가장 큰(연면적 50만 제곱미터) 빌딩을 우리 손으로 만든다는 소식에 삼성인들은 물론 많은 국민들도 자랑스러워했다.

그러나 흥분은 그리 오래가지 않았다. 서서히 우려의 목소리들이 들려오기 시작했다. 당시 세계 최고층 빌딩인 대만 '타이베이 101'(508미터)보다 무려 320미터나 높게 지어야 하는 만큼 잘못하면 '대한민국의 자랑'이 아니라 '세계적 망신거리'가 될 수도 있다는 우려가 나왔던 것이다.

그럴 만도 했다. 828미터의 높이가 짓누르는 엄청난 하중과 상층부로 갈수록 거세지는 '칼바람'을 이겨 내는 것에서부터 1층에서 꼭대기까지 한 치의 오차 없이 똑바르게 세우는 것에 이르기까지 난제가 너무 많았다. 이 중 하나라도 꼬이면 '지상 최대의 건설 프로젝트'가 망가지는 건 물론 삼성, 더 나아가 '건설 한국'의 명성에도 먹칠을 할 게 뻔했다.

하지만 당시 삼성물산은 자신만만했다. 전인미답의 길을 성공적으로 개척해 나간 삼성의 DNA를 믿었기 때문이다. 삼성물산은 1990년대 최고층 빌딩이었던 말레이시아 페트로나스 트윈타워(88층, 452미터)와 2003년 11월 문을 연 당시 최고층 빌딩인 타이베이 101을 건립하는 등 초고층 빌딩 역사를 새로 써내려간 주역이었다. 세계 최초로 3차원 자정식 현수교인 영종대교를 만든 곳도, 영국 건설주간지 〈컨스트럭션뉴스〉가 선정한 '경이로운 세계 10대 건설 프로젝트'로 선정된 인천대교를 건립한 업체도 삼성물산이었다.

1990년대 초만 해도 세계시장에서 무명에 가까웠던 삼성물산은 어떻게 10여년 만에 글로벌 마천루 시장의 최강자로 변신할 수 있었을까? "1990년대 초까지만 해도 삼성물산이 건설한 최고층 빌딩은 서울 삼성동에 있는 32층짜리 '글라스타워'였습니다. 미국 뉴욕에 '엠파이어스테이트 빌딩'(102층, 381미터)이 들어선 시기가 1931년이었어요. 늦어도 한참 늦었지요. 그랬기 때문에 삼성이 초고층 빌딩 시장에 뛰어든다는 건 상상하기 힘든 일이었습니다. 하지만 회장님은 다르게 보셨습니다. '초고층 빌딩은 도시의 경쟁력이자 삶의 질과 관련된 문제인 만큼 앞으로 시장이 커질 테니 준비해 보라'는 겁니다. 곧바로 초고층 빌딩을 회사의 핵심 사업으로 선정하고 관련 기술 확보에 역량을 쏟아 부었습니다. 일본 등 선진국을 벤치마킹하고 기술 연수도 실시했죠. 우수한 기술 인재는 파격적 대우로 영입하기도 했습니다." 삼성물산 김경준 빌딩사업부장은 이렇게 설명했다.

이건희 회장의 예상은 적중했다. 아시아를 중심으로 새로운 마천루 시장이 열리기 시작했다. 기회는 미리 준비한 삼성물산에게로 돌아갔다. 1993년 11월 수주한 페트로나스 트윈타워로 그 포문을 열었다. 당시 세계 최고층 빌딩으로 기획된 이 쌍둥이 빌딩을 일본 굴지의 건설사인 하자마건설과 함께 각각 1동씩 건립하기로 한 것이다.

삼성물산은 하자마건설보다 35일 늦게 시작하고도 열흘이나 먼저 세계 최고층 높이에 도달한 데 이어 지상 177미터 높이에서 쌍둥이 빌딩을 연결하는 '스카이브리지' 공사도 완벽하게 수행하면서 글로벌 시장에 이름을 알렸다.

하지만 이렇게 얻은 삼성물산의 초고층 빌딩 건축 노하우는 곧 사장될 위기에 처하게 된다. 외환위기 직후 진행된 고강도 구조조정 과정에서 관련 기술 인력의 상당수를 퇴출시키는 방안이 논의되었기 때문이다. 갑론을박이 벌어지는 상황에서 '해결사'로 나선 이는 다름 아닌 이건희 회장이었다.

이 회장은 "초고층 빌딩 노하우는 하루아침에 얻을 수 있는 게 아니다. 어렵게 축적한 기술을 왜 버리는가? 페트로나스 트윈타워 건립 경험을 쌓은 기술 인력을 잘 관리하고 기술 노하우도 체계적으로 축적해야 한다. S급 인재가 필요하다면 더 채용하라"고 지시했다.

이날 그의 지시는 훗날 부르즈 할리파 공사를 수주하게 된 밑거름이 되었다. 든든한 후원군을 둔 삼성물산은 초고층 빌딩 사업에 역량을 집중하면서 관련 실적과 노하우를 쌓아 나갔다. 필리핀 최고층 빌딩 피비콤타워(55층)와 태국 로열차랑쿰타워(63층), 말레이시아 암팡타워(50층) 등이 삼성물산의 건설 실적 목록에 올랐다. 미국과 일본 등지의 톱클래스 인력들도 차례차례 합류하며 초고층 빌딩 관련 전문 인력은 120여 명으로 불어났다.

그렇게 5~6년이 흐른 2004년 7월, 부르즈 할리파 입찰에 참여할 즈음 삼성물산은 이미 세계적인 초고층 빌딩 건설업체로 변신한 상태였다. 공사를 발주한 이마르 사의 메트루시 사장은 입찰금액을 더 낮게 써낸 업체가 있었는데도 삼성물산을 최종 낙점했다. 그는 "비용보다는 삼성의 초고층 빌딩 시공 경험을 높이 샀다. 삼성이 없으면 부르즈 할리파도 있을 수 없다"고 말했다.

결국 구조조정 와중에도 성장하는 시장의 기회는 놓치지 않아야 한다는 이건희 회장의 판단이 한국 건설사에 한 획을 긋는 성과를 낳은 셈이다. 그래서였을까, 좀처럼 해외 사업장을 찾지 않는 이 회장은 2006년 10월 이례적으로 두바이의 부르즈 할리파 건설 현장을 방문했다. 그는 이 자리에서 "여기에서 공부한 것을 정리하고 다른 빌딩에서도 배워 '초고층=삼성'이라고 할 수 있도록 하자"고 강조했다.

3년 여 뒤인 2010년 1월, 부르즈 할리파는 온갖 진기록을 지닌 채 웅장한 외부와 화려한 내부를 세상에 공개했다. 삼성물산은 부르즈 할리파 건설을 성공적으로 완수하면서 세계 톱3 초고층건물(부르즈 할리파, 타이베이101, 페트로나스 트윈타워) 건립에 모두 참여한 건설회사라는 타이틀을 획득했다. 유압으로 거푸집 형틀을 밀어 올리는 기술, 58미터 높이까지 콘크리트를 압송하는 기술, 고강도(800kg/㎠) 콘크리트를 만드는 기술 등을 새롭게 선보이며 글로벌 마천루 시장의 최강자임을 입증했다.

5년의 기다림, 그 결실을 맺다

1990년대 중반까지만 해도 삼성중공업을 주목하는 사람은 많지 않았다. 밖으로는 일본 등 해외 조선업체에 치이고 국내에서는 현대중공업과 대우조선해양에 밀리는 기업이었기 때문이다. 이런 삼성중공업을 두고 이 회장은 "영양실조에 걸렸다"고 질책하기도 했다. 무언가 돌파구가 절실히 필요했던 상황이었다. 이 회장은 "실패해도 좋으니 마음껏 도전하라", "양이 아닌 질로 승부하라"며 임직원들의 도전 정신을 주문하고 나섰다.

일반 상선을 주로 만들던 삼성중공업은 '드릴십'(깊은 바다에서 원유와 가스 시추작업을 수행하는 선박 형태의 시추설비)에 승부수를 띄웠다. 드릴십이 1척당 6억 달러가 넘는 고부가가치 선박이란 점도 매력 포인트였다. 당시 해상 유정개발은 육지 근처의 얕은 바다에서 벗어나 심해로 진출하려는 움직임을 보이고 있었다. 하지만 해상 유정개발에 주로 쓰이던 반잠수식 시추선semi-rig은 이동 속도가 느린 데다 화물을 많이 실을 수 없는 탓에 심해용으로는 부족한 점이 많았다.

1호 드릴십은 1996년 미국 코노코 사로부터 수주했다. 하지만 당시 삼성중공업은 드릴십을 만들 만한 충분한 능력이 없었다. 핵심기술인 '동적제어 장치'와 '전방향 추력장치'를 유조선에 적용한 적은 있었지만, 드릴십에 접목한 경험은 전혀 없었다. 어떤 드릴링 장비를 구매해서 장착해야 할지도 몰랐다. 쉽게 말해 드릴십의 핵심인 상부 시추설비는 비워 놓은 채 하부구조만 하청 제작한 셈이었다.

1998년 '딥워터 패스파인더(Deepwater Pathfinder, 심해 개척자)라는 이름의 1호 드릴십을 선주사에 넘긴 데 이어 2000년 초까지 6척을 추가로 건조했지만 삼성중공업은 여전히 '반쪽짜리 드릴십 메이커'일 뿐이었다.

1990년대 중반 '반짝' 하던 드릴십 주문은 1999년 이후 뚝 끊겼다. 유가가 안정되자 비용이 많이 드는 심해 시추 수요가 줄어든 탓이었다. 이때부터 2004년까지 5년간 세계시장에서는 드릴십 발주가 전무했다.

하지만 삼성중공업은 드릴십을 버리지 않았다. 오히려 일감이 끊어진 5년을 드릴십 설계기술을 자체적으로 확보하는 시간으로 돌려놓았다. "5년 뒤, 10년 뒤에 무엇을 할 것인지 지금부터 대비하지 않으면 한순간에 삼류로 전락한다. 당장 이익이 나지 않더라도 장차 회사를 먹여 살릴 사업이라고 판단되면 투자해야 한다"는 이 회장의 경영지침을 충실히 이행했던 것이다.

삼성중공업이 공장 자동화에 열을 올린 것도 이 시기였다. 김징완 전 삼성중공업 부회장은 이렇게 회고했다. "2003년 7월로 기억합니다. 비서가 '조선, 자동화로 뛰어넘는다'는 신문 기사 스크랩을 갖다 주더군요. 보낸 사람을 보니 회장님이었습니다. 인구 고령화에 따른 인건비 부담과 안전 문제 등을 고려해 삼성중공업도 공장 자동화를 통해 원가경쟁력을 키워야 한다는 뜻이었죠. 곧바로 자동화 완성 5개년 계획을 세우고 현장에 맞는 로봇 개발에 들어갔습니다. 결국 5년 만에 45퍼센트 안팎이었던 자동화율을 세계 최고 수준인 65퍼센트로 끌어올렸습니다. 그만큼 생산성은 높아지고 불량은 줄어들었지요."

2005년이 되자 거짓말처럼 드릴십 주문이 밀려들기 시작했다. 게다가 선주들의 발주 형태도 과거처럼 단순히 하부 구조 건조만 맡기는 게 아니라 드릴 시스템의 설계, 구매, 시운전 등 전 과정을 일괄적으로 넘기는 턴키방식으로 바뀌었다. 일감이 몰렸지만 자동화율을 높여 놓은 덕분에 주문을 척척 받아낼 수 있었다.

미래를 내다보고 준비한 결과는 '시장 싹쓸이'였다. 삼성중공업은 1996년 이후 전 세계에서 발주된 드릴십 138척 중 58척(42퍼센트)을 수주하며 독보적 1위 자리를 지켜내고 있다. 전체 매출에서 드릴십이 차지하는 비중도 2007년 15퍼센트에서 2012년 39퍼센트로 확대되었다. 덕분에 삼성중공업은 2012년 전 세계 조선업계를 강타한 불황도 비켜갈 수 있었다. 현대중공업과 대우조선해양의 2012년 영업이익은 전년대비 '반 토막'이 났지만, 삼성중공업은 오히려 11.4퍼센트 증가했다. 삼성중공업은 2011년 세계에서 가장 비싼 배로 기록된 세계 최초 북극해용 드릴십(12억 710만 달러)을 건조한 것을 시작으로, 향후 고부가가치 드릴십 개발에 박차를 가해 명실상부한 글로벌 조선업계의 리더로 도약한다는 구상이다.

팁스토리 마이싱글 vs. 메칼프의 법칙

'메칼프의 법칙Metcalfe's Law'이라는 것이 있다. 정보기술 개발과 정보화 투자의 논리가 되는 기본 법칙이다. 미국의 통신장비업체인 3COM 창업자 밥 메칼프가 주창한 이론으로 전화, 팩스, 컴퓨터 등 모든 네트워크의 가치는 사용자 수의 제곱에 비례한다는 법칙이다. 예를 들어 A라는 사람이 10명과 네트워킹이 되고, B라는 사람은 100명과 관계를 맺고 있다고 가정할 때 두 사람 간 네트워킹의 차이는 10배지만 실제 네트워킹의 효과는 10의 제곱인 100배의 차이가 발생한다는 것이다. 이 법칙은 오프라인이 아닌 정보의 생산-유통 속도가 빠른 온라인에서 훨씬 큰 영향력을 발휘하고 있다.

메칼프의 법칙은 수학적 증명 여부와 별개로 정보화와 네트워킹의 중요성을 제시했다는 점에서 일찌감치 주목을 받았다. 이건희 회장은 인터넷이 보편화되기 훨씬 이전부터 정보화의 중요성을 수차례 강조했다. 그는 개인용 컴퓨터가 보편화되기 이전부터 "정보화시대에는 시간과 공간의 장벽이 사라질 것이다. 조직과 조직, 개인과 개인을 연결시켜 주는 정보 네트워크가 기업경쟁력을 유지하는 관건이 될 것"이라고 말했다. 조직 구성원이 아무리 많아도 정보와 지식이 원활하게 흐르지 않으면 아무 소용이 없다는 뜻이다.

삼성은 전자업을 주력으로 하는 만큼 정보화 시스템 구축에도 한발 앞서 나갔다. 1995년 8월에 도입한 '싱글SINGLE'은 국내 기업 중 가장 앞선 사내 정보화 시스템이었다. 문서 송수신 기능이 크게 향상되고 사용자들이 더욱 친숙하게 사용할 수 있는 커뮤니케이션 환경이 조성됐다는 평을 받았다. 실제 삼성 내 인력의 물리적 이동과 팩스 사용이 눈에 띄게 줄었다.

하지만 싱글은 인터넷 환경에 최적화되어 있지 않다는 문제점이 있었다. 무엇보다도 계열사 간 확장성이 약했다. 점점 글로벌화 되어 가는 사업 환경에 대응하기에는 걸림돌이 많았다. 결국 이재용 당시 삼성전자 상무가 나서서 새로운 정보신경망 구축을 제안했다. 점차 확산되고 있는 인터넷 기반의 사무환경에 대비해 전 임직원이 언제 어디서나 접속할 수 있도록 함으로써 업무효율을 극대화하고 운영비용을 절감하는 데 개발의 초점을 맞추고 있었다. 그 과정을 거쳐 2002년 9월 지금의 '마이싱글'이 출범했다.

마이싱글은 삼성의 경쟁력을 얼마나 끌어올렸을까. 이는 메칼프의 법칙을 얼마나 준용하는지에 따라 달라질 것이다. 이 회장은 일찌감치 조직 내 정보가 지식-지혜의 단계를 거쳐 각 구성원들의 문제해결 능력을 길러주는 것이 바람직하다고 진단했다. 구성원의 학습역량과 전파 속도, 능력이 조직 전체의 경쟁력을 판가름할 것이라는 얘기였다.

이 대목에서 네트워킹의 위력을 다시 한 번 살펴보자. 네트워크라는 관점에서 보면 자연계와 경제계는 대단히 닮았다. 자연계는 광범위한 네트워크로 구성되어 있다. 분자들은 세포에서 상호작용하고 세포들은 유기체에서, 유기체들은 생태계에서 상호작용한다.

경제계 역시 네트워크에 의존한다. 우리가 살고 있는 지구는 도로, 하수도, 광케이블, 통신망, 전파, 철로, 가스파이프 등으로 둘러싸여 있다. 기업들은 이 공간에서 소비자, 정부, 경쟁기업 등과 상호작용하고 개별 시장들은 전체 지구촌 시장에서 상호작용한다. 전자 산업만 보더라도 그 주변을 차지하고 있는 산업 네트워크에는 부품, 소재, 통신사, 대리점, 할인점, 항공사, 해운업 등이 다양하게 포진해 있다.

이 같은 네트워크의 구조와 가치를 2009년 삼성 임직원 숫자 27만 명과 2013년의 숫자 42만 명으로 나누어 비교해 보자. 수치로만 보면 배도 안 되지만 네트워킹의 격차는 훨씬 크다. 메칼프의 법칙에 따르면 확장되는 조직 또는 네트워크는 혁신을 위한 더 많은 기회와 공간을 갖도록 되어 있다. 네트워크 선택의 폭이 기하급수적으로 넓어지면서 과거에 비해 훨씬 뛰어난 생존술을 확보하게 된다는 의미이다.

물론 이 논리대로라면 작은 조직은 큰 조직을 영원히 이기지 못한다. 하지만 큰 조직에는 복잡성의 '불행'이 있다. 과거 로마나 몽골 제국이 끝내 망한 것이나 거대 기업들이 멸망하는 것 역시 스스로 얽어 놓은 네트워크에 발목이 잡혔기 때문이다. 네트워크 실패의 가장 대표 사례가 관료주의이다. 어떤 정부나 기업도 관료주의를 일부러 설계하지 않는다. 그런데도 번번이 조직의 관료화를 막지 못하고 작지만 유연하며 민첩한 조직에 추격을 허용하고 만다.

이런 일이 생기는 이유는 조직의 확장 과정에서 필연적으로 생기는 역할의 배분과 조직 간 장막 때문이다. 예를 들어 제품 설계를 하는 사람은 엔지니어링 기술에만 집착하고, 마케터는 시장 소비자들에게만 관심을 쏟는다면 그 회사는 기술과 시장을 제대로 연결시킬 수 없다.

　삼성이 마이싱글을 도입한 이유는 바로 이런 단절과 불통을 막기 위해서였을 것이다. 하지만 삼성의 인력은 단기간에 두 배 가까이 팽창했다. 여기에 외부 경력직들이 대거 충원되면서 조직의 일체감도 예전 같지 않다는 평이다. 더욱이 모바일과 SNS가 기존 커뮤니케이션 방식을 혁신적으로 바꿔 놓고 있다.

　이처럼 급변하는 상황에 능동적으로 대처하기 위해 2013년 삼성은 '차세대 마이싱글'을 준비하고 있다. 향후 10년의 변화를 적극적으로 수용하고 이끌어 나갈 새로운 네트워킹 출현을 예고하는 것이다.

엔지니어 이건희

6

"일본 도레이가 듀폰으로부터 나일론 기술을 도입하면서 준 돈이 얼마인지 아세요? 도레이 자본금의 2배였어요. 그리고 자본금만큼 시설을 투자했습니다. 나일론 기술 하나에 자본금의 3배를 투자한 겁니다. 여기 이 자리에 있는 사장들 중 기술료를 자본금만큼 주라고 해도 줄 사람 없을 겁니다. 그런데 기술료는 깎는 게 아닙니다. 그 가치만큼 제값을 쳐줘야 합니다. 기술을 도입할 때는 파는 측에서 요구하는 금액을 다 주는 것이 유리합니다. 100만 달러를 요구하면 100만 달러 다 줘야 그들의 실패 사례까지 덤으로 배울 수 있어요. 몇 푼 아끼려고 기술료를 반으로 깎으면, 틀림없이 그들은 10만 달러 기술밖에 가르쳐 주지 않을 겁니다."

이 회장은 1993년 신경영 당시 사장단을 모아 놓고 이렇게 기술경영의 중요성을 설명했다. 기술 확보에 대한 이 회장의 의지가 애착을 넘어 집착에 가깝다는 것을 보여 주는 사례이다.

경영자부터 기술을 알아야 한다

실제로 삼성은 과거 반도체 사업을 하면서 기술료를 아끼지 않았던 것으로 해외 엔지니어들 사이에서는 정평이 나 있다. 당시 이 회장은 반도체 핵심기술자를 영입할 때 삼성전자 사장이 받던 급여의 3배를 주기도 했다.

'기술경영'은 이건희 회장의 신경영 철학의 중요한 주춧돌이다. 이건희 회장은 1987년 12월 취임사에서 기술경영에 대한 포부를 다음과 같이 밝혔다.

"삼성을 세계 초일류 기업으로 성장시키기 위해 새로운 기술을 개발하고, 첨단 기술 산업 분야를 더욱 넓혀 나가겠습니다."

그는 관리 중심에 머물러 있던 삼성의 경영 패러다임을 기술 중심으로 돌려놓기 시작했다. 1993년 3월에는 삼성 경영의 핵심 요소로 '인재'와 '기술'을 새로운 경영이념에 명시했다. 이는 과거 60년간 경영의 근간이었던 '인재'에 새로운 근간인 '기술'을 더한 것으로, 인재와 더불어 기술이야말로 삼성 최고의 자산이고 21세기 기업경쟁력의 원천임을 재확인한 것이었다.

'기술'에 대한 관점의 변화도 주문했다. R&D, 이공계 기술 등 '협의의 기술'을 넘어 다양한 경영정보를 분석하고 이를 공유하여 응용과 재조합을 통해 제품의 개발, 설계, 생산, 판매 등 경영의 모든 분야를 기술로 인정하는 '광의의 기술' 개념을 도입한 것이다.

이 회장은 누구보다 먼저 경영자가 기술을 알아야 한다고 강조했다. 직접 해당 분야의 세계 최고급 제품을 사서 뜯어보고 연구해서 자기 제품을 일류로 만들어야 한다는 메시지였다. 이 회장의 이 같은 인사원칙을 앞세워 이공계 출신 중역들을 요직에 대거 발탁하는 한편, 인문계 출신 CEO들에게도 기술적 소양을 쌓을 수 있는 다양한 프로그램을 제공했다. 특히 기술의 변화 흐름을 파악하기 위해 경영진을 외국에 보내 선진시장을 견학시키고, 국내에서는 삼성 제품과 선진사 제품을 비교 전시토록 함으로써 전 임직원들이 삼성 기술의 현 위치를 파악하도록 했다.

이러한 노력으로 이제까지 기술은 연구소, 생산 현장에만 해당된다는 인식에서 벗어나 관리, 기획, 영업, 마케팅 등 경영 전 부문이 기술 중시 마인드를 가지게 되었다. 특히 지원 부문 임직원들이 기술자 못지않게 기술 트렌드를 이해하게 되어 더욱 효과적이고 공격적인 지원이 이루어졌다. 삼성이 짧은 기간 안에 선진사와 어깨를 나란히 하려면 무엇보다도 선진기술의 신속한 도입이 필요했다. 이건희 회장은 그러면서 회사를 대표하는 CEO들이 기술경영에 적극 나서 줄 것을 강조하고 있다.

이 회장은 기술 후진국이 선진국을 따라잡으려면 '월반越班' 식으로 나가야 한다고 역설했다. 기술 수준이 취약한 상황에서 단계를 착실히 밟아 가는 개발 방식으로는 영원히 기술 후진국의 신세를 면치 못한다는 인식이었다. 선진기업에서 이전을 기피하는 기초 기술을 중심으로 자금과 인력을 집중 투자해 기술의 한계와 발전 단계를 일시에 뛰어넘는 '월반' 식 기술 개발은 메모리 반도체에서 실제 적용되었다.

이 회장은 2000년대 들어서는 디지털 환경 변화에 유연하고 적극적으로 대처하기 위한 기술 리더십 확보를 절체절명의 과제로 내세웠다. "세계시장을 리드할 수 있는 차세대 기술 혁신 확보가 지속적 성장의 핵심 열쇠"라고 강조했다. 그렇게 해서 나온 것이 2005년 1월 기술준비경영 선포였다. 5~10년 후 미래를 기술로 준비하고 이를 통해 세계 초일류 기업으로 도약하겠다는 의지의 표명으로 2010년까지 총 47조 원을 투자해 차세대 성장 엔진을 육성한다는 내용이었다. 이를 위해 총 30,000명의 연구 인력을 채용하고 기초기술 개발을 위해 국내 대학과의 기술 협력, 협력업체의 경쟁력 강화에 총 5조 2,000억 원을 지원하기로 하는 등 기술 분야의 중장기 투자계획을 마련했다. 당시 삼성전자 기술총괄 부회장을 맡았던 이윤우 고문의 얘기다.

"삼성 창업 이후 최대 규모의 투자 결정으로 세계 초일류 기업으로 도약하기 위한 강력한 의지 표명이었습니다. 2010년까지 월드베스트 제품 50개를 확보하고 매출액 270조 원, 브랜드 가치 700억 달러를 달성한다는 목표를 세웠어요. 인재와 기술을 양대 축으로 하는 경영 전략에서 21세기 기술경영의 축을 완성했다는 의미가 있었습니다.

볍씨로 밥을 해먹지 말라

삼성의 기술경영을 총괄하는 조직은 1987년 개원한 삼성종합기술원이다. 10~20년 뒤 삼성의 미래 먹을거리를 찾는 곳이다. '관리의 삼성'이라는 조직문화에서는 기능을 유지하기 어려운 조직이다. 삼성종합기술원이 오늘날 삼성의 '기술 메카'로 자리 잡은 배경에는 이건희 회장의 강력한 지원이 있었다. 길영준 삼성종합기술원 부사장은 이렇게 말했다.

"1992년에 슈퍼컴퓨터를 도입하라는 회장님의 지시는 무척 파격적인 것이었습니다. 당시 슈퍼컴퓨터를 도입하려면 설치비용만 85억 원, 전산실 구축비용도 15억 원에 달할 만큼 대규모 투자가 필요했습니다. 기술 응용에 필요한 컴퓨터 시뮬레이션을 위해서 슈퍼컴퓨터가 꼭 필요했지만, 엔지니어들이 전전긍긍하고 있던 차에 회장님이 선뜻 도입을 결정해서 많은 사람들이 놀랐습니다. 슈퍼컴퓨터 구축으로 시뮬레이션을 통해 반도체 소자의 전자회로 해석에서 항공기 구조 해석까지 수행하게 되어 당시 삼성이 추진하던 사업들의 기술경쟁력을 높일 수 있었습니다."

기술원에 대한 이 회장의 관심을 웅변하는 일화는 한두 가지가 아니다. 1992년 이 회장은 삼성종합기술원에 대한 감사를 실시하도록 비서실에 지시했다. 감사 결과는 냉랭했다. "삼성종합기술원이 미래를 내다보지 않고 생산 기술 같은 것에만 골몰하고 있다. 되는 것도 없고 안 되는 것도 없다. 한마디로 본업을 망각하고 있다." 이 회장은 감사 결과를 보고 받은 뒤 제대로 된 리더를 원장으로 뽑아야 한다며 비서실 인사팀에 후임자를 물색하라고 지시했다. 인사팀은 1993년부터 1996년까지 3년 동안 몇 명의 후보를 올렸지만 이 회장은 모두 "적임자가 아니다"라고 고개를 저었다.

그렇게 어렵게 물색한 인물이 1995년 삼성종합기술원원장을 맡은 임관이다. 미국 아이오와 주립대 공대 교수와 일본 도쿄대 초빙교수를 지내며 한국 최고의 공학전문가로 이름을 날렸던 임 원장은 이 회장의 기술경영 관련 어록이 수록된 테이프를 들은 후 입사를 결정했다. 그 내용은 이랬다.

"기술 개발은 기술자 스스로 하고 싶어서 해야 하며, 강압적 감시나 자질구레한 보너스 같은 것으로는 자율적인 의욕이 생기게 할 수는 없습니다. 삼성은 기술을 중시합니다. 기술은 설계·생산뿐 아니라 기획·관리·판매·구매까지 포함하는 포괄적 개념입니다."

임관 전 원장은 인간존중의 철학을 갖고 기술을 중시한 다음 창조를 유도해야 한다는 이 회장의 철학이 마음에 들어 삼성 입사를 결정했다. 미국 재미 한인과학자들 사이에서 걸출한 인물이었던 그는 전문성은 말할 것도 없고 '된 사람'이라 따르는 과학자가 많았다. 그가 삼성으로 옮기면서 후배와 제자 상당수도 함께 삼성으로 이직했다.

임 전 원장은 입사 후 이 회장의 전폭적 지원을 바탕으로 삼성종합기술원을 삼성 기술의 메카로 발전시켰다. 창의적 연구를 위해 연구

전문직제를 도입하고 기술의 시너지 효과를 위해 관계사 기술총괄 및 연구소장과의 협력을 강화했다. 기술 개발의 국제화를 실천하기 위해 외국 연구소와의 기술협력을 활성화하고, 미국 일본 러시아에 주재원을 파견해 해외 기술 개발에도 앞장섰다.

이건희 회장은 CEO들이 회사 형편이 어렵다고 기술투자를 줄이는 것을 제일 싫어했다. 기술에 대한 투자를 줄이는 것은 당장 오늘이 어렵다고 내일의 희망마저 포기하는 행동이라고 질책했다.

"아무리 배고프다고 볍씨로 밥을 해먹어서는 안 됩니다. 기술 투자는 미래를 대비하는 씨앗입니다. 적자가 나면 연구개발비부터 깎으려 드는데, 식량이 떨어졌다고 내년 농사를 위한 종자까지 먹어 치워서야 되겠습니까? 연구개발에 들이는 돈은 미래를 위한 보험금이라고 여기고 투자를 아끼지 마세요."

삼성전자의 경우 1987년 매출의 2.2퍼센트에 불과했던 연구개발비는 5년 후인 1993년에는 4.3퍼센트로 증가했고, 2011년에는 4.9퍼센트 수준에 이르렀다. 삼성전자의 한해 R&D 투자만 10.5조 원에 달한다. 이는 국내 중견 그룹의 한해 전체 매출과 맞먹는 규모이다.

삼성의 연구개발 인력도 1993년 13,000명에서 2012년 73,000명으로 엄청나게 증가했다. 삼성이 과거 아날로그 시대의 후발주자로 빠르게 선진기업들을 추격할 수 있었던 배경에는 이 회장의 이러한 기술 드라이브가 결정적 영향을 끼쳤다.

팁스토리 **제조기술의 원천, 금형**

이건희 회장은 미래를 준비하는 '첨단 기술'뿐 아니라 생산 현장의 '제조기술'에 대해서도 해박했다. 대표적 제조기술이 바로 '금형' 분야이다. 일본 전자회사들이 세계시장을 석권할 수 있었던 숨은 이유가 바로 뛰어난 금형 기술이었다. 이 회장은 일본 전자회사들이 2차 대전 패배 후 금형 기술을 배우기 위해 미국으로 연수를 보낸 사실을 주목하고 관련 보고서를 입수했던 것으로 알려졌다. 그 보고서의 골자는 '금형의 중요성을 강조하며 금형에는 돈을 아끼면 안 된다'는 것이었다.

이 회장은 이때부터 전자부품의 근간을 이루는 정밀기술, 그중에서도 금형에 관심을 쏟기 시작했다. 그러던 1980년대 중반, 좋은 기회가 찾아왔다. 태국과 싱가포르에 공장을 두고 있던 정밀기술의 선두업체였던 일본 M사의 CEO가 이 회장을 만나 삼성과의 합작을 제의해온 것이다. 금형 기술을 제공하는 대신 삼성에 부품을 팔겠다는 제안이었다. 이 회장은 '굴러들어온 떡'을 놓치지 않았다. 즉각 비서실에 후속 방안을 모색하라고 지시했다.

그러던 와중에 M사의 CEO가 급사急死했다. 후임 사장이 전임 CEO의 유훈遺訓을 받들어 삼성의 금형 관련자들을 공장으로 초대했다. 삼성은 전자·전기 등에서 20명의 금형 관련 기술자들을 선발해 3개월 동안 연수를 보냈다. 하지만 막상 현장에서 맞닥뜨린 결과는 매우 실망스러웠다. 일본 엔지니어들이 '유리벽' 너머로만 기술을 보여 준 것이다. 삼성은 이런 식의 협력은 의미가 없다고 거세게 항의했다. 결국 이 회사 CEO가 "모든 기술을 다 보여 주라"고 지시하여 삼성은 당시 첨단 금형기술을 배울 수 있었다.

어렵사리 기술을 익히긴 했지만 그게 전부가 아니었다. 이 회장은 1987년 회장에 취임한 이후 독자적 금형 기술 확보에 본격적으로 나섰다. 그 대표 사례가 바로 금형 자동화를 위한 CAD·CAM 도입이다.

그는 삼성전자의 제도판을 철거하고 모든 도면에 CAD를 활용하라고 지시했다. 이 회장은 CAD 도입 이전의 삼성 금형 설계에 대해 "100미터 달리기를 하는데 90미터까지 갔다가 다시 출발선으로 돌아가고, 95미터 지점에서 다시 돌아가기를 반복하는 비효율의 극치"라고 지적했다.

삼성전기는 신경영 당시 O고문을 통해 S사의 전문가를 소개받아 오토CAD 시스템을 도입했다. S사는 금형 CAD에 필요한 데이터는 물론 관련 기술을 전수해 주고 자사 제품을 삼성에 판매했다. 누이 좋고 매부 좋은 격이었다. 처음에 실무자들이 "오토CAD 시스템은 대단한 것이 아니다"라며 도입을 차일피일 미루자 이 회장은 비서실 감사팀을 시켜 누가 반대하는지 조사했다고 한다. 특정 사업이 지지부진할 경우 감사를 통해 문제점을 찾고 대안을 마련하는 삼성의 업무 관행을 감안할 때 이 회장이 감사까지 지시했다는 것은 금형에 대한 그의 관심이 얼마나 컸는지를 알 수 있는 대목이다.

이 회장이 금형의 중요성을 강조하자 전자를 비롯한 계열사들은 금형 핵심 인력을 찾아 나섰다. 당시 한국기계연구소 책임연구원으로 있던 한정빈 현 삼성테크윈 고문은 한국정밀기술의 대부로 알려져 있었다. 그래서 당시 윤종용 삼성전자 부회장은 세 번이나 한 고문을 찾아가서 어렵사리 스카우트했다. 이후 구미, 광주, 수원 등지에 금형 관련 최신 설비들이 반입되었다.

1998년 외환위기 군살을 빼면서 삼성전자는 광주, 수원의 금형 공장을 분사시켰다. 이기태 무선사업부장만 구미 금형 공장을 분사시키지 않았다. 이 회장은 뒤늦게 이 사실을 알고 "금형의 중요성을 이리도 모르냐"고 다른 경영진을 질책한 뒤 2011년 광주 금형 공장을 다시 짓도록 했다. 많은 삼성의 엔지니어들은 갤럭시 시리즈가 세계를 제패한 요인 중 하나로 구미 금형 공장의 경쟁력을 꼽고 있다.

디자인이 최후의 승부처

7

　지난 2011년 7월, 세계 3대 디자인 공모전 중의 하나인 미국 'IDEA International Design Excellence Awards'에서 한국 기업들이 주요 상을 휩쓸면서 '디자인 코리아' 열풍이 거세게 불었다. 특히 삼성전자는 총 7개의 상을 받아 최다 수상 기업이 되었다. 이건희 회장이 1996년 신년사를 통해 '디자인 혁명의 해'를 선언한 지 15년 만이었다.

　삼성의 디자인 파워는 일 년 후인 2012년에 더욱 빛났다. 레드닷(독일), IDEA(미국)과 함께 세계 3대 디자인 상으로 꼽히는 독일의 'iF 디자인 어워즈'에서 애플, 소니, BMW 등 내로라하는 기업들을 모두 제치고 디자인이 가장 뛰어난 글로벌 기업으로 이름을 올렸다. 출품 업체들 중 최다인 44개의 상을 거머쥔 것이다. 최근 3년간 수상 성적을 종합한 'iF 랭킹'에서도 당당히 1위를 차지했다. 불과 20여 년 전만 해도 선진국 제품 디자인을 따라가기 바빴던 '디자인 변방'이 수많은 시행착오와 우여곡절을 극복하고 이룬 값진 성과였다.

남의 것을 도둑질하지 말라

이건희 회장은 회장 취임 직후부터 디자인의 중요성을 강조하고 나섰다. 때로는 엄청난 돈을 들여 외부에서 디자인 전문 인력들을 직접 영입하기도 했다. 당시 삼성전자의 생산 기술이 일본 경쟁사에 비해 턱없이 뒤처져 있던 점에 비춰볼 때, 기술 고문 한 명도 아쉬운 상황에서 디자이너를 영입했다는 것은 적잖은 출혈이었다. 하지만 이 회장은 그런 식의 계산에는 미동도 하지 않았다.

정국현 전 삼성전자 디자인전략팀장은 이렇게 술회했다. "회장님이 1988년 6월경 임경춘 당시 삼성전기 사장과 함께 일본 S사를 방문한 적이 있습니다. 이 회사에서 카세트 생산 실무 회의를 하는 모습을 지켜보던 회장님은 회의를 주재하는 직원이 디자이너라는 사실을 알고 상당히 놀랐다고 합니다. 더욱이 S사 사장 가운데 이 회사 디자이너와 결혼한 사람들이 세 쌍이나 됐다고 합니다. 최고경영자와 디자이너의 위상이 어떤 관계인지를 단적으로 나타내 주는 대목이었죠."

반면 당시 삼성의 디자이너는 상품기획 부서의 허드렛일을 하던 말단 중의 말단이었다. 회사는 생산 기술과 마케팅 위주로 돌아갔고 디자이너는 제품 개발 과정 마지막에서야 겨우 참여해 의견을 개진하는 수준에 그쳤다. 결국 이 사람 저 사람이 간섭하면서 디자이너가 처음에 머릿속에 그렸던 아이디어는 흔적도 없이 사라지기 일쑤였다. 이 회장은 1993년 신경영 당시 이 같은 현실을 강하게 질타하고 나섰다.

"왜 소니는 멀리서 봐도 소니고, 파나소닉은 멀리서 봐도 파나소닉인데 삼성 제품은 아직도 이름을 보고 확인해야만 하는가? 그동안 몇 번이나 이야기했는데도 여전히 답이 없다. 상품 기획을 하지 않는 것인가? 디자인이 센터화 되어 있지 않은 건 아닌가? 디자이너를 한낱 '쟁이'로 취급하는 건 아닌가?
 앞으로 펼쳐질 세상에서는 디자인이 가장 중요해진다. 개성화로 가야 한다. 성능과 질 등 이제 생산 기술은 다 비슷해지기 때문이다. 앞으로는 제품의 개성을 어떻게 표현하느냐, 디자인을 어떻게 하느냐가 관건이다."

그러나 현실에서는 디자인센터를 설치하라는 구체적 지침마저도 먹혀들지 않고 있었다. 경영진들은 어디서부터 뭘 해야 할지 몰라 우왕좌왕했고 핵심 인력도 턱없이 부족했다.
 급기야 1995년, 재계를 떠들썩하게 만든 사건이 터졌다. 삼성의 모 계열사 직원이 경쟁사 제품을 촬영하다가 발각되어 사회 문제로까지 불거진 것이다. 이 회장은 역설적으로 이 사건을 디자인경영을 가속화시키는 촉매제로 활용했다. 그는 즉각 비서실장을 불러 "남의 것을 베끼지 말라. 도둑질하지 말라. 전무급 이상은 무조건 디자인을 공부시키라"고 지시했다.

이에 따라 삼성전자 전무급 이상 50여 명은 도쿄로 날아가 일본 기업들의 디자인 경영을 직접 체험하는 기회를 가졌다. 당시 출장자들은 1만 엔씩을 지급 받아 디자인이 수려한 물건을 사오기도 했다. 그리고 이건희 회장은 이듬해인 1996년 '디자인경영의 해'를 선포했다.

"21세기는 문화의 시대이자, 지적 자산이 기업의 가치를 결정짓는 시대입니다. 기업도 단순히 제품을 파는 시대를 지나 기업의 철학과 문화를 팔아야만 하는 시대라는 뜻입니다. 디자인과 같은 소프트한 창의력이야말로 기업의 소중한 자산이자 21세기 기업 경영의 최후 승부처가 되리라고 확신합니다. 올해를 그룹 전 제품에 대한 디자인 혁명의 해로 정하고 우리의 철학과 혼이 깃든 삼성 고유의 디자인 개발에 그룹의 역량을 총집결해 나갑시다."

총 123자로 된 디자인 관련 신년사 문구는 삼성 디자이너들에게는 '헌법 1조'와도 같다. 한번 시작한 것은 끝을 봐야 직성이 풀리는 스타일답게 디자인경영에 대한 이 회장의 아이디어는 끝없이 이어졌다.

삼성은 1997년부터 '자랑스런 삼성인 상'에 디자인 부문을 신설한 데 이어 우수 디자이너의 발굴과 육성을 위해 디자인 멤버십 프로그램과 디자인 파워 프로그램 같은 파격적 제도를 도입했다.

우수 디자이너 양성은 삼성만을 위한 것이 아니라 국가 전체를 위한 자산이 된다는 것이 이 회장의 확고한 신념이었다. 삼성은 1995년 명문 디자인 학교인 'SADI Samsung Art and Design Institute'를 설립했다.

SADI는 역량 있는 디자이너를 배출하면서 세계적 명문으로 발돋움했다. 삼성은 당초 SADI를 전문대학이나 대학으로 설립하려 했지만 서울 및 수도권에 신규 대학을 설립할 수 없다는 규제 때문에 실패했다. SADI 학장을 지낸 원대연 패션협회회장은 "SADI가 대학으로 인정받지 못하면서 학생들의 실망이 컸던 것은 사실이다. 그러나 파슨스디자인스쿨 등 선진 디자인 학교와 업무 제휴를 통해 이런 한계를 극복, 이제는 한국을 대표하는 디자인 교육기관으로 성장했다"고 말했다.

소리까지도 디자인하라

이 회장은 이처럼 디자인경영을 주창하면서 '삼성의 혼'을 담으라고 주문했다. 그렇게 해서 나온 원칙이 '선先 디자인, 후後 개발'이었다. 한마디로 디자인에 제품 개발을 맞추라는 얘기였다. 이러다보니 디자인 인력들의 기는 살았지만 개발 인력들의 고충은 이만저만이 아니었다. 보르도 TV의 전신인 '로마 TV(오각형 모양의 TV)'의 경우 개발 초기에 엔지니어들의 반발이 적지 않았다. 디자인은 우수하지만 거기에 제품 제작을 맞추기에는 기술적 어려움이 많다는 이유에서였다. 하지만 이기는 쪽은 항상 디자인이었다.

당시 로마 TV 개발팀장이었던 김현석 영상디스플레이 사업부장은 "새로운 제품을 고안할 때마다 크고 작은 논란이 생기지만, 대부분 디자인팀이 그려온 대로 개발하라고 교통정리를 해버렸습니다"라고 말했다. 디자인이 제품 개발의 우선순위라는 철칙은 모든 삼성 엔지니어들의 뇌리 속에 견고히 자리 잡고 있다.

디자인경영의 성과는 서서히 그러나 확실히 나타났다. LCD TV인 R5 모델은 V자형의 차별화된 디자인으로 일 년 만에 밀리언셀러에 올랐다. 포터블 DVD 플레이어인 L100은 경쟁사 제품보다 10~15퍼센트 높은 가격인데도 불티나게 팔렸다. 일명 '벤츠폰'으로 알려진 휴대폰 E700 모델도 텐 밀리언셀러 대열에 합류했다.

하지만 이 같은 성과도 이 회장의 눈에는 아직 미흡했다. 디자인 능력이 단기간에 세계적 수준으로 올랐다고는 하지만 초일류라고 평할 수는 없다는 진단이었다.

2005년 4월, 이건희 회장은 삼성전자를 포함한 주요 계열사 사장들을 이탈리아 밀라노로 불러모았다. 사상 최대 매출과 영업이익을 시현한 이듬해였다. 실적 향상에 자칫 느슨해지기 쉬운 조직에 또 다른 긴장을 불어 넣어야 한다는 판단도 있었다. 밀라노는 디자인과 패션의 도시로 뉴욕 등과 함께 세계 디자인의 최신 흐름을 주도하는 곳이다. 매년 밀라노에서 개최되는 국제가구박람회는 세계 디자인 트렌드를 내다볼 수 있는 장이기도 하다. 밀라노에서 열린 디자인 전략회의에서 이 회장은 이렇게 말했다.

"삼성 제품의 디자인 경쟁력은 1.5류다. 제품이 소비자 마음을 사로잡는 시간은 평균 0.6초다. 이 짧은 순간에 고객을 사로잡지 못하면 경쟁 기업과의 전쟁에서 절대 승리할 수 없다. 월드 프리미엄 제품을 만들려면 디자인과 브랜드 등 소프트 경쟁력을 강화해 기술은 물론 감성의 벽까지 넘어서야 한다."

'제2의 디자인 혁명'을 알리는 순간이었다. 이 회장이 강조한 디자인경영은 디자인 우수인력 확보, 독창적 디자인과 유저 인터페이스 체제 구축, 창조적이고 자유로운 조직문화 형성, 금형 기술 인프라 강화 등의 4대 전략으로 입체화되었다.

삼성전자는 밀라노 디자인 전략회의 후 디자인 관련 조직을 대폭 보강했다. 디자인경영센터 내에 '선행 디자인 그룹'을 신설했다. 10년 뒤 무엇으로 먹고살 것인지 고민해야 한다는 이 회장의 메시지를 디자인 분야에서 실행하기 위해 만든 조직이었다. 100여 명의 조직 구성원 중 40여 명이 디자인과 전혀 관련 없는 철학, 역사, 화공, 기계공학 전공자였다. 이들은 매년 MIT, 밀라노가구전시회, 자동차전시회, 보석박람회, 도자기박람회, 세계적 공예품 도시 등을 찾아다니며 나름의 감각을 벼렸다. 이 조직을 이끌고 있는 김영준 전무는 "선행 디자인 조직 구성원들은 10년 뒤의 세상을 그리며 세계 곳곳에서 영감을 얻고 있습니다. 상상력과 창의성을 극대화하기 위해 조직 차원의 어떤 간섭도 하지 않습니다"라고 말했다.

이건희 회장은 직접 디자인 관련 아이디어들을 제시하기도 했다. 그 대표 사례가 사운드 디자이너의 도입이다. "동남아 등 습한 지역에서는 휴대폰 소리가 다르게 들린다. 유럽도 지역에 따라 선호하는 사운드가 다르다. 이를 휴대폰 디자인에 반영해 보면 어떨까?"라고 한 그의 말이 계기가 되었다. 특히 이 회장은 일류 제품 사용자로서 자신의 풍부한 경험을 아이디어로 제시했다. "얇고 넓게 만들어 보라"는 지시로 탄생한 'SCH-X430' 일명 '이건희 폰'과 2000년 초 독일 출장 중 벤츠 자동차의 컬러를 휴대폰에 벤치마킹해 보라는 지시에 의해 2003년 출시된 'SCH-W450' 일명 '벤츠폰'이 그 좋은 예이다. 이들 제품들은 천만 대 이상 팔렸다.

프렝클러의 격찬

특히 TV 분야에서 삼성의 디자인 경쟁력은 가히 독보적이다. 2006년 삼성 TV 사업을 세계 1위로 처음 끌어올린 추동력은 보르도 TV였다. 밀라노 디자인전략회의 직후 야심차게 준비한 전략 제품이었다. 직사각형 모양의 TV가 대세였던 시절, 포도주가 담긴 와인 잔 모습을 형상화한 보르도 TV는 전 세계 소비자들의 폭발적인 관심을 받았다. TV 시장의 황제로 군림하던 일본 소니를 경악시킨 제품이기도 했다. 삼성 내부적으로도 디자인의 힘을 실감한 계기였다.

삼성전자의 디자인 파워는 후속제품에도 그대로 이어졌다. 2008년 출시된 친환경 디자인 공법이 적용된 '크리스털로즈 TV', 2009년 '핑거슬림' 디자인을 실현한 LED TV, 2010년 베젤 두께를 5밀리미터 이하로 줄인 '원디자인 LCD TV' 등으로 진화했다. 이어 2012년 프레임 디자인 콘셉트를 적용한 UHD TV 85S9는 기존 TV와 달리 프레임 안에 화면이 떠 있어, TV를 수상기가 아닌 생활 속의 예술품으로 격상시켰다는 평가를 받았다. 세계 가전 업계 또한 삼성이 TV 디자인의 역사를 새로 썼다고 평가한다.

삼성전자 서울 서초동 사옥 7층부터 16층에는 디자인경영센터가 자리 잡고 있다. 2009년 서초사옥 입주 때 다른 부서를 제치고 가장 먼저 들어왔다. 디자인경영이 삼성에서 차지하는 높은 비중을 상징적으로 보여 주는 사례이다.

이건희 회장이 2011년 4월 21일 출근경영을 시작한 첫날 방문한 곳도 이곳이었다. 이 회장은 선행 디자인 제품들을 둘러보면서 "옛날하고 많이 바뀌었구나"라면서 디자인 인력이 모두 몇 명인지 물었다. 이 회장을 수행했던 안용일 상무가 1,100명 수준이라고 대답하자 "3,000명도 부족한 것 아니냐"고 말했다. 향후 디자인 리더십을 더욱 확고히 할 수 있는 인력 확보 방안을 찾으라는 지시인 동시에, 하드웨어에서 사용자경험UX이나 사용자환경UI의 디자인 차별성이 부각되는 추세에 맞춰 소프트웨어와의 융·복합 디자인 전략을 가속화해야 한다는 메시지이기도 했다.

이러한 삼성의 디자인경영 진화에 대해 프리츠 프렝클러Fritz Frenkler iF 디자인 어워즈 심사위원장은 "디자인은 사용자들을 대변하는 전략과 개발과정을 조정할 수 있는 내적 역량을 가져야 한다. 이런 점에서 삼성이 보유하고 있는 인재와 지식은 모든 소비자들에게 안전과 편리성, 즐거움을 제공할 수 있는 준비가 되어 있다"고 높이 평가했다.

팁스토리 **10趣 10藝**

이건희 회장의 취미는 매우 다양하다. 드라마, 영화 시청에서부터 음악, 고미술, 자동차, 조경에 이르기까지 그 폭이 매우 넓다. 게다가 한 번 시작하면 끝을 봐야 직성이 풀린다. 말문이 터지면 의외로 화제가 풍부하고 깊이가 있다.

1990년대 중반 모 방송사에서 방영한 사극 '조선왕조 500년'을 시청하던 이 회장은 "조선 왕조의 연표를 보고 싶다"면서 당시의 역사를 입체적으로 볼 수 있는 자료를 만들어 달라고 했다. 그렇게 해서 조선왕조 몇 대 왕, 몇 년에 어떤 사건이 있었는지 그리고 비슷한 시기 우리의 이웃 나라인 일본과 중국은 어떤 정치적 상황에 놓여 있었는지 등을 일목요연하게 정리한 '연표'가 이 회장에게 전달되었다. 그 연표에는 조선의 왕실 편제와 일본, 중국의 편제도 상세히 비교되어 있었다.

이 회장은 역사 드라마를 보면서 등장 인물들의 스토리 라인뿐만 아니라 과거 시대의 경제와 사회상에 더 많은 관심을 기울였다.

그는 어려서부터 영화나 드라마를 볼 때 종합적·입체적으로 봐야 한다는 점을 여러 번 강조했다. 예를 들어 한 번은 주연배우, 또 한 번은 조연배우, 이어 카메라감독이나 조명감독 입장에서 몇 번씩 봐야 전체를 이해할 수 있다고 말했다.

이건희 회장이 최근 즐겨 보는 다큐멘터리는 EBS가 2007년 이후부터 방영하고 있는 '명의'라는 시사교양 프로그램이다. 의료사업 일류화를 추진하고 있는 삼성의료원이 아직 교수로 임용되지 않은 의사들을 대상으로 해외 조기연수를 적극적으로 추진하는 등 '명의 만들기'에 나선 배경일 것이다.

이 회장은 한때 슈베르트의 가곡 '아베마리아'에도 심취했다. '아베마리아'는 전 세계에서 수많은 가수들이 불렀을 만큼 유명한 음악이다. 이 회장은 그중에서도 유명 가수 10여 명이 부른 '아베마리아'를 CD로 여러 번 비교하여 들으면서 차이점이 무엇인지 집요하게 파고들었다고 한다. 이러한 음악에 대한 그의 관심은 '오케스트라' 창단으로 이어질 뻔했다.

정명훈을 남몰래 도왔던 이 회장은 2000년대 초, 한용외 당시 삼성문화재단 전무를 불러 "삼성이 오케스트라를 만드는 방안을 구체적으로 검토해 보라"고 지시했다. 하지만 우리나라 소득 수준이나 관객의 성향, 제반 경비, 오케스트라 운영 과정의 문제점 등을 이유로 이 지시는 없던 일이 되었다는 후문이다.

사람이 전부다

3

이건희의 인재철학

삼성의 미래를 밝히는 핵심 인재

선견력의 결정판, 지역전문가

여성이 미래다

> 나는 사람에 대한 욕심이 세계에서 제일 강한 사람입니다.
>
> 조금이라도 남보다 나은 사람,
>
> 우수한 사람은 단 한 명이라도 내놓을 수가 없어요.
>
> 돈 몇 푼 나가는 것은 신경도 안 씁니다.
>
> 우수한 사람을 더 데리고 더 효율을 내면 됩니다.

이건희의 인재철학

1

2013년 봄, 삼성전자 공동 대표이사를 맡고 있는 권오현 부회장, 윤부근·신종균 사장에게 번갈아가며 물어보았다. "요즘 이건희 회장을 만나면 주로 어떤 이야기를 합니까?" 삼성전자의 핵심 사업들을 챙기고 있는 만큼 비교적 이 회장을 자주 만나는 사람들이다. 그런데 이들의 대답은 한결같았다. "특별한 것은 없습니다. 좋은 사람 뽑으라는 말씀만 합니다."

이건희 회장은 모든 일이 사람에 달려 있다고 철석같이 믿는 사람이다. 필자에게 오늘날 글로벌 삼성을 만들어낸 최고의 원동력을 꼽으라면 단연코 이 회장의 인재경영을 첫 손가락에 꼽고 싶다. 인재경영의 중요성을 아는 것과 이를 일관되게 실행하는 것은 완전히 다른 영역이다. 이 회장은 '사람이 모든 것'이라는 확고한 신념체계를 갖고 있다. 그것은 경영자로서의 관점이기도 하지만 세상을 살아가는 세계관이기도 하다. 삼성전자 인사팀장을 지낸 성인희 삼성정밀화학 사장의 전언이다.

"예를 들어 연매출 10조 원짜리 사업을 하느냐 마느냐를 결정할 때 회장님이 가장 먼저 보는 것이 있습니다. 바로 해당 사업을 수행할 수 있는 사람들이 있느냐입니다. 사람을 확보할 수 있는 방안이 없으면 결코 사업화를 결정하지 않습니다."

이건희 회장은 삼성의 55번째 창립기념일인 1993년 3월 22일 새로운 경영이념을 발표했다. "인재와 기술을 바탕으로 최고의 제품과 서비스를 창출하여 인류 사회에 공헌한다"는 것이었다. 21세기를 목전에 두고 이병철 선대회장의 창업이념인 사업보국, 인재제일, 합리추구를 새롭게 개편한 것이다.

여기서 주목할 만한 대목은 인재와 기술이다. 이 회장은 이 두 가지 생산요소를 모두 '사람'이라고 보았다. 기술 역시 사람을 떠나서 독립적으로 존재할 수 없다는 생각에서였다. 실제로 기술을 구상하거나 확보하는 핵심요체는 사람이다. 신태균 삼성인력개발원 부원장의 얘기다. "결국 새 경영이념을 생각해 보면 '사람(인재, 기술)이 최고의 상품(제품, 서비스)을 만들어 인류사회에 기여한다'는 것으로 해석할 수 있습니다. 제품과 서비스가 사람 활동의 결과물이라는 점을 떠올려보면 경영이념의 마지막에 남는 것은 사람 그 자체인 것입니다."

초토화된 '관리의 삼성'

이건희 회장의 인재경영을 구성하고 있는 두 가지 축은 인재 양성과 열린 채용이다. 그는 '기업이 필요로 하는 사람(적재, 適材)을 키워 필요한 때(적시, 適時)에 필요한 곳(적소, 適所)에 쓰는 일이 경영자의 의무'라고 생각했다. 때문에 "기업이 인재를 양성하지 않는 것은 일종의 죄악이며 양질의 인재를 활용하지 못하고 내보내는 것은 경영의 큰 손실이다. 부정보다 더 파렴치한 것이 바로 사람을 망치는 것"이라고 강조해 왔다. 이 회장이 강조한 내부 인재양성 정책의 백미로는 일찌감치 시작한 여성인력 채용확대와 함께 1990년부터 시행한 지역전문가 제도를 꼽을 수 있다. 그는 신경영 당시 다음과 같이 사장단에 당부했다. 요즘 들어도 귀에 쏙쏙 들어올 정도로 강력한 주문이다.

"자식이 대학을 졸업해도 취직시키기 힘들다는 말을 하는 사람들이 많다. 그런데도 우리는 수천 명, 수만 명의 젊고 재기발랄한 사람들을 데려다 놓고 책임감 없이 적당히 가르치고 있다. 그렇게 지도하는 선배, 상사 밑에서 자란 사람들이 무얼 할 수 있겠는가. 왜 남의 귀한 자식을 나태하게 만드는가. 그것은 강도보다 더 나쁜 짓이다."

이 회장의 이런 생각은 신경영 전년인 1992년 신년사에서 경영자들에게 인재양성의 책임을 강조한 대목에서도 잘 나타났다. 그는 "경영자 스스로가 알고知, 실천할 수 있고行, 시킬 줄 알고用, 가르칠 수 있고訓, 평가할 줄 아는評 종합예술가가 되어야 한다"고 강조했다. 이른바 지-행-용-훈-평의 인사철학을 제시한 것이다.

삼성의 인사혁신은 신경영 선언과 함께 본격화되었다. 이 회장은 이 과정에서 임직원들이 깜짝 놀랄 만한 인사를 단행했다. 비서실 인사팀장에 황영기 당시 재무팀 국제담당 이사를 전격 발탁한 것이다. 뿐만 아니라 오래 근무한 인사팀원들을 대폭 물갈이했다. 국제 금융통으로 분류된 인물인 황 전 사장은 한 번도 인사 관련 업무를 한 적이 없었다. 이 회장은 한발 더 나아가 신규 인사팀원 선발기준으로 인사업무 경험이 없는 사람, 해외업무 경험자, 이공계 출신 등 세 가지를 제시했다. 재무라인도 개혁의 칼날을 피하지 못했다. 이 회장은 관리담당 인력들의 중용을 철저하게 배제했다. 대신 해외업무 경험이 풍부하거나 기술적 능력을 갖춘 사람들을 대거 발탁했다. 비서실 인원도 200명 선에서 100명으로 축소시켰다.

전통적으로 삼성 내에서 출세코스를 달려온 '관리통'들은 경악을 금치 못했다. '관리의 삼성'을 상징하는 두 축은 인사와 재무였다. 이들은 대부분 비서실과 계열사 핵심 요직을 오가며 탄탄한 입지를 확보해 놓고 있었다. 그런데 이 회장이 선대회장 때부터 내려오던 인사 관행을 송두리째 흔들고 나서면서 기존 인사-재무 관리통들은 완전히 초토화되었다. 보직을 맡지 못한 관련자들은 5개월간 '21세기 CEO 과정'을 이수해야 했다. 본인이 없으면 조직이 돌아가지 않을 것이라는 착각과 자만에서 깨어나라는 메시지였다.

이건희 회장은 임직원 평가방식도 기존의 신상필벌信賞必罰에서, '잘하는 사람은 더 격려하는' 신상필상信賞必賞으로 전환했다. 잘 못하는 사람을 가려내기보다 잘하는 사람을 더 우대하기 위한 것이었다. 이를 위해 B등급 이상의 상위등급 배분율도 종래보다 대폭 늘렸다. 고과등급 결정도 현업 부서장이 재량을 발휘하도록 했다.

이 회장이 이 시기에 펼쳐 놓았던 이 모든 개혁 프로그램들은 최고의 인재를 양성할 수 있는 내부여건을 만들기 위한 포석이었다. 1993년 7월, 신경영 회의에서 한 발언 내용이다.

"나는 사람에 대한 욕심이 세계에서 제일 강한 사람입니다. 조금이라도 남보다 나은 사람, 우수한 사람은 단 한 명이라도 내놓을 수가 없어요. 돈 몇 푼 나가는 것은 신경도 안 씁니다. 우수한 사람을 더 데리고 더 효율을 내면 됩니다."

개방형 인사개혁의 충격

이 회장이 비서실 인사팀을 전면 개편한 뒤 삼성의 인사개혁은 거침없이 추진되었다. 삼성이 1995년 7월 국내 최초로 도입한 '열린 채용'은 신경영 인사의 결정판이었다. 학력이나 성별을 이유로 기회조차 주지 않던 닫힌 제도와 관행을 모두 철폐하고 능력과 의욕만 있으면 모든 사람에게 문호를 열어 주는 것이었다. 대졸 신입사원 채용이라는 명칭도 3급 신입사원 채용으로 바꿨다. 입사시험도 단편적 암기 위주의 필기시험 대신 종합적 잠재능력을 평가하는 삼성 고유의 직무적성검사SSAT로 전환했다. 삼성의 파격적 인사개혁을 지켜본 다른 기업들은 처음에 놀라움을 금치 못했다. 하지만 그로부터 1~2년이 지나면서 재계 전반에 삼성 식 채용 시스템이 확산되기 시작했다. 당시 열린 채용 인사를 기안했던 한승환 삼성SDS 전무는 이렇게 말했다. "인사 제도의 개혁 없이는 질 경영을 구현할 수 없다는 것이 회장님의 고민이었습니다. 좋은 사람을 선발하려면 기존의 관행이나 불필요한 제도를 모두 없애라는 뜻이었지요. 여기에 잘하는 사람에게는 더 많은 혜택이 돌아가야 한다고 강조하셨습니다."

이건희 회장은 이 같은 열린 채용을 통한 인재확보 노력에 못지않게, 비범한 능력을 가진 우수 인재 확보에도 심혈을 기울였다. 미래에는 지식과 기술이 기업 경쟁력의 핵심 요소가 되고 소수의 창의적 인재의 역할이 더욱 증대될 것으로 내다보았기 때문이다.

그는 1995년 5월 아시아 정·재계 지도자들이 모인 닛케이 포럼 기조연설에서 "21세기는 한 사람의 비범한 천재가 수만 명을 먹여 살리는 시대가 될 것"이라고 역설했다. 이때부터 삼성은 정기적으로 해외 우수 대학 석·박사급 유학생을 확보하는 데 나서기 시작했다. 국내 인력뿐만 아니라 해외 인력 활용에도 관심을 기울여 1997년 7월에는 해외 유명 MBA 과정을 마친 우수 외국인들로 구성된 삼성미래전략그룹을 출범시켰다. 이들은 삼성의 미래전략 방향을 컨설팅 하는 역할을 수행하면서 조직의 글로벌화를 앞당겼다는 평가를 받고 있다.

삼성의 인사개혁은 2000년대 들어 다시 한 번 진화했다. 이 회장은

2000년 신년사를 통해 "디지털 시대는 총칼이 아닌 사람의 머리로 싸우는 '두뇌전쟁' 시대이며, 뛰어난 인재가 국가의 경쟁력을 좌우합니다. 그런 인재들이 창조적 능력을 마음껏 발휘할 수 있는 '두뇌천국'을 만들어야 합니다"라고 말했다.

삼성은 이에 따라 내부 공채기수 중심의 '순혈주의'를 과감하게 포기했다. 대신 언제 어디서든 능력과 전문성을 갖춘 사람을 뽑겠다는 '혼혈주의'를 인사의 원칙으로 정했다. 또 경영 전반에 스피드가 강조되면서 '선先 확보, 후後 양성' 식의 '양어장' 방식을 접고 이미 훈련된 인력을 필요한 때에 적재적소에 맞추어 채용하는 '낚시형'으로 바꿨다. 이 과정에서 중심축으로 떠오른 정책이 글로벌 핵심 인재 발굴 및 육성이다.

이건희 회장의 핵심인재 영입 전략은 크게 탐색-발굴-영입-관리의 네 단계로 이루어졌다. 하지만 정교한 시스템이라기보다는 인내와 기다림이라는 아날로그적 시스템이 훨씬 강하게 작동하는 체계였다. 예를 들어 특정기술 확보가 필요하면 당대 최고의 엔지니어들을 찾는다. 만약 적당한 인물을 물색하지 못하면 그 다음엔 그 인물을 알고 있거나 소개해 줄 수 있는 사람들을 수소문한다. 그렇게 원하는 인물을 찾아내면 영입을 위해 공을 들인다. 몇 번 거절당해도 포기하는 법이 없다. 몇 년이고 기다린다.

현재 삼성 내부에는 그런 경로로 들어온 수많은 인재들이 적재적소에 포진해 있다. 모든 것을 사람 중심으로 생각했기에 가능한 인재영입 시스템이다. 누군가 "삼성만큼 철저하게 시스템적으로 돌아가는 기업은 없다"고 단언하지만 필자는 거꾸로 "삼성만큼 사람 중심의 시스템을 구현하고 있는 기업은 드물다"고 말하고 싶다.

| 팁스토리 | **월급쟁이 천국**

　신경영 때 삼성을 '월급쟁이 천국'으로 만들겠다고 선언했던 이건희 회장은 임직원 복지를 줄곧 강조해 왔다. 그는 이익이 나면 직원에게는 성과급을, 주주에게는 배당을 그리고 나머지는 재투자를 위해 유보하는 이른바 '이익 3등분론'을 제시했다. 그중에서도 임직원들의 급여를 가장 먼저 챙겼다.

　2003년 8월 일본 출장 중이던 이 회장은 인사팀으로 전화를 걸어 이렇게 말했다. "사원들의 급여를 두 배로 올리라. 구체적 실행방안을 마련해서 보고하라." 삼성의 급여체계는 2월에 연봉 계약을 맺고 3월부터 적용된다. 8월에 사원들의 급여를, 그것도 두 배로 올리라는 지시에 인사팀은 적잖이 당황했다.

　삼성 임직원들의 월급은 1970년대까지만 하더라도 다른 기업에 비해 많았다. 하지만 삼성으로 인재가 몰리자 현대나 LG 등 다른 기업들도 삼성과 비슷한 수준으로 급여를 인상했다. 그렇게 경쟁적으로 임금이 올라가자 물가상승과 노사분규 확대를 우려한 정부가 신입사원들의 월급을 통제하기 시작했다. 매년 초 주요 그룹 인사담당 임원을 집합시켜 정부가 자체적으로 마련한 가이드라인을 제시한 것이다.

　신입사원들 급여를 묶어 놓으면 직급 간 형평성 문제로 간부나 임원들의 연봉도 크게 높일 수 없다. 실제 1990년대 삼성 CEO들의 연봉은 생각만큼 많지 않았다. 노인식 전 삼성중공업 사장은 "임원 10년, 대표이사 10년 지낸 CEO의 퇴직금이 4~5억 원 수준에 불과했습니다. 다른 기업들에 비해 적다고는 할 수 없지만 외국계 기업이나 금융사에 비해서는 모자라는 수준"이었다고 말했다.

이 부분은 삼성의 인재경영에 큰 걸림돌이 되었다. 21세기 들어 조직의 글로벌 경쟁력 확보를 위해 공채 순혈주의를 지양하기 시작한 삼성으로선 외부 우수인재들을 영입하려면 그에 걸맞은 보상 체계를 마련하는 것이 급선무였다. 그렇다고 영입인재들만 우대하고 내부에서 양성하는 인재들을 차별할 수도 없었다.

삼성 임직원들의 연봉 '바운싱'은 실적이 호조세를 보이던 2000년대 초반에 이루어졌다. 우선 조직 내 동기부여와 성과주의 문화 확산을 위해 임원들의 연봉을 대폭 상향 조정했다. 일반 직원들도 매년 10퍼센트 안팎씩 올렸다.

이 회장이 통상적 임금인상 시기도 아닌 8월에 당장 직원들의 연봉을 두 배로 올리라고 지시한 시기는 바로 이즈음이었다. 인사팀은 이미 그해 연봉 인상이 이뤄진 데다 갑자기 임금을 두 배로 올리는 것은 무리라고 판단했다. 결국 "돌아오는 내년 3월부터 적용하는 방안을 검토하겠다"고 구두로 보고했다.

이제 독자들도 이 대목에서 이 회장의 반응을 짐작할 수 있을 게다. 그는 "아직도 내 말귀를 못 알아듣는가? 무조건 방안을 마련하라"며 크게 역정을 냈다.

원 위치로 돌아온 인사팀은 삼성전자, 삼성물산, 삼성생명 등 주요 계열사 사장단을 소집해 구체적 실행 방안을 논의했지만 여전히 즉각 연봉을 올리기는 쉽지 않았다. 사장단은 오히려 인사팀이 나서서 다시 이 회장을 설득해 달라고 요청했다. 인사팀은 이 회장이 어떤 반응을 보일지 알면서도 "삼성이 연봉을 올리면 다른 그룹들이 반발하고 정부도 탐탁지 않게 생각한다"는 명분을 달아 재차 회장에게 반대의 뜻을 전달했다.

하지만 이 회장으로부터 돌아온 답변은 처음 지시 내용과 한글자도 바뀌지 않았다. 평행선을 달리던 양측의 대치(?)는 결국 인사팀이 신년 초에 대규모 특별보너스를 지급하고 그 해부터 임금을 인상하겠다는 내용을 골자로 하는 보고서를 올리면서 마무리되었다.

그리하여 2004년 초 삼성 임직원들은 PI(목표 인센티브), PS(성과 인센티브) 등의 정규 성과급 외에도 기본급 대비 500퍼센트의 특별보너스를 받았다. 그 해 실적이 좋았던 반도체와 무선사업소속 임직원은 연봉의 50퍼센트를 PS로 받는 겹경사까지 누려 실제 이 회장의 지시대로 두 배의 급여를 받은 셈이 되었다.

삼성의 미래를 밝히는 핵심 인재

2

2001년 가을, 서울 한남동 승지원.

이건희 회장은 리처드 슈말렌지Richard Schmalensee MIT 경영대학원장을 만났다. 5년, 10년 후 세상이 어떻게 바뀌고 뭘 준비해야 할지 고심하면서 세계적 석학들을 돌아가며 만나던 시절이었다. 이 회장은 끊임없이 질문을 던졌다.

"세계 초일류 기업들은 지금 무엇을 준비하고 있습니까? 10년 후 세상은 어떻게 바뀔까요? 우리 삼성에게 10년 후 꼭 필요한 것은 무엇입니까?"

슈말렌지 MIT 경영대학원장은 이렇게 대답했다. "수많은 경영·경제학자들이 '5년 후는 이렇고 10년 후는 이럴 것'이라는 다양한 의견들을 내놓지만 제대로 맞는 것은 거의 없습니다. 답은 유일합니다. 바로 사람입니다. 사람을 확보하고 키우는 것이 중요합니다. 현재 사업에 대한 사람을 확보하고 키우면 연관 사업을 준비할 수 있어 다가오는 미래를 충분히 대비할 수 있습니다."

바로 이건희 회장이 내심 원하던 답이었다. 10년, 20년 뒤 미래를 고민하던 그는 '핵심 인력'에서 그 해답을 찾았다. 핵심 인력은 이 회장의 경영 철학을 지배하는 핵심 인자이다. 그는 취임 이후 줄곧 핵심 인력의 중요성을 강조해 왔다.

핵심 인재에 대한 이 회장의 사랑은 산업계 인재의 저변이 넓지 않았던 개발경제 시대를 이해하는 데서 출발해야 한다. 그래서 초기에는 해외 인재영입에 공을 들일 수밖에 없었다.

이건희 회장은 1980년대 초 와세다대학 선배로부터 일본인 고문 한 사람을 소개받았다. 그는 비록 대학도 나오지 않았지만 전자업에 대한 해박한 지식과 안목을 갖고 있었다. 이 회장은 그를 집에 여러 번 초대해 삼성을 위해 일해 달라고 정중히 부탁했다. 대우는 초특급이었고 월급은 사장보다 많았다. 처음에는 "어떻게 CEO보다 연봉을 많이 주느냐"는 부정적 분위기 속에 전전긍긍하던 실무진들은 회장의 질책을 받고서야 최종 급여 조건을 기안했다.

이 회장은 당시 비서실 임원들과의 간담회에서 일본인 고문 영입의 어려움을 털어놓았다.

"일본인 고문들은 삼성에 올 때 나라와 친구를 배신하고 온다는 느낌을 갖기 때문에, 나 스스로 그들의 개인적인 친구가 되어 그런 느낌을 불식시키려고 노력했다. 선물을 하나 주더라도 형식이 아닌 진심에서 우러나온 선물을 주었고, '20년 뒤진 기술을 가르쳐 주는 것이 무슨 배신이냐'고 설득해서 데리고 왔다. 삼성의 고문으로 오는 일본인은 그 기술자 사회에서 소외되고 만다. 그러니 그들이 쉽게 오려고 하겠는가? 그래서 내가 집요하게 설득한 것이다. 그렇게 고생해서 데려오는 데 3~4년이 걸렸다."

그런데도 당시 삼성 인사팀은 회장이 강조하는 핵심 인력의 개념조차 제대로 파악하지 못했다. 그저 막연히 국내 일류 대학의 우수한 인재 또는 해외 유학파 출신 정도로만 생각했다. 그러자 이 회장은 1990년대 중반 비서실 인사팀에 '핵심 인재 확보 방안'을 마련하도록 지시했다.

그러나 핵심 인재를 뽑아올 방법이 마땅치 않다는 것이 문제였다. 1980년대 초 진대제, 황창규 전 삼성전자 사장 등 한국계 유학생 출신 몇 명 정도를 뽑아 오긴 했지만 세계 일류 IT 기업 등에 근무하는 핵심 인재들을 스카우트하기란 사실상 불가능했다. 고작해야 외국 기업에서 일하다가 승진이 어려워 다른 길을 모색하던 한국인 또는 일본 회사의 퇴직자를 영입하는 수준에 그쳤다. 노인식 당시 인사팀장은 매달 핵심 인재 확보현황을 보고했는데 좀처럼 성과가 나타나지 않았다. 이 회장의 성에 찰 리가 없었다.

참다 못한 그는 2002년 6월 사장단을 긴급 소집하라는 지시를 내렸다. 그렇게 해서 경기도 용인 삼성인력개발원에서 '핵심 인력 확보 사장단 회의'가 개최되었다. 30여 명의 계열사 사장단들과 비서실 팀장 등 40여 명이 참석한 회의장은 찬물을 끼얹은 듯한 분위기였다. 인사팀의 핵심 인력 관련 보고 후, 이 회장은 참석한 CEO들에게 '핵심 인력'의 개념에 대해 말해 보라고 했다.

두세 명의 계열사 CEO들이 분위기를 살피면서 이 회장의 질문에 답을 했다. 한 CEO는 "여전히 안이하게 생각했다. 열 번이고 스무 번이고 찾아가야 했는데 한두 번 만나고 말았다. 죄송하다"며 통렬한 자기반성을 했다. 듣고 있던 이 회장은 이야기를 중단시킨 뒤 오랫동안 담아 두었던 자신의 생각들을 쏟아 냈다.

"내가 10년 동안 이야기했는데도 사장이라는 사람들이 핵심 인력의 개념조차 모른다. 핵심 인력이란 어떤 산업을 글로벌 TOP3 또는 TOP5에 들어가게 할 수 있는 사람이다. 그런 S급 인재를 한 명만 뽑더라도 칭찬할 텐데… S급은 사장이 직접 발로 뛰어다녀도 찾을까 말까 한데 아랫사람들을 시켜서 몇 번 왔다 갔다 하며 만나는 정도라니……. S급은 찾는 데만 2~3년이 걸리고 데려오려면 1~2년이 더 걸린다. 사장이 열 번 이상 찾아가고 가족들의 편의를 다 돌봐주더라도 올까 말까 한 사람이다. 핵심 인재 확보 방안을 전면 수정하고 업무의 반 이상을 S급·A급 인재를 뽑는 데 할애하라. 생존이 걸린 문제다. 이게 안 되면 일류 기업은 불가능하다."

이건희 회장의 기준으로 당시 삼성이 확보한 S급 핵심 인력은 한 명

핵심 인력은 이 회장의 경영 철학을 지배하는 핵심 인자이다. 2002년 6월 핵심 인력 확보 회의 모습

도 없었던 것이다. 이 회장은 자신이 생각하는 S급 핵심 인력의 기준을 그 자리에서 다음과 같이 정의했다.

"S급 인재 10명을 확보하면 회사 1개보다 낫다. S급 인재 100명이면 회사 10개보다 낫다. 현재 명단에 올라온 인재들은 모두 S급이 아니다. 사장이 나서도 뽑기 쉽지 않다."

인사팀은 사장단 평가 기준을 바꾸는 등 후속조치 마련에 나섰다. 핵심 인력 확보 여부에 대한 사장단 평가 비중을 절반 수준으로 높였다. 핵심 인력 확보가 유임의 기준이 되면서 사장단들은 핵심 인재 면접을 위해 너도 나도 비행기에 오르기 시작했다. 노인식 당시 인사팀장은 이렇게 말한다.

"그때부터 사장 업무의 30퍼센트 이상은 핵심 인력 영입이 차지하게 되었습니다. 최소 분기에 한 번 이상은 핵심 인력을 만나러 출장을 나갔어요. 회장님은 이 모든 상황을 모니터링하며 진행 상황을 상세히 챙기셨습니다. 삼성전자는 핵심 인력을 데려오기 위해 업무용 비행기까지 띄웠지요."

1~2년이 지나면서 삼성전자를 중심으로 가시적 성과가 나오기 시작했다. 삼성증권, 삼성중공업 등에서도 사장보다 연봉이 높은 S급 인력이 들어왔다. 제일모직은 밀라노에서 디자이너를, 제일기획은 일본에서 광고 제작 인력 등을 뽑아 왔다. 삼성물산은 이때 미국에서 초고층 빌딩 기술자를 영입했다. 삼성물산이 두바이에서 최고층 빌딩 부르즈 할리파를 건설할 수 있었던 힘이기도 하다.

핵심 인력은 Ssuper, AAce, HHigh Potential의 3등급으로 분류되어 특별 관리를 받는다. 자신이 핵심 인재인지, 몇 등급인지는 알 수 없다. 본인에게 통보를 하지 않기 때문이다. 최고경영자급 대우를 받는 S급은 삼성의 핵심 사업을 진두지휘하며 첨단 기술이든 글로벌 마케팅이든 특정 분야에 최고의 전문성을 갖고 있는 인물이다.

핵심 인력의 20~30퍼센트 정도를 차지하고 있는 A급은 주력사업의 핵심 추진인력들이 대부분이다. S급 정도의 파워나 의사결정권을 갖고 있지는 않지만, 소단위 사업을 자기 책임 아래 확실하게 챙길 수 있고 글로벌 경쟁력도 월등해야 한다. 직급별로는 상무에서 전무 군에 폭넓게 포진하고 있는 것이 특징이다.

H급은 말 그대로 잠재력이 뛰어난 인재를 일컫는다. 장래 S급이나 A급으로 육성할 수 있는 소질을 갖고 있으며 중요한 TF팀 등을 순환하며 경험을 축적하는 기회를 갖는다. 평사원 중에서도 H급이 있다. 자신만의 특징을 갖고 있으면 H급으로 분류될 가능성이 높다.

가장 큰 자산은 '사람'이다

지금은 삼성 내 핵심 인재들이 광범위하게 포진해 있어 뜸하긴 하지만, 과거 이건희 회장은 외부에서 영입하는 S급 인재를 직접 인터뷰했다. 면접 장소는 주로 한남동 승지원이었다. 승지원 대기실에 도착한 면접자는 회장과 만나기 전에 한 가지 당부사항을 듣게 된다. 화장실을 미리 다녀오라는 것이다. 회장과 함께 식사를 하면서 거의 하루 종일 면접을 보기 때문에 불시의 생리현상으로 자칫 대화 도중에 낭패를 겪을 수도 있어서이다.

이 회장은 핵심 인재를 영입하는 일 못지않게 이들이 삼성 조직에 안착하는 데도 심혈을 기울일 것을 사장단에 당부한다. 텃세 같은 것은 절대 용납하지 않는다. 신경영 당시 "변화하기 싫고 일하기 싫은 사람은 하지 않아도 좋다. 다만 남의 발목을 잡는 일은 절대로 안 된다"고 한 말과 같은 맥락이다.

특히 해외 인력에게는 더욱 각별한 관리를 당부했다. 한국에서의 생활 문제, 이질적인 문화에의 적응, 현지 가족들의 반대 등을 충분히 이해하고 정서적으로 보살펴 주라고 지시했다. 사실 이런 문제를 해결해 주지 못하면 애써 영입한 인재들이 쉽게 회사를 떠날 수 있다. 그렇게 떠난 사람들이 돌아가서 삼성에 대해 우호적인 얘기를 할 가능성도 크지 않다. 이는 결국 다른 인물들을 영입하는 데도 걸림돌로 작용할 공산이 크다는 것이 이 회장의 생각이었다. 어느 업종보다도 정보 교류가 활발한 글로벌 IT 업계에서 한 번 평판이 나빠지면 좀처럼 회복하기 어려운 것이 사실이다.

2004년 10월, 〈일본경제신문〉의 자매지 〈니케이비즈테크〉는 삼성의 인재경영에 대한 특집을 게재했다. 이 잡지는 인재경영을 기술경영과 함께 삼성 경쟁력의 양대 축이라고 소개하며 "삼성이 글로벌 인재경영의 확대를 통해 더 큰 성장을 추구해 왔다. 삼성이 특유의 인재경영을 통해 앞으로도 해외 거대 IT기업을 제쳐나가는 '역전의 방정식'을 계속 구사할 수 있을지 관심"이라고 보도했다.

'역전의 방정식'이라는 표현이 나온 이유는 과거 일본 등의 기술력과 브랜드 파워에 밀려 헐값의 가전업체를 생산하던 삼성이 21세기 들어 세계적 IT기업으로 변신하며 세계 유수기업들을 제친 사실을 염두에 둔 것으로 풀이된다. 하지만 이 잡지는 그때만 해도 삼성이 몇 년 뒤에 세계 최고의 전자회사로 등극할 줄은 미처 몰랐을 것이다.

삼성의 임직원 숫자는 2012년 말을 기준으로 총 42만 명이다. 신경영을 선언했던 1993년의 12만 명에 비해 350퍼센트 늘어난 것이다. 하지만 핵심 인력인 석·박사급 인력의 증가폭을 들여다보면 삼성의 인적 구성이 얼마나 정예화되어 있는지 알 수 있다. 이들 인력은 1993년 5,800명에서 48,200명으로 무려 830퍼센트나 증가했다.

인력 구성의 글로벌화도 가속화되었다. 1998년 국내 42,000명, 해외 15,000명이었던 삼성전자의 인력 분포는 2012년 국내 90,000명, 해외 145,000명으로 완전히 역전되었다.

> 팁스토리 **내 고향은 인도, 또 다른 고향은 삼성**

판카즈(삼성전자 Future Innovation그룹 과장)

나는 2004년 인도의 IIT 재학 중 글로벌장학생프로그램인 GSP-SNU를 통해 삼성과 첫 인연을 맺었다. 나는 한국어로 "안녕"이라는 말조차 몰랐다. 솔직히 말하면 주변의 다른 친구들은 미국이나 유럽 등으로 가서 직장을 구하거나 학업을 이어 갔다. 그렇기에 한국에 가서 일하겠다는 것이 쉬운 결정만은 아니었다. 그러나 삼성은 이런 내 고민을 말끔히 해결해 주었고 한국어 수업료, 학비, 생활비, 주거 지원은 물론 인도를 방문하는 항공료까지 지원해 주었다. 나 역시 순조롭게 적응할 수 있었다.

2006년 가을 수원사업장 선행개발팀에서 일하기 시작하면서 삼성의 진면목을 알게 되었다. 스피드, 프로세스, 원가절감, 질 향상은 많은 업무시간을 필요로 했고, 주말에 일하는 것조차도 낯설지 않게 될 정도로 바빴지만 주변 동료들은 항상 내게 친절했고, 지원과 배려를 아끼지 않았다.

입사 후 처음으로 고민한 아이디어가 특허로 연결되었을 때의 순간은 지금도 생생히 기억할 정도로 흥분되고 기뻤다. 가끔 친구나 가족들이 삼성에서 열심히 일하는 것에 대해 물어보면, "삼성에서 1년 일하는 건 다른 곳에서 2년 일하는 것과 똑같다고 봐야 해"라고 말한다. 그만큼 내 일을 많이 즐기고 좋아해서 밤늦게까지 동료들과 일하는 것도 전혀 거부감이 들지 않는다.

삼성은 내 커리어를 발전시켜 줄 수 있는 좋은 플랫폼이라고 생각한다. 열심히 업무에 몰입하면서, 나는 수많은 프로토타입 제작과 20여 건이 넘는 해외 특허를 출원할 수 있었다. 회사는 3D 글래스, 카본나노튜브, 무선 파워의 영역에서 내가 우수한 연구원으로 성장할 수 있는 기회를 제공해 주었다. 삼성이라는 브랜드 덕분에 외부 기업 내지는 연구사와의 협력도 원활하게 진행할 수 있었다.

또한 다양한 프로젝트를 경험하고, 특히 교육 과정을 통해 많은 것을 배울 수 있었다. 해외 출장 시에는 일에만 전념할 수 있도록 회사가 배려해 주었다. 회사 지원으로 '하버드대학 MBA 프로그램'을 이수할 수 있었던 것은 정말 좋은 추억이다. 인도의 부모님과 가족에게 내가 최초의 외국인 MBA 스폰서십 대상자라고 알려드렸더니 정말 기뻐하며 대견하다고 말해 주셨다.

MBA를 마친 뒤, 이건희 회장님을 두 번이나 만나 이야기를 나눌 수 있었던 것도 값진 경험이었다. 당시 만남에서 아버지의 지도 편달이 오늘날 나를 있게 했다고 소개하자 회장님도 이에 동의하셨고, 내가 느낀 바로는 그분도 선대회장님으로부터 큰 방향과 가르침을 받아서 오늘날 삼성이 있다고 생각하는 것 같았다. 그래서 나는 그분이 효심 깊고 겸손하다는 인상을 강하게 받았다.

동시에 나는 회장님에게서 어떤 '에너지'를 느꼈으며 진정한 '삼성인'이 되었다는 자부심을 갖는다. 8년간 삼성에 재직하면서 회사가 많은 면에서 나날이 발전하는 모습을 목격하고 있다. 업무 시간도 더 탄력적으로 운용할 수 있으며 단지 오랜 시간을 책상 앞에 머무르는 것보다는 스마트한 업무에 많은 중점을 두고 있는 회사의 변화를 읽을 수 있다. 또한 점진적 혁신보다는 급격한 혁신으로 무게추가 이동하고 있다. 내가 현재 소속된 VD사업부 내 퓨처이노베이션그룹도 이러한 혁신의 좋은 사례라고 생각한다.

삼성에서 일하는 것은 정말 행운이다. 조직문화, 소통, 승진 평가 등 다양한 측면에서 더 발전되고 더 좋은 기업이 될 것이라고 굳게 믿는다.

선견력의 결정판, 지역전문가

3

　삼성이 갖고 있는 수많은 유·무형의 자산 중에서 단기간에 다른 기업들이 도저히 쫓아올 수 없는 것이 있다. 바로 지역전문가로 대변되는 글로벌 인력 풀pool이다. 자체 개발이 안 되는 기술은 사오거나 제휴를 맺으면 된다. 경영자나 엔지니어, 마케팅 전문가도 필요하면 스카우트하면 된다. 그러나 한꺼번에 4,000여 명의 글로벌 인재를 뽑는 것은 불가능에 가깝다.

　삼성이 1990년부터 시행하고 있는 지역전문가 제도는 이건희 회장 선견력의 결정판으로 평가받고 있다. 1년간 업무에서 벗어나 외국에서 체류하며 현지 사정을 깊고 넓게 알 수 있는 기회를 주는 제도이다. 이 회장은 취임 이후 바람직한 인재상으로 한 분야에만 정통한 'I자형 인재'가 아닌 국제화, 전문화, 다양화의 흐름을 수용할 수 있는 'T자형 인재'를 제시했다. 특히 21세기 초일류 기업으로 도약하려면 글로벌 인력양성이 시급하다고 봤다.

삼성이 매년 200여 명씩 세계 각지에 보낸 인력은 지난 23년간 4,700여 명에 달한다. 그중에 80퍼센트를 넘는 4,000여 명이 삼성에 잔류해 국제화의 첨병으로 활약하고 있다. 지역전문가는 100퍼센트 능력 위주로 선발된다. 인맥과 학벌은 통하지 않는다. 외국어 능력과 연수 계획안이 가장 중요하다.

주목되는 점은 당시 어떻게 그런 발상을 할 수 있었느냐는 것이다. 지역전문가 제도가 시행된 1990년에는 삼성의 세계 1위 품목이 거의 없었고 국내 기업들의 글로벌화도 초기 단계를 벗어나지 못하고 있었기 때문이다. 게다가 해당 회사들 입장에선 지역전문가에게 들어가는 비용 부담이 만만치 않았다. 젊은 직원들을 중심으로 선발하긴 했지만 월급과 체재비, 일을 하지 않는 기회비용까지 합치면 1인당 비용이 2~3억 원 정도로 추산되었다. 가뜩이나 일손이 딸리는 마당에 일 잘하는 사람만 골라서 내보내야 했으니 계열사 사장들이나 임원들은 내심 불만을 가질 법도 했다.

하지만 지역전문가 제도에 대한 이 회장의 생각은 너무나 확고했다. 신경영 당시 그는 이렇게 말했다. "지역전문가를 만드는 데 몇 년 걸렸어. 내가 1973년부터 만들라고 그랬어. 안 만들어. 1986년에 한 번 더 소리쳤어. 역시 안 돼. 회장이 되고 나서 1988년에 또 떠들었어. 그래도 안 돼. 1990년에 고함을 질러버렸어. 사장 회의 때 소리를 질러버렸다고. 그랬더니 그날로 당장 만들더란 말이야. 1990년도 너무 늦은 것이지."

이건희 회장의 구상이 이렇게 오랫동안 실현되지 못했던 이유는 무엇보다도 2인자로서의 한계가 있었기 때문이다. 아버지가 한창 삼성을 이끌어 가고 있던 시기에 내부에서 자신의 생각을 강하게 밀어붙이기가 어려웠다는 뜻이다. 그가 회장으로 취임한 후에도 계열사 사장들은 이 회장의 뜻을 제대로 읽지 못했다. 많은 돈과 비용을 들여 지역전문가를 육성했다가 다른 회사로 옮기면 회사만 손해 보는 것 아니냐는 우려 때문이었다.

그러나 이 회장은 1990년에 제도 강행을 지시하면서 이렇게 말했다. "모든 지역전문가 출신들이 회사를 떠나도 좋다. 무조건 시행하라. 그 사람들이 삼성을 떠나면 어딜 가겠는가? 스스로 무역회사를 차리거나 다른 수출기업으로 갈 것 아닌가? 그럼 우리나라 전체에 좋은 것 아닌가. 삼성만 생각할 것 없다."

그렇게 뿌리를 내린 지역전문가 제도는 삼성 글로벌 경영 네트워크에 말초혈관과 같은 역할을 하고 있다. 국내외 다른 기업 해외 주재인력들이 가기를 꺼려하는 그 어떤 오지에도 삼성의 인적 네트워크는 가동되고 있다. 구소련이나 동남아 아프리카의 오지에서 혼자 1,000억 원 이상의 연간 매출을 올리는 주재원들의 상당수가 해당 지역의 지역전문가 출신이다. 현지에서 일 년 동안 네트워크를 구축하고 문화를 이해한 것이 훗날 회사의 오지지역 사업 진출과 확장에 큰 밑거름이 되었다는 뜻이다.

현지인과 진심으로 함께한다

윤여봉 당시 삼성물산 대리는 중동 지역 전문가를 다녀온 후 '중동 전문가'가 되었다. 그는 1988년 입사 후 중동에 특수 물품을 수출하는 특수사업부에 배치 받았다. 1990년 걸프전이 발발하고 사우디에 방독면을 대량으로 수출하게 되었다. 포장 박스에 아랍어로 방독면 품명이 적힌 스티커를 붙여야 하는데 아랍어를 아는 부서원이 없다 보니 일부 박스에 스티커가 거꾸로 붙어 있는 촌극이 벌어졌다. 거꾸로 붙은 스티커와 품질 문제는 상관없는 데다가 급박한 상황이었기 때문에 별다른 클레임은 없었다.

그는 1994년 지역전문가로 이집트에 파견되었다. 제일 먼저 부딪힌 문제는 아랍어를 모르는 것보다도 이슬람 문화에 대한 이해 부족이었다. 신심이 돈독한 택시운전사는 기도 시간이 되면 길 옆에 정차하고 기도를 드린 후 다시 운전을 했다. 그는 이슬람 문화에 대한 이해 없이 아랍어만 열심히 공부해서는 훌륭한 중동 지역전문가가 될 수 없다고 생각했다. 그는 현지 친구들에게 이슬람 관련 서적, 모임들을 소개 받았고 학교에서 코란 수업을 신청하여 수강했다

그는 이스마일Ismail이라는 무슬림 이름을 받고 이슬람에 귀의하게 되었다. 무슬림이 된 뒤 중동과 아랍을 더 깊이 이해할 수 있었고 그들의 문화와 음식을 좋아하게 됨은 물론 사우디 메카, 메디나 성지 순례까지 마치고 귀임하였다.

회사의 배려로 1999~2005년, 2008~2012년 두 차례 중동 지점에

서 근무한 그는 현지 인맥 형성, 신규 비즈니스 개발 등에 지역전문가 파견 당시 익혔던 언어 및 지역 전문성을 적극 활용했다. 특히 사우디에 주재할 때, 세계적 석유화학업체인 사빅SABIC과의 석유화학 제품 장기 구매 계약을 위해 품목 담당자들과의 미팅 시간을 일부러 기도 시간 후로 정했다. 그러고는 기도 시간에 맞추어 일찍 방문해서 SABIC 품목 담당자들과 같이 기도실에서 도열하여 기도한 후 미팅에 들어갔다. 종교적 유대감을 보여 주어서인지 미팅 분위기는 내내 부드러웠고 마침내 4년간 연간 1억 5,000만 달러 상당의 석유화학 제품 장기 구매 계약을 성사시킬 수 있었다.

현재 휴대폰 수출을 맡고 있는 삼성전자 윤여봉 상무는 "지역전문가 파견 기회가 없었다면 삶의 일부가 된 이슬람으로 귀의하는 일도, 인맥과 지역전문성을 활용해 중동 영업에서 좋은 성과를 낼 수도 없었으리라고 생각합니다. 그 나라의 언어만 배워서는 진정한 글로벌화를 이룰 수 없습니다. 문화까지 체득해야 글로벌화 되었다고 할 수 있습니다. 언어가 하드웨어라면 문화는 소프트웨어입니다. 지역전문가는 글로벌화를 위한 하드웨어이자 소프트웨어라고 생각합니다"라고 말했다.

삼성 안에 자리한 '세계'

〈일본경제신문〉은 2011년 10월 6일자 특집기사에서 지역전문가 제도를 "삼성 현지 마케팅의 근간이고, 급성장을 지탱하는 원천"이라고 평가하면서 지역전문가 제도를, 아무리 배우려고 해도 배울 수 없는 시스템이라고 소개했다.

여성 지역전문가 진출도 계속 늘고 있다. 이건희 회장은 2012년 4월, 지역전문가 출신 임직원 7명과 점심을 함께 하는 자리에서 "회장 취임 후 가장 먼저 추진한 것이 탁아소와 해외 지역전문가 제도"라며 "삼성 내 여성 인력의 저변이 넓어진 만큼 지역전문가 여성 선발 비중도 기존 20퍼센트에서 30퍼센트로 높일 것"이라고 밝혔다. 또한 중동, 아프리카, 중남미 등 특수 언어를 사용하는 지역의 경우 파견 기간을 2년으로 늘릴 것을 지시했다. 향후 신흥 시장 개척과 투자에 더욱 적극적으로 나서겠다는 의지로 해석할 수 있다.

삼성 지역전문가 제도의 성공은 미래를 내다보고 과감하게 투자를 결정한 이건희 회장의 인재경영 결과물이다. 원천기술 부재와 협소한 시장이라는 한계를 극복할 수 있는 유일한 카드는 '사람에 대한 투자'였다. 그렇게 20년 이상 준비해온 이 회장의 인재경영은 이제 세계 그 어느 기업도 따라올 수 없는 강력한 글로벌 네트워크 구축이라는 결실로 나타나고 있다.

'세계 속의 삼성'이라고는 하지만 이미 삼성 안에는 '세계'가 자리 잡고 있다. 2013년 삼성은 역대 최대 규모인 350명의 지역전문가를 선발했다. 그들이 현지에서 배우고 익히는 정보와 지식, 사회 제도와 문화 인프라에 대한 학습이 지금 이 순간에도 삼성의 네트워크 속에 켜켜이 쌓여 가고 있다.

팁스토리   아무도 가지 않은 길을 가다

김인순(삼성전자 영상디스플레이사업부 아프리카 프로젝트 매니저)

　2011년 가을 서초사옥, 이머징 지역전문가 지원자들 사이에서 내 이름이 호명되었다. 면접관이 물었다. "이머징 시장에 특히 여성으로서 지원하게 된 동기는 무엇입니까?"
　"아무도 가지 않았던 길이기 때문입니다. 그곳에 삼성의 파란 깃발을 휘날려 보고 싶습니다. 그리고 이제는 여성이 그러한 변화를 이끌어낼 시기가 되었다고 생각합니다."
　나는 약간은 긴장했지만 담담한 어조로 대답했다. 이것이 나의 지역전문가로의 첫 걸음이고 관문이었던 것 같다.
　지역전문가가 되기 위해 새롭게 도전한다는 것이 결코 쉬운 일은 아니었다. 나름 열심히 노력한 결과로 인정 받게 된 부서에서 벗어나 전혀 경험해보지 않은 업무를 해야 했기에 망설일 수밖에 없었다. 하지만 예전부터 세계를 누비며 일하는 것이 나의 꿈이었고 이번 도전은 그 꿈과 열정을 펼칠 수 있는 좋은 기회였기에 놓치고 싶지 않았다. 특히 무한한 성장 잠재력을 가진 아프리카 여성 최초의 개척자가 되어 나 자신을 차별화할 수 있다고 생각했다.
　2012년 3월, 케냐행 비행기가 수도인 나이로비 공항에 도착하자마자 미개한 아프리카 나라 중 하나일 거라고 생각했던 나의 무지와 편견이 부끄러워졌다. 그동안 알고 있었던 난민, 기아, 질병 등의 모습은 아프리카의 전부가 아니었다. 나이로비 시내에는 현대식 건물이 들어서 있었고 도로에는 자동차들이, 거리에는 양복을 입고 바쁘게 움직이는 사람들이 넘쳐 났다.

'미래의 꿈과 희망이 숨 쉬고 있는 곳'이 바로 케냐이다. IMF는 2013년 케냐의 경제 성장률을 5.6퍼센트로 전망했고, 유럽, 중국 등 세계 여러 나라에서 비즈니스 기회를 찾기 위해 온 사람들로 붐비고 있다.

삼성은 그 어디와도 비교할 수 없을 정도로 현지에서 독보적 입지를 구축하고 있는데, 특히 'Built for Africa'라는 차별화된 마케팅 전략으로 아프리카에 특화된 제품을 소개하여 현지인들의 마음을 사로잡고 있다.

세상의 모든 일이 그렇듯 일방적으로 밝거나 어둡기만 한 것은 없다고 생각한다. 여성에게 불리한 핸디캡은 거꾸로 생각하면 이점이 되기도 한다. 외국인 남성보다 외국인 여성에게 경계심이 덜하기 때문에 곤란한 일이 생기면 기꺼이 친절과 호의를 베푼다. 그렇게 해서 만난 현지인들과 친해지면 현지화에도 많은 도움이 된다.

일례로 현지인들이 많이 가는 재래시장에서는 소위 '봉(?)'으로 통하는 외국인에게 바가지를 씌우는 것이 다반사인데 외국인 여성이 가면 가격도 깎아 주고 덤을 주기도 한다. 테니스 레슨을 받을 때에도 여성에게는 자세부터 하나하나 더욱 세심히 가르쳐 주어 주변 사람들의 시샘을 받기도 했다. 슬럼가에 봉사활동을 갔을 때는 아이들에게 엄마의 마음으로 서로 친근하게 다가설 수 있었고, 좀 더 많은 부분을 정서적으로 교감할 수 있었다.

아프리카 여성 최초로 노벨평화상을 수상한 '왕가리 마타이Wangari Maathai.' 황폐한 케냐에서 그린벨트 운동을 통해 여성들에게 나무 심는 법과 가난을 벗어나 자립할 수 있는 방법, 여성들이 인간답게 살 수 있는 방법을 알려 준 그녀의 삶은 아프리카 여성들이 처한 고난을 이겨낸 승리 그 자체였다. 구속과 가택연금, 테러와 폭행 등 숱한 핍박에도 굴하지 않고 비참하게 살아가는 아프리카 여성들을 위해 한평생을 바친 왕가리 마타이의 집념과 고난은 외국인인 내게도 조용한 감동으로 다가왔다.

남자든 여자든 모든 사람에게는 각자의 장점이 있다. 어떻게 하면 '내가' 가진 장점을 살릴지 고민해보고 '여성인데 이런 길을 가도 될까?'라는 의구심을 버리면 그때부터 더 많은 길이 열릴 것이다. 케냐 지역전문가라는 기회가 왔을 때 아프리카에 대한 편협한 지식만 갖고서 "그런 위험하고 미개한 나라에 가서 어떻게 혼자 살지?" 하며 그냥 포기해 버렸다면 케냐에서 지금까지 얻은 다양한 경험들과 앞으로 펼쳐질 무궁무진한 가능성을 모두 잃고 말았을 것이다.

케냐 지역전문가를 간다고 했을 때 "그 먼 아프리카까지 가서 뭘 하려고 하냐?"라는 말도 들었지만 나는 굴하지 않았다. 나 자신의 선택이었기 때문에 지금도 후회하지 않는다. 아무도 가지 않았던 길이기에 더 매력적이었던 곳, 케냐에서 보고 듣고 느낀 것을 바탕으로 아프리카 땅에서 삼성의 푸른 물결을 일으키는 데 매진할 것이다.

여성이 미래다

4

 삼성의 시무식이 열린 2013년 1월 3일, 서울 신라호텔 2층 그랜드 볼룸에 마련된 시무식장에 이건희 회장이 최지성 미래전략실장을 대동하고 들어섰다. 1,000여 명의 서울 및 수도권 지역 중역들이 입구에 도열해 있었다. 여성 임원들의 숫자가 부쩍 늘어난 것을 알아본 이 회장은 3~4미터 간격으로 통로 좌우에 서 있던 여성 임원들과는 일일이 악수를 하며 "열심히 해달라"고 당부했다. 남성 중역들과 가벼운 목례로 인사를 나누는 것과는 다소 대조적인 모습이었다. 이 회장의 시무식 장면을 사내방송을 통해 지켜본 삼성 임직원들은 여성 인력의 중요성을 몸소 보여 주는 메시지라고 해석했다.
 여성 인력 활용 확대는 이 회장이 오래 전부터 강조해온 인재경영의 한 축이다. 1993년 신경영 당시 "무슨 일을 하든 여성을 무시하면 안 된다. 다른 나라는 남녀 모두에게서 천재가 나오는데 우리는 여자를 빼놓는 바람에 두 바퀴 중 하나가 빠진 외발자전거 격"이라고 안타까워했다.

이건희 회장은 중앙일보 이사 시절인 1970년대 후반 간부들과의 간담회에서 "편집국에 왜 여기자가 한 명도 없나? 가정에서 신문 구독을 결정하는 사람은 주부인데…"라며 여기자 채용을 독려했다. 1980년대 초반 전자 백색가전 담당 임원들과의 간담회에서도 "냉장고, 세탁기를 누가 사용하는가? 가정주부다. 그런데 디자인 설계 개발 과정에 여성이 한 명도 없는 게 말이 되는가? 도대체 고객을 생각하고 만드는 것인가?"라며 여성 인력 채용을 권장했다.

남녀차별 철폐의 시작

그러나 이 회장이 아무리 강조해도 여성 인력 확충은 좀처럼 이뤄지지 않았다. 무엇보다도 활용할 여성의 인력풀이 부족했다. 선발된 여성 인력도 보육 문제 등으로 중도에 퇴사하는 경우가 많았다. 삼성 계열사 인사팀은 출산과 육아 등의 부담을 안고 있는 여성 인력을 채용하는 데 난색을 표했다. 개발경제 시절의 기업 생산성은 투입 인력 숫자와 근로시간이 결정했다. 기술과 자본의 열세를 노동력으로 메우던 시절이었다. 여성은 남성에 비해 체력이 약하고 법정 휴가도 많았다. 때문에 "무조건 채용을 늘리라"는 이 회장의 지시는 주요 계열사에 좀처럼 받아들여지지 않았다.

그렇게 시간이 흘러 1990년 어느 날, 이건희 회장은 여성 인력 채용이 여전히 미흡한 사실을 알고 비서실 인사팀장을 불렀다. 그는 기업이 여성 인력을 뽑아야 하는 이유를 조목조목 설명했다. 남성에게는 없는 여성의 감수성이 보완되어야 세계적 경쟁에 뛰어들 수 있고 한국에는 잘만 가르치고 키우면 충분히 훌륭한 인재로 활용할 수 있는 여성 인력들이 많다고 강조했다.

변화는 신경영을 전후해 본격적으로 시작되었다. 삼성은 1992년 4월 여성 전문직제를 도입하고 1차로 비서 전문직 50명을 공개 채용하는 등, 전문지식과 우수한 자질을 보유한 여성 인력을 본격적으로 활용했다. 같은 해 9월에도 소프트웨어 직군에서 100명의 우수 여성 인력을 공개 채용하는 등 여성 전문직제를 확대, 실시해 나갔다.

분수령은 신경영 연도인 1993년이었다. 그해 하반기 대졸사원 공채에서 국내 기업 최초로 여성 전문 인력 500명 채용을 발표한 것이다. 대학가는 크게 술렁였다. 당시 대기업들이 한 해 뽑는 대졸 여성 직원은 1,500명 안팎이었다. 그 3분의 1을 삼성이 뽑겠다고 나서면서 큰 화제가 되었다.

삼성의 이 같은 여성 채용 드라이브는 해가 바뀌어서도 계속되었다. 1994년에는 학력, 성별 철폐를 골자로 하는 '열린 인사 개혁안'을 내놓았다. 채용 시 성차별을 완전히 없앴을 뿐만 아니라 월급 체계도 통일한 개혁안이었다. 당시 여자들이 같은 직급에서 남자의 70~80퍼센트를 받던 분위기를 감안하면 파격적인 내용이었다. 1995년에는 여성 지역전문가 5명을 선발해 파견했고 여성 해외주재원도 파견하기 시작했다. 사무직 여사원들에게 적용해 오던 근무복 제도도 폐지하고 개인의 자율에 맡겼다.

여성 직원들의 유니폼 폐지는 이건희 회장이 특별히 지시한 것이었다. 1995년 2월 미국 LA를 방문 중이던 이 회장은 비서실 인사팀으로부터 여직원용 유니폼 디자인에 대한 보고를 받았다. 이 회장은 불문곡절하고 "남녀 구별 없이 뽑아 놓고 무슨 유니폼인가? 남녀에 차별을 두지 않겠다고 한 것은 내가 사회에 약속한 것이다. 일도 남자와 똑같이 주고 승진도 똑같이 해야 한다. 여자라고 배척하고 차별하면 내가 직접 책임을 묻겠다. 교육, 훈련, 업무, 승진 모두 똑같이 해야 한다. 출장과 당직도 마찬가지다"라고 말했다.

물론 이 과정에서 남성 위주 문화에 휩싸여 있던 계열사들의 볼멘소리도 만만치 않았다. 하지만 남녀차별 관행을 걷어내는 일이 우선이었다. 삼성은 인사개혁을 통해 여성이라는 이유만으로 기회를 주지 않았던 차별적 인사 관행을 타파하고, 우수한 여성 인력을 육성할 수 있는 여건을 갖추기 위해 각종 방안을 마련했다.

1996년 '여성 인력 활용 TF'가 구성된 것도 이 때문이다. TF는 초기 정착 단계에서 여성을 구매·인사·감사 등 이른바 '갑甲'의 위치에 있는 직무 배치나 성과가 숫자로 나타날 수 있는 직무에 투입할 것을 권고했다. 이 같은 인사 정책은 여성계는 물론 우리 사회 전반에 큰 반향을 일으켰다.

이건희 회장의 여성 인재관은 국가 경제와도 닿아 있었다. 한국 경제가 성장하려면 여성들의 경제 활동 참여가 늘어나야 한다는 것이다. 이를 위해 삼성이 선도적으로 여성 채용을 늘릴 필요가 있다는 판단이었다.

1995년경 삼성 비서실 인사팀에서 싱가포르 등 국민소득이 2만 달러가 넘는 나라에 대해 조사한 적이 있었다. 그 결과 국민소득 2만 달러가 넘는 대다수 나라가 맞벌이 가구 비중이 높았으며, 특히 싱가포르의 경우 95퍼센트가량이 맞벌이 가구인 것으로 나타났다. 이건희 회장은 이 조사 결과를 보고서 여성 인력의 경제 활동 참여 없이는 국민소득 2만 달러 목표 달성이 요원하다는 생각을 확고히 했다. 여성의 경제 활동 참가를 늘리면 가계 소득원이 두 개가 되어 소비가 활성화되고, 기업은 임금과 직무 간 탄력성을 높일 수 있어 국가적으로도 이득이라는 것이 그의 판단이었다.

이 회장은 2002년 여성 인재경영에 또 다시 드라이브를 건다. 그해 경찰대 졸업식장에서는 여성이 1~3등을 휩쓰는 파란이 일어났다. 경찰은 곧 남자의 무대라는 통념이 송두리째 깨진 이 사건은 경찰대에 여학생 입학이 허용된 1989년 이후 처음 있는 일이었다. 경찰대 졸업식이 끝나고 보름쯤 지난 4월 초, 그는 인사팀에 이런 지시를 내렸다.

"여성 인력에 대해서 정말 신중히 연구, 검토해야 합니다. 신경영을 선언하기 전부터 여성들을 많이 뽑으라고 했는데… 아마 분위기가 제대로 안 돌아가니 나가 버리고, 출산 때문에 나가고 하는 바람에 제대로 정착되지 못했을 겁니다. 국가적으로 큰 낭비라고 생각해요. 이번에 보니 경찰대 졸업생 중 1~3등이 여자였습니다. 사격을 포함해 1~3등의 종합성적을 거뒀으니 옛날 여자들이 아닙니다. 임신과 출산을 빼고는 남자와 똑같지 않습니까? 우리도 지금처럼 해서는 안 됩니다. 대책을 마련하세요."

여성 인력 30% 채용

삼성은 이에 따라 신규 채용 인력 중 20퍼센트 이상을 여성으로 뽑고 육아시설도 더 늘리는 등의 방안을 마련했다. 그러나 이 회장은 만족하지 않았다. 채용 비율을 30퍼센트 이상으로 높이라고 지시했다. 삼성의 '여성 인력 30% 채용'은 이때부터 가이드라인이 되었다. 하지만 여전히 사회에 진출하는 여성 인력의 저변이 그만큼 두텁지 않은 것이 문제였다. 특히 이공계 대학을 졸업한 인력들이 부족했다. 산업계 수요가 많지 않은 상황에서 여고생들의 이공계 대학 진학은 크게 늘지 않았다. 그러자 이 회장은 경력 직원을 채워서라도 전체 인력의 30퍼센트를 맞추라고 지시했다.

2013년 말 4월 현재 삼성 전체의 여성 임원은 52명이다. 1993년 신경영 당시에는 8명에 불과했다. 또 현재 삼성전자 여성 인력의 비중은 전체의 40퍼센트를 돌파한 상태이다.

이건희 회장은 예나 지금이나 기업뿐 아니라 국가적으로도 여성의 역할 증대가 긴요하다고 생각한다. 제조업 중심의 20세기 산업사회가 남성의 특성인 조직력, 행정력을 중시한 데 비해 지식정보화 사회인 21세기는 여성들이 우위에 있는 창의력, 감성, 유연성이 빛을 발하게 되리라는 것이다. 여성 특유의 부드러움, 공감 능력, 섬세함 등이 다가오는 소프트경쟁 시대에 또 다른 경쟁력을 가져다줄 것이라는 직관이기도 했다.

이 회장의 예견대로 2000년대 중반 세계 하드웨어 부문을 제패한 삼성전자는 숨 돌릴 틈 없이 디자인 소프트 경쟁의 전장으로 빨려들어 갔다. 애플, 구글의 부상과 델, HP, 소니, 노키아의 퇴조로 대변되는 현대 IT 패러다임에서 여성은 삼성의 소프트 경쟁력을 떠받치고 있는 든든한 축으로 자리 잡았다.

2012년 4월 19일, 이건희 회장은 여성 임직원 9명과 점심식사를 가진 자리에서 이렇게 말했다.

"여성에게는 남자가 갖지 못하는 숨겨진 힘이 있습니다. 여성 인력을 잘 활용하지 못하면 회사는 물론 국가의 손해입니다. 앞으로 여성 인력을 지금보다 훨씬 중시하고 우대하겠습니다. 우수한 여성 후배들에게 삼성에 와서 일하도록 독려하세요. 여직원이 삼성에서 열심히 일하면 최소한 후회는 하지 않도록 배려하겠습니다."

이 회장의 여성 인재경영은 신경영 20년에 걸쳐 처음과 끝이 똑같은 수미일관 경영의 전형이다.

팁스토리 삼성전자 최초의 여성 주재원

연경희(삼성전자 동남아총괄 뉴질랜드 지점장)

1993년 대학 4학년 때, 우연히 신문에서 보게 된 삼성 대졸 여성 인력 신입 사원 채용 공고는 제 인생의 진로를 바꾸어 놓았다. 당시 대기업 신입사원 채용 조건에는 대부분 군필자가 명시되어 있었다. 그래서 여대생은 특수직종이 아닌 이상 대기업 취직은 고려조차 하기 어려웠다. 그러나 그 채용 공고에는 대졸 여성 해외 영업 인력 부문 모집, 남녀 차별 없는 임금 제도 등 당시로서는 상당히 파격적 조건들이 열거되어 있었다.

1994년 합격 통보를 받고 5개월 연수 과정을 무사히 마친 후, 드디어 원하던 정보기기 수출팀에 배치 받았다. 여직원은 나 혼자였다.

신경영으로 인한 변화를 더욱 직접적으로 체험한 것은, 업무를 시작한 지 8개월 만에 처음으로 부장과 함께 가게 된 일본 출장이었다. 부서 배치를 받을 당시 여사원이 비행기를 타고 어떻게 해외 출장을 갈 수 있겠느냐며 수출팀 배치를 보류했던 입사 초기를 생각하면 해외 출장은 말 그대로 격세지감이었다. 선배들이 상사 의전, 거래처 미팅, 출장자로서의 역할 등을 세세하게 챙겨 주어 무사히 다녀올 수 있었다.

그 후 여성 인력도 충분히 해외 영업 수행이 가능하다는 것을 보여 주기 위하여 더욱 노력하면서 입사 초부터 가졌던 해외 주재원에 대한 비전을 키웠다. 드디어 2002년 말 지역전문가로 나갈 기회가 주어졌다. 주재원에 대한 고민과 미련이 있었지만, 지역전문가를 통해 주재원으로서의 자격과 역량을 더욱 잘 갖추자는 생각으로 2003년 싱가포르 지역전문가로 나갔다.

지역전문가를 마치고 귀국한 2004년, 나는 삼성전자 최초의 여성 주재원 중 한 명으로 싱가포르 소재 동남아총괄의 마케팅 주재원으로 발령 받았다. 주특기는 해외 영업이었지만 여자가 영업을 할 수 있겠느냐는 우려 때문에 회사는 나를 마케팅 주재원으로 발령 냈다. 그리고 1년 반이 지나자 영업 주재원으로 보직을 변경 받았다. 이후 거래처들을 만날 때 소개를 하면 그들은 "한국 기업이 여자를 주재원으로 내보내다니, 역시 삼성은 늘 한 발 앞서 있다"는 반응을 보였으며, 그럴 때마다 절로 어깨가 으쓱해졌다.

신경영 선포 20주년인 올해 1월, 나는 뉴질랜드 지점장으로 나왔다. 부임 후 국제전자제품박람회에서 만난 뉴질랜드 유통업체 A사장은 "뉴질랜드가 전 세계 최초로 여성의 참정권을 인정한 나라인 것을 알고 있느냐"고 묻고서는 나의 부임을 축하해 주었다. 이런 뉴질랜드에 동양 여성이 지점장으로 발령 받은 것만으로도 글로벌 삼성의 혁신을 느낄 수 있다며 한 직원이 귀띔해 주기도 했다.

20년 전 '여성이 미래다'라는 이건희 회장님의 말씀은 현실이 되었다. 꿈으로만 생각했던 지역전문가를 거쳐 주재원, 지점장으로 일하는 여성들이 늘고 있다. 삼성에서 시작된 이러한 변화가 대한민국 전체의 변화를 이끌어 왔다고 생각한다.

사회와 함께

4

병원의 소프트 혁명

함께 가야 멀리 간다

성장의 과실, 사회와 함께

국민, 정부, 기업 한 배를 타야

이건희의 눈물, 평창의 웃음

고기가 물을 떠나서 살 수 없듯이
기업도 사회를 떠나서는 존재할 수 없습니다.
사회에 대한 실질적 공헌과 봉사활동을 통하여
사회적 신뢰와 공감을 획득해 나감으로써
'좋은 기업', '사랑 받는 기업' 이미지가
사회 곳곳에 뿌리 내릴 수 있도록 해야 합니다.

병원의 소프트 혁명

1

삼성의료원은 미국 백악관이 지정한 환태평양지역 공식 후송병원이다. 미국 대통령이나 부통령 등 고위 인사들 방한 시 치료를 요하는 일이 발생하면 의료서비스를 받는 공식 병원이라는 뜻이다. 1996년 미국 백악관 진료팀이 한국, 일본, 대만 주재 미국 대사관이 추천한 한국 6곳, 일본 7곳, 대만 5곳 등 20여 개 일류병원들에 대한 철저한 현장조사를 거쳐 아시아에서는 처음으로 지정된 것이다.

우리나라 주요 대형병원 중 가장 짧은 역사를 가진 병원, 그것도 개원한 지 3년밖에 안 된 병원이 아시아의 유수한 주요 병원들을 제치고 미국 백악관 의료팀의 낙점을 받은 비결은 첨단의료 장비 등과 같은 외형적 요소 외에도 환자를 위한 최선의 길이 무엇인지 고민하고 이를 실천하는 서비스 정신에 있었다는 평이다.

더 이상 인재들을 잃을 수는 없다

삼성의료원은 이건희 회장의 열정과 관심 속에 개원했다. 병원 부지는 이병철 선대회장 때 마련되었지만 병원 설계부터 운영, 서비스에까지 이 회장의 손길이 닿지 않은 부문이 없었다. 삼성의 수많은 비즈니스 가운데 병원 건립에 유독 관심을 쏟은 배경은 무엇일까?

이병철 선대회장은 1986년 3월 폐암 진단을 받았다. 이건희 회장은 아버지의 병을 치료하기 위해 직접 일본의 유명 병원을 찾아다녔다. 하지만 이병철 선대회장은 폐암 진단 후 약 1년 8개월 만인 1987년 11월 19일 타계하고 말았다. 1983년 회사의 사활이 걸린 반도체 사업 진출 이후 얼마 지나지 않아 아버지가 세상을 떠나자 이건희 회장은 큰 충격과 슬픔에 잠겼다. 그 바로 전해인 1986년에는 장인 홍진기 회장이 별세했다. 인생의 두 스승을 앞서거니 뒤서거니 떠나보낸 이 회장의 상심은 실로 클 수밖에 없었다.

이 회장이 병원 사업에 본격적으로 관심을 갖게 된 시기는 이병철 회장이 별세한 지 얼마 되지 않아 계열사 CEO 두 명을 한꺼번에 잃으면서였다. 한 사람은 건강 악화로 모 대형병원에 입원했다가 병원 측의 초기 오진으로 암세포가 온몸에 퍼지는 바람에 유명을 달리했다. 사실상의 의료 사고였다. 또 한 사람은 교통사고로 인해 사망했다. 병원의 초기 대응이 신속하게 이루어졌다면, 선진 의료 기술이 있었더라면 얼마든지 살 수 있었는데도 결국 숨지고 만 것이다. 이 같은 보고를 받은 이 회장은 질병이나 사고로 인재를 잃는 게 엄청난 손실이라는 생각을 하게 되었다. 그는 1999년 삼성 경영진과의 간담회에서 삼성의료원 건립 배경을 다음과 같이 설명했다.

"회장으로서 신경을 가장 많이 쓰는 데가 반도체와 병원이다. 병원의 역할은 40대 후반부터 50대 초반까지 한참 일할 나이의 인재들이 암이나 질병의 위험에서 벗어나 생명을 연장해서 나라에 공헌하도록 하는 것이다. 이런 중요한 인재들, 사회에 공헌할 수 있는 사람의 생명을 우리가 연장시켜야만 한다. 선대회장께서 폐암으로 일찍 돌아가시지 않았더라면 우리 그룹은 더 큰 발전을 이뤘을 것이다."

1990년 병원 설립을 결심한 이 회장은 설계 단계부터 꼼꼼히 챙기기 시작했다. 삼성물산에 설계를 맡기겠다는 보고를 받은 이건희 회장은 "그건 아니다. 세계 일류 병원을 설계한 곳을 찾아라"고 지시했다. 세계 각국의 설계 회사를 비교한 결과, 당시 일본 요코하마에 새로 들어선 병원을 설계한 회사를 찾아냈다. 서구보다는 한국인과 병원 이용 형태가 비슷한 일본을 벤치마킹하기로 한 것이다.

이건희 회장은 병원 건설 추진본부장도 직접 뽑았다. 그는 당시 이수빈 비서실장에게 "소프트를 아는 사람을 찾아보라"고 지시했다. 병원을 건설하는 게 소프트와 무슨 상관관계가 있을까? 비서실은 이 회장의 뜻을 제대로 헤아리지 못했다. 안팎으로 수소문했지만 도무지 적임자를 찾을 수 없었다. 결국 삼성항공 기술총괄을 맡던 임동일 전무가 물망에 올랐다. 비서실에서 감사·기획 업무를 담당하다가 삼성전자 컴퓨터사업부, 삼성중공업에서 선박 수주영업을 한 경력을 갖고 있었다. 컴퓨터사업부에 일한 경험이 그나마 소프트와 관련이 있다고 판단한 것이다. 이 회장은 처음에는 "이 사람이 무슨 소프트를 알겠는가? 다른 사람을 찾아보라"고 했지만 백방으로 알아봐도 적임자를 찾지 못하자, 결국 임 전무를 추진본부장으로 최종 낙점했다.

한국의 병원 문화를 선도

이 회장이 임 본부장에게 내린 첫 임무는 "선진 병원을 보고 오라"였다. 그는 두 달여 동안 40개가 넘는 병원들을 찾아다녔다. 그러면서 이 회장이 강조한 '소프트'의 뜻을 어렴풋이 알 수 있었다고 한다.

"병원 전체를 컴퓨터라고 보면 그 안의 소프트웨어는 전산망이라고 할 수 있어요. 각 단말기에 의사와 간호사가 앉아 있는데 각각 다른 45개 직종 의사 2,000여 명이 전산망을 통해 커뮤니케이션을 하는 것이 병원 업무의 본질이었던 겁니다. 이런 소프트웨어를 잘 만드는 것이 하드웨어인 건물을 짓는 것보다 훨씬 중요하다는 말씀이었습니다."

이건희 회장은 궁금한 것이 있거나 아이디어가 떠오르면 늦은 밤이나 새벽에도 임 본부장에게 전화를 걸었다. 공사 현장도 수시로 방문했다. 이 과정에서 식은땀을 흘린 적이 한두 번이 아니었다.

"한번은 회장님이 병원 강당의 의자를 흔들어 보았습니다. 의자가 심하게 흔들렸어요. 당시로선 상당히 좋은 의자를 도입했는데 제대로 고정이 되지 않은 것이죠. 제게 딱 한 말씀을 하시더군요. '앉아 봤어요?' 너무 창피해서 쥐구멍이라도 있으면 숨고 싶을 정도였습니다."

삼성의료원은 한국의 병원 장례문화도 선도했다. 고스톱, 소음, 향 냄새가 일시에 사라졌다. 소음과 냄새를 잡기 위해 영안실마다 흡음제를 붙이고 분향대에는 특별 환기시설도 설치했다. 그러자 늘 소란스럽고 어수선했던 영안실 분위기는 차분하고 경건하게 바뀌었다. 산 자와 죽은 자의 '아름다운 이별'의 장으로 거듭 태어났다.

장례식장의 변화 역시 이 회장의 지시에 따른 것이었다. 병원 공사 도중에 장례식장을 다른 병원들과 똑같은 형태로 짓고 있다는 보고를 받은 이 회장은 당시 임경춘 삼성재팬 사장에게 전화를 걸었다. 당장 한국으로 들어와서 장례식장 공사를 다시 하라고 지시한 것이다.

"장례식장에 향냄새, 소독약 냄새가 나면 안 된다. 외부로 뽑을 수 있는 환기 시스템을 마련하라. 상주가 샤워할 수 있는 공간과 쉴 수 있는 공간도 만들어야 한다. 영안실에는 햇빛이 들게끔 하라." 이에 따라 장례식장에 대한 대대적 보강 공사가 실시되었고, 당초 설계했던 빈소 수는 대폭 줄어든 반면 환경은 더욱 쾌적하게 바뀌었다.

임동일 본부장은 병원 개원을 1994년 10월 1일로 정하고 두 달여 동안 리허설을 11번이나 진행하면서 미비한 점을 보완해 나갔다. 의사, 간호사, 행정직원, 청소부까지 2,500명이 일사분란하게 체계적으로 움직일 수 있도록 연습에 연습을 거듭했다.

이건희 회장은 개원을 한 달 앞두고 다시 '현장 점검'에 나섰다. 고객(환자)의 입장에서 체험해 봐야겠다고 작정한 것이다. 먼저 그는 현관에 들어서서 직접 외래 진료 기록지를 작성했다. 칸이 좁아서 쓰기가 쉽지 않았다. 기록지 규격에 전면적 수정이 가해졌다. 입원실도 둘러봤다. 특실에는 외국산 전동침대, 1~2인실에는 국산 전동침대, 다인용 병실에는 수동침대가 준비되어 있었다. 입원비에 따라 차등을 둔 것이다. 이 회장은 "돈 없는 사람이 아픈 것도 서러운데 침대까지 차별해서야 되겠는가?"라며 침대 수준을 대폭 업그레이드하라고 지시했다.

이런 과정을 거쳐 병원은 당초 예정보다 40일 정도 늦은 11월 9일에 개원할 수 있었다. 세계 최고 수준의 시설과 진료 인프라, 국내 최고 수준의 의료진을 확보했다는 자평이었다. 실제 건립 당시 삼성의료원은 국내 병원 중 최고 높이인 지상 20층, 지하 5층의 지능형 빌딩에 1,100여 개의 병상과 28개의 진료과목, 암·심장·신경계 특성화 센터와 처방전산화 시스템, 의학영상저장전송 시스템, 물류자동화 시스템 등의 뛰어난 진료 인프라를 구축했다. 특히 의료 소프트의 핵심인 의학영상저장전송 시스템PACS은 당시 1,000병상 이상 대형병원으로는 세계 최초로 설치되었다.

전화 한 통의 위력

개원 뒤에도 병원에 대한 이건희 회장의 관심은 줄어들지 않았다. 1994년 12월 어느 날, 한 입원환자의 보호자에게 한 통의 전화가 걸려왔다. "삼성이라고 해서 다를 줄 알았는데, 불친절하기는 다른 병원과 마찬가지"라며 병원 측에 불만을 제기한 사람이었다. 전화기를 든 그는 수화기 저편에서 들려오는 목소리에 깜짝 놀랐다. "안녕하십니까? 저는 삼성 회장 이건희입니다. 그동안 저희(병원)의 불찰로 인해 마음 고생하신다는 이야기를 들었습니다. 진심으로 사과드립니다."

환자들에게 '갑(甲)' 행세를 하는 것이 몸에 밴 의사들의 불량한 서비스 정신을 바꾸기 위해 고객에게 직접 사과하는 모범을 보인 것이다. 병원은 발칵 뒤집혔다. 이 사건을 계기로 삼성의료원의 서비스는 눈에 띄게 달라지기 시작했다. 의사가 중심이었던 한국의 병원 문화가 환자 중심으로 재편되는 전환점이 되기도 했다. 그때까지만 해도 국내 종합병원은 권위주의와 불친절, 불편함의 대명사였다. 대기실에서 3시간을 기다려도 정작 진료 받는 시간은 3분에 불과했다. 자세한 설명을 들으려면 의사 호주머니에 촌지라도 찔러 줘야 했다. "보호자 노릇을 사흘 하면 스스로 환자가 된다"고 할 정도로 서비스 시스템은 물론 시설도 낙후되어 있었다. 이런 서비스를 혁신하려는 이 회장의 의지는 매우 강력했다.

"병원은 정말 친절해야 합니다. 사람이 너무 많아서 힘들다면 일의 양을 반으로 줄이더라도 친절한 태도를 버려서는 안 됩니다. '다른 병원은 안 그런데 왜 우리만 친절해야 하는가'라고 불평하는 의사들도 있다고 들었습니다. 명심하세요. 오늘날의 삼성이 있을 수 있는 것은 우리가 다른 기업이 하지 않는 것을 했기 때문입니다."

삼성의료원은 '병원의 중심은 의사가 아닌 환자'라는 모토로 각종 서비스를 바꿔 나갔다. 도입 당시 모두들 불가능하다고 했던 '3무無 서비스'(대기시간, 촌지, 보호자가 〔필요〕없는 서비스)를 정착시켰다. 삼성의료원의 서비스 혁신은 입소문을 타고 밖으로 퍼져 나갔고, 많은 병원들이 그 뒤를 따르게 되었다.

삼성의료원은 개원 이후 지금까지 총 2,700만 명의 외래 환자를 받았다. 한 환자가 여러 차례 진료를 받은 점을 감안하면 실제 600만 명의 환자들이 삼성의료원의 질 높은 서비스를 경험했다. 삼성의료원은 우리나라 병원들의 진료 기술을 향상시키는 데도 상당한 역할을 했다는 후문이다. 가장 대표적 사례가 개원 전부터 의사들과 간호사는 물론 병원 행정직까지 선진 병원을 벤치마킹하도록 적극 지원한 것이다.

당시 국내 병원들은 개원 직전 의사들을 채용해 바로 진료에 들어가는 것이 일상적이었지만, 이 회장은 국내외 우수 의사의 영입만큼이나 젊은 의료진의 선진 의술 습득이 중요하다고 생각해 1991년 3월부터 40여 명의 젊은 의사들을 미리 해외 병원으로 보내 최신 의학 기술을 직접 체험할 수 있도록 했다. 삼성 계열사들의 지역전문가 제도를 병원으로 옮겨 놓은 것이었다.

삼성의료원 의사들의 연수 후 진료 체계는 다른 병원으로도 확산되었다. 현재 국내 병원의 진료 수준은 선진국의 95퍼센트 수준까지 높아졌고 이제는 위암 수술, 간 이식 같은 분야에서는 세계 최고 수준으로 도약한 상황이다. 사정이 이렇다 보니 선진 병원에서 삼성의료원을 배우러 오기도 한다. 개원 전 삼성의료원 장기이식 의사들이 간 이식 기술을 배우기 위해 찾아갔던 미국 최고의 병원, 존스홉킨스 병원이 이제는 삼성의료원으로 교수들을 파견해 미국에서는 생소한 생체 간 이식 수술법을 배워 가고 있다.

또한 삼성의료원은 베트남, 몽골 등 동남아 지역은 물론 러시아 연해주, 아프리카 이집트, 우간다까지 의술을 전수하고 있다. 베트남에 의사를 파견해 현지에서 심장병 어린이 시술을 시행한 데 그치지 않고 베트남 의사들을 초청해 어린이 심장병 수술 기술을 가르쳐 베트남 정부로부터 훈장도 받았다. 이제는 그 명성이 높아져 몽골에서는 정부 차원에서 의사들을 삼성의료원에 파견하고 있으며 동남아는 물론 유럽, 미주 지역 의사들까지 자비로 연수를 받으러 오고 있다.

팁스토리 나의 반려자

이건희 회장은 어린 시절을 일본에서 주로 보냈다. 선진 문화를 배우라는 이병철 선대회장의 뜻이었지만 가족과 떨어져 사는 것이 쉬울 리 없었다. 이 회장이 반려동물로 개를 가까이하게 된 배경이다. '스피츠'라는 개를 친구 삼아 지냈던 그는 일본으로 유학을 떠난 뒤 일 년 만에 '스피츠'의 죽음을 접했다. 이 회장은 당시의 감정을 "참 허전하고 가슴 아팠다. 아주 의젓하고 당당한 놈이었다"고 회고했다.

이건희 회장은 한때 '진돗개'에 빠졌다. 세상에 태어나 딱 한 주인만을 따르는 그 우직함과 강직함에 끌리기도 했지만 '우리 개'를 찾고 싶어서였다. 애호가들의 입에 오르내리는 개는 무려 400종이지만 우리나라 개는 한 종도 없다는 것을 알고 나서였다. 진돗개는 천연기념물 53호로 지정되어 있지만 보존이 잘 되지 않고 있었다. 세계적으로 개 종류가 200여 종인데 진돗개는 한국 원산지로 등록되지 않은 상태였다.

이 회장은 중앙일보 이사 시절 진도로 내려가 진돗개 30여 마리를 구입해 순종이 나올 때까지 교배시켰다. 그러다 보니 한때 150마리까지 그 수가 늘어났다. 순종을 찾아 세계견종협회에 등록시키기 위해서였다. 이 회장은 기어이 암수 한 마리씩 순종을 찾아내어 1979년 세계견종협회에 진돗개를 등록시켰다.

그의 개 사랑은 '민간외교'로도 이어졌다. 88올림픽을 전후해 영국을 중심으로 우리의 '개고기 문화'가 국제적 문제로 비화된 적이 있었다. 영국의 한 일간지가 한국 개고기 문화를 비판하는 기사를 게재한 뒤에는 반한 시위까지 일어났다. 이건희 회장은 현지 동물 보호 단체관계자들을 접촉해 한국에도 동물보호에 앞장서는 사람들이 있다는 점을 설득하라고 지시했다. 삼성은 동물보호 단체관계자들을 삼성에버랜드로 초빙해 '개 보호' 노력을 보여 주었다. 반한 시위가 잠잠해졌고 이를 계기로 국내에서도 동물보호법이 제정되었다. 삼성은 1993년부터 세계 최대 명견 대회인 '크러프츠 도그쇼'를 지원하면서 영국에서의 이미지를 높이고 있다.

이건희 회장의 개에 대한 관심은 '애완견'을 넘어서 지금은 안내견, 탐지견 등의 사회공헌 사업으로 확대되고 있다. 1989년부터 경비견을 훈련시켜 군·경에 기증한 개가 대략 500여 마리이다. 1995년에는 삼성생명구조견센터를 설립해 인명 구조 활동을 본격적으로 실시했다. 1996년 관악산 노파 실종사건을 비롯해 30여 차례 현장에 출동해 경찰과 소방구조대 등이 하지 못한 역할을 수행했다.

이처럼 삼성의 개를 통한 사회공헌 활동은 이루 열거하기 어려울 정도다. 몇 년 전부터는 목조 문화재를 손상시키는 흰개미를 찾아내는 흰개미 탐지견까지 활동하고 있다.

이 회장은 1993년 신경영 당시 '개'에 대한 자신의 철학을 이렇게 설명했다.

"집안에서 애완견을 기르면 부모에게 보호만 받고 자라던 아이들이 동물을 사랑하고 보호하는 입장에 설 수 있다. 사회생활을 하면서 남을 생각할 줄 알고 사랑도 베풀 줄 아는 인간미 넘치는 사람으로 성장하게 될 것이다. 지금 우리 사회에서 청소년 범죄가 심각한 사회문제로 대두되고 있다. 핵가족에서 자란 아이들이 이기적이고 자기중심적이며 정서적으로 메말라 있는 것을 순화시키는 효과도 있을 것이다. 국가적으로도 개를 잡아먹는 야만국이라는 국제적 평판을 개선할 수 있는 계기가 될 수 있다."

함께 가야 멀리 간다

2

"왜 불량이 나는가? 불량의 종류가 무엇인가? 두세 번 분석하면 그 근원을 알 수 있다. 결국 조립업체 사람들이 불량품을 만들지 않도록 평소 협력업체를 교육시키고 자금과 기술력을 제공해 완제품이든 부품이든 수십 개 협력회사를 높은 차원에까지 끌어올려야 한다는 것이 대기업 조립업체의 개념이다. (여러분은) 이것을 모르고 있다. 분석만 잘하면 제일 중요한 부품을 만드는 수십 수백 개의 협력업체를 잘 키울 수 있다.

이것이 구매의 예술화다. 협력업체를 등쳐서 싸게 사는 것이 아니다. 잔재주 부리는 것, 우리만 덕 보자는 것은 예술이 아니다. 그룹 각 계열사도 이익을 보고 협력업체도 살아갈 수 있도록 기술도 키워 주고 자금도 도와줘야 한다. 이것이 사업부장이 해야 할 일이다."

이건희 회장이 1993년 3월 일본 도쿄회의에서 사장단들에게 한 말이다. 시기와 발언 출처를 뺀다면 마치 요즘 정부 당국자들이 입에 침이 마르도록 강조하고 있는 경제 민주화, 대기업-중소기업 상생경영의 내용과 크게 다르지 않다.

물론 삼성 계열사들이 이 회장의 지시를 지난 20여 년간 충실히 이행했는지 여부는 정확히 알 수 없다. 때로는 협력업체를 쥐어짰던 경우도 있었을 테고 기술과 자금을 지원하는 데 인색했던 순간도 있었을 것이다.

사실 상생경영이 말처럼 쉬운 것은 아니다. 특히 제품의 라이프사이클이 짧아 신제품 가격이 계단식으로 뚝뚝 떨어지는 전자업계는 제품 가격의 하락폭에 비례해 협력업체의 납품 단가를 내릴 수밖에 없다. 단가를 깎는 원청업체를 무조건 비난할 수는 없는 이유이다. 경쟁이 지배하는 시장에서 최종적으로 갑甲의 위치를 점하는 것은 언제나 소비자이다.

결국 판매가격 하락을 생산성 향상, 기술 혁신 등으로 돌파하지 않으면 원청업체나 하청업체가 생존을 보장 받을 수 없는 것이 현실이다. 따라서 이 회장의 도쿄 회의 발언은 삼성이 이 같은 상황을 돌파하기 위한 동반성장, 상생의 기치를 선도적으로 펼쳐야 한다는 점을 강조한 것이라고 볼 수 있다.

구매의 예술화

그로부터 세월이 흘러 2010년 9월 중순, 이건희 회장은 삼성전자 경영진으로부터 협력사 경영 진단 결과를 보고 받는 자리에서 벌컥 화를 냈다.

"내가 30년 동안 상생경영을 이야기했는데 이 정도밖에 안 되는가? 제조업의 관건은 협력사 육성이다. 협력사 사장들이 자신의 재산과 인생을 모두 걸고 전력을 다할 수 있는 여건이 되어야 제대로 된 품질이 나오고 사업 경쟁력이 생긴다. 여기에 삼성의 미래가 달렸다. 당장 협력사와 머리를 맞대고 현장의 소리를 듣고 개선점을 찾아라."

경영 진단 보고에 대한 이건희 회장의 '불호령'은 곧 '협력사 동반성장 대토론회'로 이어졌다. 보고가 끝난 뒤 약 2주일 뒤인 10월 1일 강원도 원주시 오크밸리에서 열린 '협력사 동반성장 대토론회'에는 이례적으로 삼성전자의 전 사장단과 구매담당 임직원, 1·2차 협력사 대표 등 220명이 참석했다. 삼성전자 경영진들은 이 자리에서 정기적으로 협력사를 직접 방문해 지원 방안을 논의하겠다고 약속했다. 신입사원까지 상생을 체질화할 수 있도록 교육하겠다는 다짐도 했다.

두 달에 한 번씩 사업부장들이 협력사 현장을 직접 방문해 현안을 공유하고 현장의 목소리를 수렴하는 '동반성장 데이'를 실시하게 되었다. 이와 별도로 지역·업종별 20~30여 개 1·2차 협력사를 직접 찾아가 고충과 문제점 등을 듣는 '소통의 대장정'이라는 프로그램도 도입되었다.

이건희 회장의 동반성장에 대한 철학은 1980년대로 거슬러 올라간다. 당시 '이건희 식 용어'는 '공존공영'이었다.

이 회장은 삼성전자 업의 특성을 '조립 양산업'으로 정의했다. 조립양산업의 핵심은 얼마나 질 좋은 부품을 공급받는가에 달려 있다. 완제품 회사인 삼성전자의 경쟁력은 결국 부품회사들이 제공하는 부품의 질에 좌우된다는 것이 그의 냉철한 인식이었다.

삼성전자와 협력사들의 관계 설정을 어떻게 가져가야 하는지는 이 회장이 1980년대 전자 경영진과의 간담회에서 한 발언을 살펴보면 잘 알 수 있다.

"부품의 품질이 확보되지 않으면 삼성은 100년이 지나도 일류가 될 수 없다. 삼성전자 같은 조립업은 원가의 80~85퍼센트가 구매원가이다. 경쟁력을 높이려면 협력사의 질을 높이는 지도와 육성이 중요하다. 자본주의의 효율은 내가 직접 하는 것보다 남을 시켜서 하되 자기 것처럼 하게 하는 것이다. 협력사가 그 회사 사장의 생명이고, 그 사람 자체이다. 해당사업에는 협력사 사장의 인생이 걸려 있다. 동양적 사고에서 부모가 제일 중요하게 여기는 자식까지 회사에 투입하는 업체라면 품질은 얼마나 좋겠는가? A/S, 제품검사, 부품검사 등의 비용을 모두 협력사에 투입하면 선순환이 이루어진다. 이렇게 협력사를 키우는 것이 자본주의의 극치다."

삼성은 1988년 이건희 회장의 지시로 '중소기업과의 공존공영'을 대외적으로 선포했다. 협력사 지원활동의 태동이 된 이 선언은 상당히 파격적이었다. 삼성이 생산하던 제품과 부품 중 중소기업으로 생산 이전이 가능한 352개 품목을 넘겨주기로 한 것이다. 중소기업에 기술을 이전하고 다시 제품으로 납품받기로 한 금액은 무려 1조 5,000억 원이었다.

이 회장은 공존공영을 위해서 구매를 예술의 경지로 승화시켜야 한다고 강조했다. 흔히 경영 효율성 제고의 축으로 강조되던 '구매'라는 단어에 '예술'이라는 단어를 갖다 붙인 자체가 생소한 것이었다. 처음에는 임직원들도 어울리지 않는 듯한 단어의 조합에 당혹감을 느꼈다.

'구매의 예술화'는 단순 구매에서 출발한 갑을의 역학 관계를 하나의 가족이라는 신뢰 관계로 바꾸는 과정이었다. 삼성과 협력사 간 상생 협력을 통해 자본주의의 극치를 이뤄야 한다는 뜻이었다. 당시 이 회장은 이렇게 이야기했다.

"삼성과 협력사의 관계는 갑과 을이 아닌 '부부'다. 어느 한쪽도 완전하지 않기 때문에 힘을 합치지 않으면 제대로 기능을 발휘할 수 없는 부부, 서로 이끌고 밀어주면서 공존공영해야 하는 부부의 모습이 바로 삼성과 중소기업의 관계다."

이에 따라 삼성은 거래 대금을 어음 대신 현금으로 결제하고 시설 투자 자금도 무이자로 지원했다. 수시로 협력사의 만족도를 조사해 그들의 요구사항을 경영에 반영했다. 또한 사내외 전문가를 파견해 협력사의 경영 관리와 기술 개선도 지도했다.

삼성의 상생경영은 갈수록 진화해 나갔다. 이 회장은 1996년 신년사에서 "협력사는 우리와 같은 배를 탄 신경영의 동반자"로 규정했다. 이러한 독려에 힘입어 삼성에서는 전통적으로 협력사를 지칭하는 '거래처', '납품업체', '하청업체' 등의 용어가 사라졌다. 환갑이 넘어 보이는 중소기업 사장이 새파랗게 젊은 대기업 사원이나 간부에게 일감을 받기 위해 굽실거리는 모습도 거의 찾아볼 수 없게 되었다.

2002년 열렸던 한·일 월드컵이 코디에스라는 중소기업을 위기에 몰아넣은 적이 있다. 당시 30대 중반에 불과했던 이 회사의 박찬중 사장은 정전이 발생했을 때도 가동되는 '무정전 전원장치용 배터리' 개발에 매달렸다. 그가 개발한 배터리는 이동통신사 기지국 등에 설치하는 제품이었다. 이제 물건을 팔기만 하면 되는 순간 청천벽력 같은 일이 발생했다. 정부가 월드컵 기간 중 테러를 예방한다며 주요 건물의 공사를 전면 중단시킨 것이다. 테러분자들이 공사 중인 건물에 은밀히 폭탄 등의 위험물을 설치할 가능성이 있다는 이유에서였다. 졸지에 40여억 원의 손실을 입은 코디에스는 폐업 직전까지 내몰렸다.

'이제 정말 문을 닫아야 하나.' 절망에 빠진 순간, 기대도 하지 않았던 도움의 손길이 다가왔다. 삼성전자였다. 무정전 전원장치용 배터리 대안으로 만든 액정표시장치LCD 디스플레이 검사장치인

'프로브 유닛'이 삼성전자와 인연을 맺는 계기가 된 것이다. 박 사장은 부도 위기에서 벗어나 재기의 발판을 마련했다. 삼성전자는 납품대금을 매주 현금으로 지급해 자금난을 덜어 주었다. 이와 함께 상생펀드 90억 원을 저금리로 지원해 공장신축 자금 부족분을 메워 주었다. 이후 코디에스는 삼성전자의 1차 협력사로 지정되어 LCD 검사장치 부품을 납품하고 있으며, 연 매출 300억 원이 넘는 탄탄한 강소기업으로 탈바꿈했다. 코디에스는 삼성전자와 성공적 파트너십을 형성한 많은 사례 중 하나일 뿐이다.

강소기업 육성

삼성은 경제사회의 패러다임 변화에 따라 상생 프로그램도 계속 업그레이드했다. 종전에는 대기업이 1·2차 협력업체와의 동반성장에만 관심을 가지면 되었지만, 이제는 산업 생태계 전반을 고려해야 하는 방향으로 책임의 무게가 이동하고 있다. 또 협력사의 고충 해결을 위한 단편적 지원 활동을 넘어 자금, 기술, 채용 등 종합적 지원을 요구하는 목소리도 커졌다.

삼성전자는 이에 따라 은행과 공동으로 펀드를 조성해 협력사의 설비투자, 기술 개발, 운영자금 등 기업 경영에 필요한 자금을 낮은 금리로 대출해 주는 '상생펀드' 제도를 시행하고 있다. 이는 평소 자금 조달이 어려운 협력사들의 시설투자나 R&D 경쟁력 향상에 실질적

도움을 주는 제도이다.

2010년 출범한 '혁신기술 기업 협의회(혁기회)'도 삼성전자의 대표적 상생지원 프로그램이다. 삼성전자는 '혁기회'를 통해 혁신적 기술을 보유한 중소기업을 발굴, 이들 업체와의 협업을 통해 새로운 비즈니스 기회 창출을 지원하고 있다.

삼성은 동반성장 생태계의 건전성을 더욱 강화하기 위해 2012년 3월, 계열사와 1·2차 협력사와 함께 '동반성장 협약식'을 가졌다. 삼성 11개 계열사가 1차 협력사 3,270개 사와 협약을 맺고 1차 협력사가 다시 2차 협력사 1,269개 사와 협약을 체결하는 방식으로 진행된 이 협약식에서 삼성은 협력사와의 동반성장을 위해 7,700억의 자금 지원을 선언했다. 아울러 이날 행사에 참석한 1차 협력사들도 삼성의 동반성장 프로그램을 2차 협력사까지 확대하기로 했다.

삼성은 차세대 경영자 육성을 지원하기 위해 개설한 '미래경영자과정'도 대폭 확대했다. 협력사 대표의 2세를 대상으로 10개월 동안 삼성전자의 경영 전반을 경험하게 하면서 차세대 경영자로서 경영역량을 키울 수 있는 기회를 제공하는 프로그램이다.

삼성의 상생경영은 삼성의 또 다른 경영가치인 윤리경영과도 맞닿아 있다. 이미 삼성은 2005년부터 구매 윤리헌장 및 행동강령을 제정, 운용하고 있는데 지나치게 엄격하다는 평가를 받을 정도로 구체적이다. 협력사로부터 제공 받는 작은 선물이나 간단한 식사도 규제한다. 류한호 삼성경제연구소 전무는 이렇게 말한다.

"기업 활동이 국민의 공감대를 얻으려면 윤리경영에 만전을 기해야 하는 시대가 왔습니다. 오얏나무 밑에서 갓끈을 고쳐 매지 말라는 교훈대로 외부에 오해를 살 만한 어떤 일을 해서도 안 된다는 것이 삼성의 확고한 방침입니다."

전 세계 곳곳에서 생산 기지를 가동 중인 삼성은 국경을 초월한 '글로벌 상생 생태계'를 구축하고 있다. 특히 삼성전자는 '글로벌 상생경영'의 선두주자이다. CEO 직속 조직인 상생협력센터는 협력사를 글로벌 수준의 역량을 갖춘 중소기업으로 키우기 위하여 공동 기술 개발, 자금지원, 컨설팅 등의 체계적 지원을 아끼지 않는다.

2011년 8월부터 시행되고 있는 글로벌 상생 프로그램은 그 하이라이트라고 할 수 있다. 성장 잠재력이 높은 부품 협력사를 '올해의 강소기업'으로 뽑아 '글로벌 스타기업'으로 성장하도록 집중 육성하는 것이다. 2012년 총 39개 협력사를 강소기업 육성대상으로 선발한 데 이어 2013년에는 피에스케이, 이오테크닉스, 삼진, 부전전자, 큐에스아이, 유진테크 등 14개 협력사를 추가로 선정했다.

이 가운데 국내 4개 법인과 해외 9개국 14개 법인을 둔 신흥정밀은 삼성전자와의 상생협력으로 세계적 중소기업으로 우뚝 선 좋은 사례이다. 이 회사는 지난 1991년 태국에 진출한 이후 처음에는 비싼 수업료를 지불해야 했다. 당시 해외 인력의 숙련도를 짧은 시일 내에 향상시키기 위해 많은 주재원을 파견했지만 여의치 않았던 것이다. 주재원으로 파견시킬 수 있는 인력과 비용에도 한계가 있어 이러지도 저러지도 못하는 딜레마에 빠졌다. 이때 신흥정밀은 삼성전자로부터 자재 구매를 비롯해 생산성 향상, 납품, 전사적 자원관리ERP 시스템 등 전 분야에 걸쳐 자문을 받았다. 그 결과, 진출 초기의 문제점을 대부분 해결하고 조기에 품질을 끌어올릴 수 있었다. 제조 기본환경 구축과 액정표시장치LCD 부품의 신제조 공법 제안 등의 성과도 거뒀다. 박경수 피에스케이 사장은 이렇게 말한다. "해외 법인까지 직접 방문해 기술지도와 판로개척 등을 아낌없이 조언하는 삼성전자 임직원들의 지원에 천군만마를 만난 기분이었어요. 강소기업 선정은 우리 회사에게 더 큰 도약을 위한 혁신의 디딤돌입니다."

> 팁스토리

中企 인재교육의 산실

중소기업 인재교육의 산실인 경기도 용인 '중소기업인력개발원'을 삼성에서 기증했다는 사실을 아는 사람은 드물다. 경기도 용인시 33,000제곱미터(약 1만 평) 부지에 자리 잡고 있는 중소기업인력개발원은 대기업이 중소기업을 위해 건립한 국내 최초의 연수기관이다.

이 기관이 설립된 배경은 이렇다. 1991년 박상규 중소기업중앙회 회장은 이건희 회장을 만났다. 두 사람은 2시간이 넘도록 대기업과 중소기업의 공존공영에 대해 허심탄회하게 이야기를 나눴다. 당시 중소기업은 변변찮은 교육 시설도 없었던 터라, 박 회장은 중소기업들의 인재 양성이 어렵다는 고충을 토로했다고 한다. 이 회장은 그 자리에서 연수원을 건립해서 기증하겠다는 의사를 밝혔다.

이 회장은 중소기업을 위한 연수 시설을 지어서 기증해 보는 방안을 검토하라고 지시했다. 하지만 법적으로 걸림돌이 있었다. 수도권 정비계획법에 따라 수도권에 연수 시설을 지을 수 없었던 것이다. 대기업은 불가능하지만 중소기업 연수원은 지을 수 있다는 예외 조항 하나를 삽입하는 데 1년이 걸렸다.

우여곡절 끝에 1994년 11월, 이건희 회장이 참석한 가운데 기공식이 열렸다. 이 자리에서 이 회장은 연수원의 규모가 너무 작다고 지적하면서 연수생들이 이용할 수 있는 레포츠 시설을 추가로 마련하라고 지시했다. 삼성 비서실 산하에 설립된 연수원 준비팀은 최고의 시설을 짓기 위해 독일 벤츠, 페스토, 일본 야스다생명, 후지제록스, 츠네이시 조선소 등을 방문했다. 미국 하버드대학교와 와튼스쿨의 교육 시설도 견학했다. 설계 과정에서 보스턴대학교 벡베이 교수의 컨설팅을 받기도 했다.

연수원은 1997년 4월 완공되었다. 이건희 회장도 참석한 것은 물론이다. 공사비는 당초 230억 원으로 예상했으나 300억 원으로 늘어났고, 레포츠 센터 건립비용 200억 원까지 합쳐 총 500억 원이 들어갔다.

이건희 회장은 완공 후 "교육 시설만 지어 주는 데서 그치지 말고, 교육과정과 운영 시스템도 가르쳐 주라"고 지시했다. 그래서 삼성인력개발원 내에 교육과정 개발팀이 생겼으며, 3년간 연수원 운영을 대신해 주었다. 하지만 이 시설을 찾아가 보면 그 어디에서도 삼성이 기증했다는 표식 하나 찾아볼 수 없다.

중소기업중앙회 관계자는 "삼성이 중소기업 연수문화에 끼친 영향은 대단했다. 다른 기업들이 이곳을 다녀간 뒤 잇따라 자사 시설을 고급화했기 때문"이라고 말했다. 실제로 조명, 음향, 좌석 배열 등 하나 하나가 연수생을 배려하는 형태로 설계되었다.

삼성과 중소기업중앙회의 인연은 이후로도 계속되었다. 삼성은 2004년부터 중소기업중앙회와 공동으로 정보화 인프라 구축사업을 시작했다. 중소기업이 정보화 시대에 능동적으로 대응할 수 있도록 돕기 위한 것이었다. 삼성은 자금지원뿐 아니라 중소기업 간 협력 네트워크 구축, 정보통신 기술 및 전자 상거래를 통한 공동구매 노하우 등을 전수했다. 2005년에는 대·중소기업 상생협력재단 설립을 위해 50억 원을 출연했다. 상생협력재단은 중소기업 정책개발, 협력사업 개발, 상생협력 박람회 개최, 글로벌 지원센터 건립 등 중소기업의 글로벌화를 돕고 있다.

성장의 과실, 사회와 함께

3

　이건희 회장이 이른바 '출근경영'에 나섰던 첫날인 2011년 4월 21일. 서울 서초동 삼성사옥 42층 회장실에 들러 업무 보고를 받은 이건희 회장은 김순택 미래전략실장, 이상훈 전략1팀장 등 당시 미래전략실 팀장급들과 점심을 함께 한 후 곧바로 사옥 1층 뒤쪽에 있는 '서초 삼성 어린이집'을 찾았다. 이 회장은 직원들에게 "대기 중인 어린이들이 몇 명인가?" "부모들의 만족도는 높은가?" 등의 질문을 하며 큰 관심을 나타냈다. 갈수록 대기 기간이 길어진다는 대답에 그는 즉석에서 "어린이집을 더 늘리라"고 지시했다. 일 년이 지난 2012년 1월, 삼성생명 서초사옥에 추가로 어린이집이 설치되었다.

　이 회장은 1980년대 중반 부회장 시절부터 어린이집 설치를 주창했다. 여성 인력 활용 확대와 저소득층의 빈곤 탈출이 가능하려면 반드시 어린이집을 늘려야 한다는 생각에서였다. 1987년 회장에 취임한 이후에는 재계 차원에서 전국 각지에 어린이집을 짓자고 제의했지만 다른 기업들이 별다른 관심을 보이지 않자 삼성이 어린이집을 짓기로 결심했다. 그는 특히 보육 사업을 사회 저소득층 등 회사 외부로 적극 확대해야 한다고 강조했다.

빈곤으로부터의 탈출

하지만 삼성 사장단 내에서도 반대하는 기류가 적지 않았다. 이병철 창업주가 영입했던 관료 출신의 한 CEO는 "가난 구제는 나라도 못한다는데 구태여 우리가 나설 필요가…"라며 완곡한 반대의사를 피력했다. 비용이 만만치 않은 데다가 정부 차원에서 추진해야 할 일을 민간 기업이 하는 게 맞지 않다고 본 것이다.

하지만 이건희 회장은 사장단 전체가 모인 자리에서 서울 달동네를 촬영한 비디오테이프를 틀어준 뒤 일거에 반대를 누그러뜨렸다. 이 회장은 이렇게 말했다.

"달동네 사람들이 소득을 올릴 수 있는 기회를 주기 위해 탁아소를 지어야 합니다. 아이들을 맡길 데가 없어 일손 하나가 놀고 있는 것이 안타깝습니다. 기회의 평등은 반드시 있어야 한다고 생각해요. 민주주의가 바로 기회의 평등이지 결과의 평등은 아니지 않습니까? 일할 수 있는 기회는 같이 주어져야 한다는 생각에 탁아소 설립을 생각하

1990년 7월 신길동 '꿈나무 어린이집' 개원식에 참여한 이건희 회장과 고건 당시 서울시장

는 겁니다."

그렇게 해서 삼성은 1989년 송파구 마천동에 1호인 '천마 어린이집', 1990년 7월에는 신길동에 '꿈나무 어린이집', 비슷한 시기에 성북구 미아동에 '샛별 어린이집'을 차례로 열었다. 이건희 회장은 '꿈나무 어린이집' 개원식과 '샛별 어린이집' 개원식에 직접 참석했다. 삼성은 어린이집 건립을 부산, 대구 등 전국 각지로 확대해 57개의 어린이집을 운영하고 있다. 그중 삼성 임직원들을 위한 직장 어린이집은 26개, 일반인을 대상으로 한 어린이집은 31개이다.

삼성 어린이 집은 개원 초기부터 입소문을 타면서 대기 고객이 줄을 이었다고 한다. 1991년과 93년 연이어 두 아이를 출산한 부산 춘해병원의 김재영 간호부장은 직장 때문에 아이를 맡기려고 동네 근처 일대를 샅샅이 훑었다. 그러나 엄마 입장에서 눈물 없이는 볼 수 없는 기막힌 장면들을 목격하게 되었다. 시설 자체가 열악한 것은 차치하고라도 보모들의 수준이 말이 아니었던 것이다. 우연히 병원을 찾아온 감기 환자에게서 "삼성에서 운영하는 어린이집이 참 친절하더라"라는 이야기를 듣고 6개월을 기다린 끝에 두 아이를 맡길 수 있었다고 한다. 김재영씨는 이렇게 말했다.

"시설과 교구가 우수할 뿐 아니라 식단도 유기농 재료를 중심으로 짜여 있었습니다. 저녁 늦게 퇴근하는 경우도 있었는데 당직 선생님이 남아서 우리 애들만 보고 있더군요. 지금 생각해도 너무 고마웠습니다. 같이 일하던 간호사들이 육아 때문에 많이 그만뒀는데, 이런 어린이집이 진작에 많이 생겼더라면 좋았을 것 같아요. 저도 퇴직 후에는 어린이집에서 봉사하는 삶을 살고 싶습니다."

지금은 복지확대 차원에서 0~5세 영유아들을 대상으로 무상보육이 실시 중이고 어린이집도 과거와는 비교할 수 없을 만큼 늘어났지만, 1993년 이건희 회장이 설파한 탁아소 설치 확대는 여러 가지 측면에서 재조명할 만한 일이다. 특정 기업의 이미지 마케팅 차원을 넘어서는 안목으로 구체적 프로그램이 실행되었다는 점에서 특히 그렇다. 1993년 이 회장은 이렇게 강조했다.

"여러분은 탁아소의 원리를 아는가? (지금처럼) 달동네가 많이 있는 한 국가 경제는 안정적으로 성장할 수 없다. 달동네에 사는 부부가 삼성이 만들어 놓은 탁아소에 애들을 맡기고 3년에서 5년 정도 열심히 일하면 집이 한 채 생긴다. 이런 소문이 나면 달동네 전체가 열심히 일한다. 삼성의 이미지만 개선하려고 달동네에 탁아소를 짓겠는가? 탁아소를 지으면 사회가 안정되고 빈부격차도 없어지고 국가 재정이 튼튼해지며 삼성의 이미지도 덩달아 올라가고 삼성이 건설한 집도 잘 팔린다. 이렇게 1석7~8조의 효과가 생기면 다른 기업도 따라할 것이다."

어린이집 확대를 포함해 사회공헌에 대한 이 회장의 관심은 오래 전부터 각별했다. 그는 1987년 취임사에서 "삼성은 좋은 제품을 싸게 만들어 사회에 공급하고 건실한 경영을 통해 국가 경제 발전에 기여함은 물론, 지금 사회가 우리에게 기대하고 있는 이상으로 봉사와 헌신을 적극 전개할 것"이라고 밝혔다. 1993년 제2창업 5주년 기념사에서도 이 점을 다시금 강조했다.

"삼성은 국가의 대표기업이라는 각오로 그에 따르는 책임과 고통을 감내할 것입니다. 나는 이러한 다짐의 징표로 지금까지 시행해온 공익사업의 양과 질을 더욱 확대하여 기업 이윤의 사회 환원 극대화에 힘쓸 것을 약속합니다."

드림클래스에 영그는 꿈

삼성은 이건희 회장의 사회공헌 철학을 적극적으로 뒷받침하기 위해 1994년 '삼성사회봉사단'을 설립했다. 재계에서는 처음 있는 일이었다. 삼성사회봉사단이 펼치고 있는 다양한 프로그램 중 가장 대표적인 것이 '희망의 사다리'이다. 어린이집→공부방→드림클래스로 이어지는 빈곤탈출 프로그램이다.

앞서 이야기한 어린이집이 빈곤층 유아들을 지원하는 프로그램이라면 공부방은 초등학생이 그 대상이다. 삼성은 2008년부터 저소득층 밀집지역을 중심으로 공부방을 지원하고 있다. 삼성 임직원 9,250여 명이 전국 396개 공부방과 결연을 맺고 학습지도는 물론 학습 기자재를 지원하고 있다.

2011년부터 시작한 '드림클래스'는 중학생을 대상으로 하는 프로그램이다. 양극화와 교육 격차 해소에 기여하기 위해 저소득층 중학생의 방과 후 학습을 지원하는 것이 목적이다. 중학생은 영어 및 수학 실력을 키우고 대학생 강사들은 리더십과 봉사정신을 함양하면서 등록금도 지원 받는다.

교통이 편리한 대도시는 주중 수업으로 진행하고 주중 수업이 어려운 읍·면·도서 지역 학생들을 위해서는 방학을 이용한 3주간 합숙 프로그램이 진행된다. 연간 10,000여 명이 참여하고 있는데 점차 인원 수를 확대할 계획이다. 2013년 고교 입시에서 드림클래스 출신 학생 가운데 3명이 과학고, 6명이 외고, 19명이 자율형 사립고, 12명이 마이스터고에 각각 입학했다. 교육을 통한 양극화 해소를 표방하는 삼성의 사회공헌 프로그램은 기업의 사회공헌 분야에 새로운 패러다임을 제시하고 있다는 평이다. 드림클래스 강사로 참여했던 서울대생 김은영씨는 이렇게 말한다.

"하나라도 더 배워야겠다는 열정으로 반짝반짝 빛나는 학생들을 보면서 많은 보람을 느꼈습니다. 3주에 불과한 기간이었지만 사회 구조적으로 교육에서 소외되었던 아이들을 가르치는 기쁨이 이렇게 클지 몰랐습니다. 이들과 같이 공부하고 웃고 이야기하면서 저 자신도 잊고 지냈던 꿈을 다시 돌아보는 계기가 됐어요. 드림클래스는 학생뿐만 아니라 강사에게도 유익한 프로그램입니다. 단순히 어려운 청소년들을 돕는 것이 아니라 우리 모두의 잃어버린 꿈을 복원시켜 주는 프로그램이에요."

삼성 계열사들이 진행하는 사회공헌 프로그램은 실로 다양하다. 삼성토탈은 2011년부터 '급여 1퍼센트 기부 운동'을 펼치고 있다. 1,400여 임직원 전원이 급여 0.5퍼센트를, 회사가 이에 맞춰 0.5퍼센트를 출연한다. 월 평균 3,300만 원, 연간 5억 원이 되는 이 기금은 지역사회 봉사 재원으로 활용된다. 독거노인과 장애인을 위한 이동 빨래방과 이동 목욕시설 등을 운영한다. 그 밖에도 삼성의료원의 의료봉사단, 삼성 변호사들의 법률봉사단, 삼성화재의 안내견, 삼성생명의 탐지견, 삼성증권 경제증권 교실 등 전문성 있는 프로그램들이 계열사별로 진행되고 있다.

삼성 내부에서는 개인기부 문화도 활성화되어 있다. 최근 자녀를 출가시킨 전직 CEO H씨는 이재용 삼성전자 부회장으로부터 '기부카드'를 받았다. 축의금을 ○○사회복지기관에 기부한 뒤 그 기부영수증을 축의금 대신 보내온 것이다. H씨는 "그 어떤 선물보다 기분이 좋았다. 그래서 나도 같은 사회복지 기관에 똑같은 금액을 기부했다"고 말했다. 이재용 부회장은 매년 연말 승진자들에게도 화환 대신 기부카드를 보내고 있다. 제일모직 윤주화 사장도 하객들로부터 받은 자녀 결혼식 축의금을 하객 명의로 복지단체에 모두 기부한 뒤 인사장에 그 명세서를 첨부해 잔잔한 감동을 전했다.

삼성 CEO들의 이러한 기부 문화를 들여다보면 그 출발점에 이건희 회장이 자리 잡고 있다. 그의 생일은 1월 9일이다. 1989년 1월 9일, 계열사 사장들은 생일 축하의 뜻으로 장수를 기원하는 금붙이를 이 회장에게 선물했다. 이병철 선대회장부터 내려오는 전통이었기에 당시에는 전혀 이상하지 않은 일이었다. 하지만 이 회장은 "앞으로 내 생일에 이런 금붙이를 선물하지 마세요. 대신 의미 있는 곳에 기부하세요"라고 말했다.

이는 삼성 계열사들이 매년 1월 초에 사회봉사 프로그램을 펼치는 배경이다. 이 회장의 부인 홍라희 여사는 경기도 의왕에 있는 성나자로 마을을 찾곤 했다. 선물과 떡을 직접 골라 준비하고 나환자들에게 줄 용돈도 봉투에 담는다.

삼성 임직원들은 매월 급여에서 일정액을 공제하여 사회공헌 사업에 기부한다. 회사도 임직원 기부와 동일한 금액을 출연한다. 2012년에 약 30만여 명의 임직원들이 참여해 350억 원의 기금을 조성했다.

이 기금은 아프리카 빈곤 아동 후원, 국내 희귀성 난치 질환 아동의 의료비 지원에 사용된다.

삼성은 2012년 말 사회복지공동모금회에 500억 원을 기부했다. 당초 삼성 미래전략실이 이 회장에게 보고한 금액은 300억 원이었지만, 그는 이를 500억 원으로 늘리도록 지시했다. 사회복지공동모금회는 삼성의 쾌척으로 목표액을 초과 달성했다.

이건희 회장은 1996년 신년사에서 자신의 사회공헌 철학을 다음과 같이 밝혔다.

"고기가 물을 떠나서 살 수 없듯이 기업도 사회를 떠나서는 존재할 수 없습니다. 사회에 대한 실질적 공헌과 봉사활동을 통하여 사회적 신뢰와 공감을 획득해 나감으로써 '좋은 기업', '사랑 받는 기업' 이미지가 사회 곳곳에 뿌리 내릴 수 있도록 해야 합니다."

> 팁스토리 **장애인에게 꿈과 희망을**

　경기도 수원 영통 삼성전자 공장 입구에는 '무궁화전자'라는 장애인 전용 공장이 자리 잡고 있다. 대기업이 운영하는 유일한 장애인 전용공장이다 보니 국내외 귀빈들이 자주 찾는다. 이 '무궁화전자'는 이건희 회장의 아이디어이다. 1990년대 초 이 회장은 "삼성전자에서 장애인 공장을 하나 지었으면 좋겠다"는 뜻을 밝혔다. 그가 이 분야에 관심을 가진 것은 오랜 일본 생활에서 얻은 아이디어라는 것이 대체적인 관측이다.

　문병대 당시 삼성전자 수원공장장은 실무진을 이끌고 4박 5일 동안 일본 전자업체들의 장애인 공장을 벤치마킹하러 갔다. 그는 "일본은 장애인에게 매우 따뜻한 나라입니다. 관련 시설이 잘 갖춰져 있더군요. 특히 '태양의 집'이라는 장애인 단체는 전국적으로 장애인 공장을 운영하고 있었습니다"라고 회고했다.

　문병대 공장장은 당시 장애인으로서 삼성전자 협력업체 대표였던 최병규 무궁화전자 이사에게 공장 운영과 관련된 아이디어를 구했다. 무궁화전자 실무추진팀은 1993년 7월, 일본에서 이건희 회장에게 공장 마스터플랜을 보고했다. 이 자리에서 이 회장은 매우 구체적이고 상세하게 마스터플랜의 문제점을 지적해 참석자들을 놀라게 했다. 손욱 당시 비서실 전자담당 전무가 "어떻게 그토록 소상하게 문제점을 파악하고 있습니까?"

하고 묻자 이 회장은 "자네들은 영화도 안 보는가"라고 답했다고 한다. 그가 어떤 영화를 통해 장애인의 생활을 간접 체험했는지는 알 수 없지만 평소 얼마나 세세한 것까지 신경을 썼는지 알 수 있는 대목이다.

하지만 마스터플랜이 완성된 후에도 사업은 제대로 진척되지 않았다. 지역주민들의 반대로 부지를 매입할 수 없었기 때문이다. 그렇게 몇 개월을 허송한 뒤 결국 삼성전자 소유의 수원공장 입구 산을 깎아서 짓기로 결정했다. 암반이 많은 터라 난공사였다. 발파작업을 하면서 바로 옆 사원 아파트에 균열이 생겼고 창문까지 뒤틀렸다. 사원 부인들이 대책을 마련해 달라고 해서 6개월가량 공사가 중단되기도 했다. 우여곡절을 거쳐 2인 1실 침대와 노래방, 식당, 물리치료실, 도서실까지 완비한 공장이 4천여 평 부지에 들어섰다.

총 234억 원이 투입된 무궁화전자는 1994년 11월 이건희 회장 부부가 참석한 가운데 준공식을 갖고 가동에 들어갔다. 설립 초기 120명의 직원을 선발했는데 주로 중증장애인들이었다. 주요 생산 품목은 청소기, 가습기 같은 소형가전 제품이었다. '바로바로 스팀청소기'라는 자체 브랜드 제품도 출시했다.

무궁화전자 건립에는 자립을 중시하는 이건희 식 사회공헌 철학이 담겨 있다. 물고기를 나눠 주는 것보다는 직접 고기를 잡을 수 있는 어구들을 지원해야만 자생력을 확보할 수 있다는 신념이다.

국민, 정부, 기업 한 배를 타야

4

　단일 공동체 내에서 일류는 동행하는 법이다. 일류 정부와 삼류 기업, 또는 삼류 정부와 일류 기업이 동거하는 경우는 없다. 이건희 회장은 신경영을 선언한 이후 정부, 국민, 기업이 한 방향으로 움직여야만 선진국에 진입할 수 있다는 지론을 펼쳐 왔다. 이른바 '삼위일체론'이다.
　기업인이 경영혁신을 넘어 국가와 사회 공동체의 동반 발전을 주창하는 것은 어떻게 보면 '허위의식'으로 비쳐질 수도 있다. 시쳇말로 자기 앞가림하기도 벅찬 상황에서 주제넘은 걱정을 한다는 힐난을 받을 수도 있다.
　하지만 이 회장은 절박했다. 그가 신경영 때 줄기차게 "21세기에 대비해야 한다"고 강조한 것은 삼성이라는 기업 단위를 넘어서는 의미였다. 삼성을 세계적 기업으로 키우려면 경영혁신 못지않게 정부

부문의 선진화와 국민의식의 전환이 중요하다는 판단에서였다. 그의 삼위일체론은 곳곳에서 확인할 수 있다.

1993년 1월, 이건희 회장은 사장단 회의에서 사회공동체를 향한 삼성인들의 역할을 이렇게 강조했다.

"나의 개혁은 삼성 임직원, 가족, 자손이 영원히 잘살도록 하는 데 있다. 40~50대 경영자들은 이런 시대의식과 함께 우리 위치에 대한 위기의식을 가져야 한다. 지금의 40대 중반부터 50대 중반은 역사적으로 국민을 대표해 자진해서 희생을 각오해야 한다. 국가를 위해서, 국민을 위해서 다시 한 번 우리 모두 고생을 할 때다. 200여 년 전 건설된 미국 워싱턴 D. C.의 도로율은 40퍼센트였다. 우리도 이처럼 장기 계획을 갖고 일을 추진해야 하나, 그렇지 못한 경우가 많은 것은 우리 조상, 선배, 우리 일부의 책임이다. 우리가 2~3년 내에 21세기를 대비한 준비를 모두 끝내지 않으면 후발 개도국에 추월당해 저개발국으로 전락하고 만다. 우리나라가 과거 기회를 상실해서 입은 피해는 몇 천 배에 달한다."

이 회장은 기업인으로서 자신의 역사관도 자주 피력했다. 시대의 흐름을 읽지 못하고 놓쳐 버린 위정자의 안이한 태도와 도덕성, 상식을 도외시한 정치적 불안이 한국의 발전을 가로막는 요인이라고 역설했다. 특히 소학교와 대학교를 다녔고 기업 경영에서 일정한 관계를 맺은 일본과의 비교를 통해 우리의 역사와 현실을 냉철히 분석하고자

했다. 그는 1993년 7월 일본 오사카 회의에서 이렇게 강연했다.

"조선과 일본에는 모두 사농공상士農工商이 있었다. 일본의 '사士'는 학문 외에도 현실을 알았다. 그러나 우리의 '사'는 공부만 했다. 무슨 물정을 알았겠는가? 이것은 지금도 마찬가지다. … 과거 역사만이 아니다. 4.19 직전 삼성의 재산은 일본 미쓰이보다 훨씬 많았다. 그러나 지금은 미쓰이의 몇십 분의 1에 불과하다……."

이건희 회장은 1994년 우리나라의 고속전철 수주를 놓고 프랑스의 TGV, 독일의 ICE, 일본의 신칸센이 치열하게 경합하는 모습을 보면서도 많은 것을 느꼈다. 결과는 프랑스의 승리였지만, 이 수주전에서 세 나라는 경제계와 언론은 물론, 국가의 수반까지도 기업을 지원하면서 총력전을 폈다. 당시 그는 이렇게 말했다.

"이제 기업 혼자의 힘만으로는 국제 경쟁력을 갖추기가 어렵게 되었다. 더구나 우리는 지금 국제화·개방화에 적극적으로 대처해야 한다는 어려움을 안고 있다. 우리나라에서 내로라하는 기업 수십 개를 합친 것보다도 규모가 더 큰 일본의 도요타나 미국의 GE 같은 기업들과 일 대 일로 맞붙어 경쟁해야 하기 때문이다. 이미 세계적 경쟁력을 갖춘 기업들조차 국가 지원을 등에 업고 있는 마당에 경쟁력이 미미한 한국 기업들이 홀로 선다면 그 결과는 불 보듯 뻔하다.

결국 국가 경쟁력을 키우기 위해서는 다른 나라들이 보여 준 것처럼 우리도 국민, 정부, 기업이 하나로 힘을 합쳐 삼위일체를 이루어야 한다. '어떻게 하면 한국이 선진국의 대열에 서고 각 기업이 세계적 기업들과 경쟁할 수 있을 것인가?'라는 관점에서 정부는 정책으로, 국민은 따뜻한 이해와 격려로 각각 기업을 뒷받침해 줘야 한다. 그에 대해 기업은 좋은 물건을 빨리 값싸게 만들어 세계시장에 내다 팔고 거기서 얻는 이윤으로 국민과 사회에 공헌해야 하는 것이다. 이렇게 정부와 기업, 국민이 다 함께 힘을 합치면 우리는 얼마든지 다 같이 잘사는 나라가 될 수 있다."

기업은 이류, 행정은 삼류, 정치는 사류

이건희 회장의 이런 생각은 기업 규제를 권력 유지·확대의 지렛대로 활용하려는 정치권의 움직임과 맞물려 기어이 불협화음을 내고 말았다. 이른바 "기업은 이류, 행정은 삼류, 정치는 사류"라고 했던 '베이징 발언'이었다.

이 회장은 중국 정부의 초청을 받아 베이징을 방문했다. 1994년 11월 경기도 기흥 삼성반도체공장을 둘러본 중국의 리펑李鵬 총리는 삼성의 신경영 스토리에 깊은 감명을 받아 장쩌민江澤民 주석에게 이건희 회장의 방중을 건의했다. 이 회장은 1995년 4월 13일 장쩌민 주석, 리펑 총리와의 면담을 끝내고 한국 특파원들과 만나 중국 수뇌부를 면담한 배경 등에 대하여 자유롭게 의견을 개진했다. 이 자리에서 그는 비보도를 전제로 "잘못된 행정 규제와 권위의식이 없어지지 않으면 21세기에 한국은 일류 국가로 발돋움할 수 없다. 우리나라의 정치는 사류, 관료와 행정조직은 삼류, 기업은 이류다"라는 내용의 발언을 했다.

그러나 이 같은 그의 발언이 알려지자 청와대가 발끈하고 나섰다. 주중 한국 대사관은 물론 정보기관까지 나서서 진의 파악에 들어갔고 여기저기서 "괘씸하다", "주제 넘는다"는 비난이 잇따랐다.

급기야 청와대 정무수석실이 해명을 요구하고 나섰다. 그 주체가 경제수석실이 아니었다는 점에서 이 문제가 얼마나 정치적으로 민감한 파장을 낳았는지 알 수 있다. 삼성과 정부의 관계는 급속도로 냉각되었다. 당시 집권당인 민자당은 사무국 요원들을 경기도 용인 삼성인력개발원으로 보내 삼성의 신경영 정신을 벤치마킹했고, 고위 관료들도 대여섯 차례 삼성인력개발원에서 연수할 정도로 분위기가 좋았던 터라 삼성은 크게 곤혹스러웠다. 결국 이 사태는 삼성의 공식 사과로 마무리되긴 했지만 경제계에서는 "이 회장이 할 말을 했다"는 평이 많았다.

하지만 이건희 회장이 사과 한마디로 삼위일체론의 지론을 바꿨을 리 없다. 그는 이병철 선대회장의 경영이념인 '사업보국'을 '국가와 인류사회에 기여하는 기업'으로 확장했다. 정치인이나 전문 관료가 아니었기에 시야와 안목에 한계가 없었다고 할 수는 없겠지만 그는 정치와 행정이 한 나라의 역사를 어떻게 흥하게 하고 망하게 할 수 있는지에 대한 확고한 세계관을 갖고 있었던 것으로 보인다.

팁스토리 **홍보는 야당?**

"홍보가 무너지면 회사가 무너진다."

이건희 회장이 홍보담당 임원들과 만난 자리에서 홍보의 역할을 이같이 주문했던 것으로 알려졌다. 손욱 전 삼성종합기술원장은 이건희 회장의 이런 홍보철학을 가늠할 수 있는 에피소드를 다음과 같이 전했다.

1980년대 초반 당시 부회장이었던 이건희 회장은 삼성전자 수원공장을 몰래 방문했다. 이 회장은 출근 시간에 맞춰 승용차로 수원역까지 가서, 그곳에서 삼성전자 수원공장으로 가는 출근 버스를 탔다. 모자를 푹 눌러 썼기에 그를 알아보는 직원은 아무도 없었다. 설마 회장이 출근 버스를 탔으리라고는 상상하기 어려웠을 것이다.

출근 버스 안은 콩나물 시루였다. 이날의 체험이 훗날 7·4제 아이디어를 얻는 데 팁이 됐다는 해석도 있다. 공장에 도착한 이 회장은 화장실, 식당, 공장 안팎을 샅샅이 둘러보았다. 몇 시간 후 그는 공장 임원들을 소집했다. 화장실 청결 문제, 식단의 품질 문제, 공장의 청결 문제를 지적하려던 참이었다.

바짝 긴장한 10여 명의 임원들이 자리에 앉자마자 이건희 회장은 홍보담당인 J모 상무를 불러 세우고는 "당신, 오늘 자로 그만둬. 내가 당신을 이곳에 보낸 목적을 몰랐다는 말인가?"라고 몰아붙였다. 당황한 J모 상무는 조용히 회의장을 빠져나갔고 결국 사표를 냈다. 공장의 청결 문제를 지적하는 자리에서 홍보담당 중역을 우선적으로 질책하고, 나아가 사표까지 받자 회사 내부는 크게 술렁거렸다.

이건희 회장은 혼잣말로 "회사 돌아가는 것을 빠짐없이 알려달라고 보냈더니…공장 환경이 이 정도인데도 한마디 보고도 없이, 회사 안팎의 상황을 있는 그대로 알려야 하는 홍보 중역이 업의 개념을 저렇게도 모르다니……"라고 말했다.

J모 상무는 이건희 회장과 고교동기로 중앙일보 이사 시절부터 지켜봐 온 인물이었다. 훗날 이 회장은 그를 '복권'시켰지만, 이 사건은 이 회장이 회사 내부에서 홍보가 어떤 역할을 해야 하는지 웅변적으로 보여 주었다. 이인용 삼성커뮤니케이션팀장은 "홍보는 회사 내에서 야당의 역할을 해야 한다. 외부 환경을 정확히 회사 내부에 전달해야 의사결정에서 실수를 줄일 수 있다"고 말한다.

2011년 대기업의 골목빵집 침범 이슈가 불거지자마자 이부진 호텔신라 사장은 선제적으로 '아티제' 매각 결정을 내렸다. 당시 이런 의사결정 과정에서 홍보의 판단도 일정 부분 영향을 미쳤던 것으로 알려졌다. 홍보는 기업의 파수꾼이라는 이건희 회장의 '홍보 역할론'은 곱씹어 볼 만한 대목이다.

이건희의 눈물, 평창의 웃음

5

"평창Pyeongchang."

2011년 7월 7일 0시 17분 남아프리카공화국 더반. 자크 로게 국제올림픽위원회IOC 위원장이 2018년 동계올림픽 개최지로 대한민국 평창을 발표하는 순간, 전국에 환호의 물결이 메아리쳤다. 현지 평창 동계올림픽 유치단도 일제히 두 팔을 올리며 기쁨을 만끽했다. 이때 자리에 앉아 조용히 눈물을 흘리고 있던 사람이 텔레비전 화면에 잡혔다. 이건희 삼성 회장이었다.

평창올림픽 유치를 위해 지난 10여 년간 쉬지 않고 달려온 여정이 주마등처럼 스쳐 가는 듯한 표정이었다. 이 회장은 발표 행사가 끝난 뒤 자리를 옮겨서도 한 차례 더 눈물을 보였다. 좀처럼 감정을 드러내지 않는 것으로 알려진 그가 올림픽 유치 성공을 얼마나 감격스러워했는지 알 수 있는 대목이다.

배려를 넘어 감동으로

평창은 63표를 얻어 독일 뮌헨(25표), 프랑스 안시(7표)를 압도적 표차로 눌렀다. 올림픽 유치는 정부, 유치위원회, 대한체육회, 강원도 등 유관기관과 IOC 위원인 이건희 회장의 적극적인 유치 활동이 만들어낸 결과물이었다. 이 회장도 평창 유치가 확정된 후 소감을 묻는 자리에서 "전부 저보고 했다고 하는데 이건 대한민국 국민 여러분이 만든 것이다. 평창 유치팀이 고생 많았다. 특히 대통령이 오셔서 전체 분위기를 올려 놓았기 때문에 이런 것들이 합쳐져 이뤄진 것 같다. 나는 작은 부분만 담당했다"며 평창 유치의 공을 다른 사람들에게 돌렸다. 하지만 평창올림픽 유치의 숨은 주역은 이 회장이라는 데에는 어느 누구도 이의를 제기하지 않았다.

이 회장이 경영 일선에서 잠시 물러나 있던 2009년, 올림픽 유치를 추진하고 있던 강원도와 체육계 인사들은 IOC 위원으로서 이 회장의 '역할론'을 들고 나왔다. 평창올림픽유치위원들은 이즈음 요로要路를 통해 "동계올림픽을 유치하기 위해서는 이건희 회장의 도움이 절대적으로 필요하다. 이 회장이 활동할 수 있는 공간을 만들어 줘야 한다"고 호소했던 것으로 알려졌다. 조양호 평창동계올림픽유치위원장, 박용성 대한체육회장 등은 물론 황영조, 김원기, 심권호, 하형주 등 역대 올림픽메달리스트 73명도 비슷한 내용의 성명서를 발표했다. 당시 이 회장은 삼성특검 사태의 여파로 검찰에 기소되어 IOC 위원직을 적극적으로 수행할 수 없는 상태였다. 따라서 특별사면을 통해 올림

10여 년간 쉬지 않고 달려온 이건희 회장의 적극적인 활동으로 평창올림픽을 유치할 수 있었다.

픽 유치 활동에 나설 수 있도록 해달라는 것이 이들의 요청이었다.

이런 여론을 받아들인 이명박 대통령은 2009년 말, 이 회장에 대한 특별사면을 단행했다. 일각에서는 이를 두고 '특혜'라고 비난했지만 정작 그에게는 너무도 큰 부담이었다. 실제로 그럴 수밖에 없었다. 사면 발표 후 이건희 회장은 잠을 설치기 일쑤였다. 평창올림픽을 유치하지 못할 경우 쏟아질 비난에 대한 두려움보다는 국민들이 자신에게 부여한 임무를 완수해야 한다는 중압감이 훨씬 컸다.

이 회장은 사면 후 곧바로 IOC 위원들의 표심을 잡기 위한 전략을 수립하기 시작했다. 그가 예전만큼 건강이 좋지 않은 점을 감안해 최측근에서 업무를 수행할 인물도 발탁했다. 김재열 제일모직 부사장이었다. 이 회장의 둘째 사위인 김 부사장은 영어에 능통하고 스킨십이 뛰어나다는 평을 받았다. 국제정치학을 전공해 IOC 위원 내부의 역학관계를 읽어 내는 능력도 갖추고 있었다. 젊은 IOC 위원들과의 소통을 염두에 둔 포석이었다.

조직을 정비한 이건희 회장은 IOC 위원이 있는 현장으로 달려갔다. 2010년 밴쿠버 동계올림픽을 필두로 싱가포르 유스올림픽, 광저우 아시안게임으로 이어지는 대형 국제스포츠 이벤트는 물론 IOC 위원과 국제 스포츠 오피니언 리더들이 모이는 멕시코 국가올림픽연합 총회, 런던 스포츠어코드, 로잔 테크니컬브리핑 등의 행사에도 빠짐없이 참석했다. 비즈니스 출장길에도 해당국의 IOC 위원과의 면담을 반드시 일정에 포함시키도록 했다. 이 회장은 사면 후 1년 6개월여 동안 총 170일에 걸쳐 13차례의 해외 출장에 나서 100여 명의 IOC 위원들을 만났다.

이건희 회장은 IOC 위원들에 대한 세심한 배려를 잊지 않았다. 섭외를 '예술'로 승화시켜야 상대방 마음을 움직일 수 있다는 확고한 철학에 따른 것이었다. 어느 IOC 위원을 만날 때면 그의 취미와 기호, 좋아하는 음식을 반드시 파악하도록 했다. 호텔 식탁에는 그 위원의 이름이 새겨진 냅킨을 준비해 놓았다. 백내장 수술을 받아야 하는 모 IOC 위원에게는 수술 잘하는 병원을 수소문해 주기도 했다. 장충기 당시 삼성 미래전략실 커뮤니케이션팀장은 이렇게 회고했다.

"회장님은 한국이 2010년 밴쿠버, 2014년 소치에 아깝게 패했을 때 자신의 역할이 부족했다며 많이 자책하셨습니다. 이번에는 반드시 성공해야 한다며 지나치게 무리한 일정을 요구하시는 바람에 비서진들이 중간에 만류하기도 했지만, 그때마다 호통과 질책만 들었다고 합니다. 체면도 다 버리셨지요. 외국에 머물면서 유치 활동을 하던 도중 저녁 약속을 한 IOC 위원이 다른 일정 때문에 약속을 취소해야겠다고 연락했을 때도 무려 1시간 30분을 기다려 만나기도 했습니다."

사실 이건희 회장이 유치 활동에 뛰어든 2010년 초반 판세는 평창의 열세였다. IOC 위원들에게 한국은 전쟁에 대한 리스크가 상존하는 곳이었다. 게다가 지정학적으로도 평창은 뮌헨이나 안시에 비해 강설량이 적다. 특히 뮌헨은 IOC 부위원장인 독일의 토마스 바흐가 활발한 유치 활동을 펼치면서 평창을 앞서 나가고 있었다.

하지만 이 회장의 진정성이 알려지면서 처음에는 평창에 냉담했던 IOC 위원들도 하나 둘씩 마음을 열었다. 단순한 배려를 넘어선 감동적 유치 활동에 한국과 평창을 다시 보게 된 것이다. 평창 동계올림픽 조직위원장을 맡고 있는 김진선 전 강원도지사는 이렇게 술회한다.

"이건희 회장은 몸을 돌보지 않고 뛰었습니다. 젊은 선수위원부터 고령의 고참위원까지 남녀노소와 인종, 지역, 종교를 불문하고 전방위 스포츠 외교를 펼쳐 동료 IOC 위원들조차 혀를 내두를 정도였지요. 경륜과 영향력을 겸비한 이 회장의 열성적 지원 덕분에 아시아와 중남미, 아프리카 지역 등의 부동표가 상당 부분 한국 쪽으로 흡수되었고 그것이 올림픽 유치 성공의 결정적 계기가 되었습니다."

스포츠도 넘버원

이건희 회장이 체육계 경기단체장을 맡은 시기는 1982년 대한레슬링협회장을 맡으면서부터다. 학창 시절 레슬링 선수이기도 했던 그는 각별한 애정으로 레슬링을 후원하면서 한국 레슬링을 하계올림픽 효자종목으로 성장시켰다. 이를 발판으로 국제 스포츠계에 이름을 알리기 시작해 1996년 7월, 애틀랜타올림픽 IOC 총회에서 IOC위원으로 선출되었다.

IOC위원 피선 자격은 엄격하기로 유명하다. IOC헌장은 '상당한 지위와 고결한 품성, 올바른 판단력과 실천력을 갖고 있으면서 올림픽 정신에 투철한 인사라야 한다'고 규정하고 있다. 또한 IOC의 승인을 받은 국가올림픽위원회에서 활동하는 등 올림픽 운동에 기여한 공로로 국제 스포츠계에서 높은 지명도를 갖고 있어야 한다. 이 회장의 IOC위원 선임은 대한레슬링협회장과 한국올림픽위원회 부위원장을 맡아 스포츠 발전에 오랫동안 기여한 공로를 국제 스포츠계가 인정한 것이었다.

이 회장은 '스포츠 애호가'이기도 하다. 어릴 적 자전거를 자주 탔던 그는 때로는 자전거를 분해, 조립하기도 했다. 서울 한남동 그의 자택에는 항상 자전거가 놓여 있다. 서울 사대부고 시절에는 학교를 대표하는 레슬링 선수였으며, 일본 와세다대학 유학 시절에는 역도산과도 교류할 만큼 레슬링에 대한 관심이 높았다.

이 회장은 1982년부터 1996년까지 레슬링협회장을 맡아 사재 15

억 원을 들여 경기도 용인에 레슬링전용 체육관을 건립했고, 협회에 영구 기증했다. 한국 레슬링은 이 회장의 협회장 시절 황금기를 구가했다. 올림픽에서 7개, 세계 선수권대회에서 3개의 금메달을 거둬들였다.

한국 탁구가 세계 정상에 오르는 데에도 이 회장의 보이지 않는 지원이 있었다. 이 회장은 중앙일보 이사 시절 탁구에 매료되어 제일모직에 탁구단을 창단했다. '만리장성' 중국의 벽에 막혀 번번이 은메달에 머물렀던 탁구는 88올림픽 여자 복식에서 처음으로 금메달을 목에 걸었다. 이 과정에서 이건희 회장은 선수들의 훈련을 과학화할 것을 주문하는 등 적잖은 역할을 수행했다. 그는 선수들이 연습하던 경기도 부천 시온고 강당을 찾아가 이렇게 당부했다.

"날씨가 춥고 난방 시설이 없는 연습장에서의 무리한 훈련은 건강관리에 문제가 생길 수 있다. 연습량을 줄이는 대신 자기 기술의 장단점 분석이나 연습내용을 한 사람 한 사람에게 완전히 이해시키는 이론적 지도방법을 병행하는 것이 더 유익하다고 생각한다.

또 시합 때 보니 똑같은 실점이 연속해서 발생하는 경우가 있는데, 여기에는 기술적 혹은 정신적 원인이 있을 것이다. 야단치거나 말로만 시정하려 하지 말고 지도자나 선수 자신이 근본적으로 해결할 수 있는 방법을 찾아야 한다. 내가 비디오카메라를 한 대 보내 줄 테니 연습 때와 시합 때 촬영하여 그 자리에서나 숙소에서 수십 번이라도 보고 분석해 자기 단점 보완에 활용하라."

이는 탁구 선수 훈련에 최초로 비디오카메라가 도입된 계기가 되었다. 선수들은 비디오를 통해 자신의 경기나 훈련 내용을 보고 취약점, 나쁜 자세 등을 스스로 깨닫고 고쳐 나갔다. 동시에 주요 국제 대회에서 유명선수들의 경기 내용을 촬영해 그들의 장단점을 기술적으로 분석할 수 있게 되었다.

이건희 회장은 중요한 시합을 앞두고선 선수들이 가져야 할 정신자세까지 주문했다. 88올림픽 복식 결승을 앞두고 박성인 전 삼성스포츠단 단장에게 이렇게 이야기했다.

"중국 컴플렉스를 벗어나려면 중국을 냉정히 분석해야 한다. 국내시합에서 양영자의 예와 마찬가지로, 중국은 국제대회에서 이겨야 본전이기 때문에 상대적으로 쫓기는 입장에 처해 있다. 강한 척하지만 실상을 자세히 들여다보면 허점투성이다. 그러니 새로운 전형이나 비장의 기술을 예상해 보고 대응수단을 준비하라. 자신과의 싸움에서 먼저 이겨라.

오늘을 위해 지난 10년 동안 지도자와 동료들이 흘린 피땀을 돌아보라. 자신감이 저절로 생길 것이다. 욕심과 잡념을 조절하라. 내가 어려울 땐 상대도 똑같이 어렵다. 승부를 좌우하는 20대 19의 한 포인트 위기상황에서는 비장의 무기를 과감히 구사해 평생 후회를 남기지 마라."

이 회장의 이 같은 당부는 경쟁사와의 스마트폰 전쟁을 앞두고 극심한 불안에 휩싸여 있던 삼성전자 무선사업부 임직원들에게 "결코 기 죽지 말라"고 독려했던 장면을 떠올리게 한다. 아무리 강한 상대라도 사전에 치밀하게 분석하고 준비하면 충분히 극복할 수 있다는 승부사적 감각이다.

이 회장의 말이 주효했던지, 양영자-현정화 여자복식조는 88올림픽 여자복식 결승에서 중국 자오즈민-첸징 조를 2대 1로 누르고 감격의 금메달을 목에 걸었다.

이건희 회장은 골프, 야구, 럭비, 스키에 대해서도 해박한 지식을 갖추고 있다. 골프는 한때 싱글을 유지했으며 여러 차례 이글을 기록했다고 한다. 그의 스포츠 사랑은 골프, 야구, 럭비를 삼성의 3대 스포츠로 정해 이들 스포츠 정신을 기업 경영에 접목시키는 것으로도 나타났다. 골프는 심판 없이 양심에 따라서 스스로 룰을 지키며 에티켓과 자율성을 기를 수 있는 스포츠라는 점에서, 야구는 뛰어난 실력을 발휘하는 스타플레이어와 이를 뒷받침하는 풍토 그리고 말없이 숨어서 고생하면서도 티 내지 않는 포수의 희생정신을 배울 수 있다는 점, 럭비는 기후에 관계없이 밀고 나가는 투지와 강력한 단결력, 판단력을 요한다는 점에서 각각 기업이 벤치마킹해야 한다는 점을 역설했다.

모든 것을 치밀하게 사전에 준비한 후 과감하게 돌진하는 이건희 회장의 신경영 정신은 스포츠에 대한 남다른 관점에도 잘 투영되어 있다. 사소한 것 하나 무심히 지나치는 법 없이 전략과 전술을 짜고

겸허함과 용기를 동시에 갖추도록 선수들을 격려하는 모습에서, 숱한 난관을 돌파하며 불가능을 가능케 했던 삼성의 비약적인 질주가 자연스럽게 오버랩 된다.

| 팁스토리 | **신경영과 오케스트라**

금난새(지휘자)

나는 1992년 KBS 교향악단을 그만두고 수원시향으로 자리를 옮겼습니다. 사람들에게 수원의 자랑이 무엇이냐고 물으면 하나같이 "수원 왕갈비"라고 대답하더군요. 이해할 수 없었습니다. 삼성, 아주대학교, 오케스트라, 화성 등 얼마나 자랑거리가 많은데 왕갈비가 자랑이라니······. 그때 나는 수원시향을 수원의 자랑으로 만들어야겠다고 다짐했습니다.

단원들이 내 뜻을 이해하고 잘 따라준 덕에 오케스트라는 조금씩 변화하기 시작했습니다. 연간 10여 회에 불과했던 연주 횟수는 연간 60여 회로 늘었고, 우리는 점점 수원의 명물이 되어 가고 있었습니다. 그 무렵 삼성전자는 50억 원을 들여 야외음악당과 연습실을 지어 수원시에 기증했고 오케스트라를 위해 연간 4억 원의 예산을 지원하기도 했습니다. 이런 삼성의 지원은 오케스트라를 살리고 더 나아가서는 지역 문화를 발전시키는 마중물 역할을 해냈다고 봅니다.

얼마 전 신문에서 삼성이 '신경영 선포 20주년'을 맞이한다는 기사를 보았습니다. 1993년 당시 "마누라와 자식 빼고 다 바꾸라"고 얘기할 정도로 위기의식을 갖고 더 열심히 뛰기를 강조하던 이건희 회장의 모습은 무척 인상적이었습니다. 나태해져 있던 수원시향에 변화를 요구하던 그 시기의 내 모습 같기도 했기 때문입니다. 20년 전 삼성은 수원의 자랑도 아니었지만 지금은 세계 그 어떤 기업도 뛰어 넘을 수 없는 커다란 산이 되었습니다.

산이 크면 클수록 그 산을 보는 사람들의 관점도 다양해진다고 합니다. 아름다운 계곡에서 사랑하는 연인과 멋진 추억을 만든 사람에게는 사랑의 장소로, 산사태가 나서 집이 휩쓸려 간 사람에게는 비운의 장소로, 양지바른 곳에서 농사지으며 풍족한 생활을 하는 사람에게는 은혜의 장소, 척박한 땅이라 농사가 안 된다고 한탄하는 사람에게는 원망의 장소로….

산이 크면 클수록 그 덕을 보는 사람도 많아지고 그렇지 않은 사람도 많아집니다. 불평하는 사람이 많다고 산을 깎아낼 것이 아니라 불행의 요소를 줄일 수 있도록 해야 합니다. 산사태가 나지 않도록 나무를 많이 심고, 비옥한 땅을 만들도록 노력해야 합니다. 지금껏 그랬듯이 삼성이 글로벌 기업으로서 상생에 앞장서고 실천하는 기업이 되길 바랍니다.

20년간 이건희 회장을 지켜본 나는 그를 천재라고 부르고 싶습니다. 천재에 대한 정의는 많지만, 나는 주어진 상황을 자기만의 스타일로 재창조하는 사람이라고 말하고 싶습니다. 선대회장이 이룩한 기업을 그대로 물려받기만 한 것이 아니라 자신만의 스타일로 재창조하여 글로벌 기업으로 성장시켰으니 말입니다.

음악적으로 말하자면 "세계를 움직이는 마에스트로!"라고 해도 좋겠습니다.

에필로그

    기업의 최종 존재목적은 이윤창출인가 아니면 사회공헌(기여)인가? 이는 아주 초보 수준의 경제 문제이다. 그럼에도 여전히 줄어들지 않고 제기되는 질문이기도 하다. 교과서의 해답은 이윤창출이다. 기업은 생산과 판매 등의 영리활동을 위해 인간들이 고안해낸 조직체이다. 자연인에 대비되는 법인, 다시 말해 '법적 인간'의 형태로 실재하는 조직이기도 하다.

    자연인과 법인, 인간과 기업을 가르는 결정적 차이는 지속성 여부에 있다. 짧은 시간에 생을 마치는 인간과 달리 기업의 생명은 훨씬 탄력적이고 영속적일 수 있다. 실제로 전 세계에는 100년 이상을 존속하고 있는 기업들이 즐비하다. 창업주는 세상을 떠나고 종사자들도 세월에 따라 계속 바뀌어 왔지만 200년 이상 장수를 누리고 있는 기업들은 5,000여 개가 넘는다. 한국에도 두산과 동화약품이 100년을 넘겼다. 기업의 이윤창출은 바로 이 지속성과 영속성의 전제조건이다.

    그렇다면 사회공헌도 기업이 돈을 벌어야 가능하다는 단순 논법에 도달해야 하는가? 형식적 논리로만 본다면 기업이 제 아무리 사회에 공헌하고 싶어도 적자 누적으로 문을 닫으면 불가능하다.

그런데 이 대목에서 과연 기업의 사회공헌이 무엇인지를 생각해야 할 필요가 있다. 일단 수익의 일정부분을 떼어내 어려운 이웃을 배려하고 공공부문(정부)의 역량이 미치지 못하는 곳에 도움과 지원의 손길을 보내는 것을 떠올릴 수 있다. 경쟁과 효율이 지배하는 시장경제의 수혜자로서 사회의 그늘지고 소외된 곳을 돌보는 일도 포함할 수 있을 것이다. 우리가 대개 특정기업의 사회공헌 활동에 대해 "인색하다" 혹은 "후하다"고 평하는 것도 대개 이런 범주에서 속한다.

하지만 기업이 사회와 국가 더 넓게는 세계와 인류에게 공헌할 수 있는 최고의 길은 혁신적 제품과 서비스를 내놓는 것이다. 이윤을 추구하는 성공적 기업 활동 자체가 사회공헌일 수 있다는 뜻이다. 예를 들어 획기적 신약을 개발한 기업은 인류를 생로병사의 질곡에서 벗어나게 해주는 대가로 많은 돈을 번다. 제약회사가 신약 특허를 내세워 돈을 받는 순간, 금액의 과소 여부에 관계없이 그 특허는 인류 모두의 자산이 된다.

'T카'를 앞세워 한 세대를 풍미한 미국 기업 포드는 자동차 대중화 시대를 활짝 열어젖힘으로써 수천 년간 인류문명을 짓눌러온 시간과 공간, 이동의 제약을 해체했다. 바둑판처럼 미 대륙을 종횡으로 연결하는 고속도로와 거미줄 같은 물류망, 중앙과 지역의 긴밀한 연결과 민주주의의 발전도 자동차 대중화가 제공한 축복이었다. 산업화·정보화 시대에 이런 사례는 셀 수도 없이 많다. 우리가 알지 못하는 와중에도 수많은 혁신들이 새로운 미래를 열어가고 있다.

빌 클린턴 전 미국 대통령은 2013년 1월 라스베이거스에서 열린 국제전자제품박람회에서 기조연설에 나선 우남성 삼성전자 사장의 마지막 찬조연설자로 등장했다. 그는 '인류의 역사와 미래'라는 주제의 강연에서 이렇게 말했다.

"2004년 동남아시아 지진해일 피해를 복구할 때 스리랑카 어민들에게 휴대폰을 나눠 줬더니 이들의 소득이 30퍼센트나 늘었습니다. 생선수급과 가격에 대한 정보를 더욱 정확하게 파악할 수 있었기 때문입니다. 이처럼 모바일 기술은 저개발 국가 사람들의 삶을 보다 윤택하게 만들 수 있다고 봅니다. 전자산업이 비약적 기술발전을 통해 거둬들인 성과는 사회공헌과 연결되어야 합니다."

클린턴 전 대통령이 자국 기업이 아닌 삼성의 찬조연설자로 나선 이유는 두말할 것도 없이, 삼성전자 휴대폰이 인류 삶의 질을 한 차원

끌어올리게 될 스마트·모바일 혁명의 최선두에 서 있기 때문이다.

　기업이 진정으로 사회와 국가에 기여하는 또 하나의 경로는 일자리 확대와 경제발전이다. 해당기업이 비록 의도하지 않았더라도 성공하는 기업의 양산은 필연적으로 해당국가 경제에 고용창출과 세수·소득증대라는 낙수 효과를 가져다준다. 궁극적으로 기업의 사회공헌 여부는 해당 업에서 거둬들인 성공으로 얼마나 공동체에 기여할 수 있느냐에 달려 있다고 볼 수 있다.

　이건희 회장이 1993년 3월 22일 "삼성은 인재와 기술을 바탕으로 최고의 제품과 서비스를 창출해 인류사회에 공헌해야 한다"고 제시했던 경영이념은 사회 공동체와 더불어 살아가는 기업의 숙명적 좌표를 정확하게 인식한 것으로 볼 수 있다.

　삼성은 신경영으로 많은 것을 이루었다. 양적 성장만 놓고 보면 더 이상의 지평이 보이지 않는다. 삼성의 성공 스토리에 익숙해진 사람들이 오히려 둔감하게 느낄 정도이다. 그럼에도 삼성은 성장의 고삐를 늦출 수 없다. 기업은 멈춰 서는 순간 지금 움켜쥐고 있는 모든 것을 내려놓아야 한다. 날랜 경쟁자들의 날카로운 창과 억센 그물망이 달려들 것이기 때문이다.

이 회장이 모두 찬탄해 마지 않는 성공의 금자탑을 쌓아 놓고도 생존을 위한 위기의식을 강조하고 있는 것도 이 같은 현실의 냉혹함을 잘 알고 있기 때문이다.

 지금 삼성은 칠흑 같은 밤바다에 홀로 떠 있다. 삼성을 비춰 주는 등대는 없다. 눈 앞에는 불확실성의 파도만 넘실대고 있을 뿐이다. 추격자에서 선도자로 돌아선 기업은 스스로 등대와 나침반이 되어야만 한다. 모두가 삼성을 쳐다보며 쫓아오고 있다. 아무도 미래 삼성의 성공을 약속해 주지 않는다. 그것이 신경영 20년의 고민이다. 이제 끝없는 항해의 한 여정을 마쳤을 뿐이다. 내일은 어제와 전혀 다른 모습으로 온다. 언제나 그렇다. 우리 중 누구도 미래를 미리 가 볼 수 없다. 현재 시간보다 0.0001초 후의 극한적인 시간이라도 말이다.

 신경영이 갖고 있는 유일한 약점은 현재 삼성인의 80퍼센트 이상이 1993년 이후 입사자들이라는 점이다. 그들도 "마누라와 자식 빼고 다 바꾸라"는 구호는 잘 알고 있다. 사내 교육을 통해 프랑크푸르트 선언 정도는 읽었을 것이다.

 하지만 모든 임직원이 "변하지 않으면 죽는다"고 했던 신경영 핵심 정신을 자신의 것으로 체화시켰다고 볼 수는 없다. 이 회장이 과거 어떤 이유로 회사와 조직뿐 아니라 자기 자신과 가정까지 모두 바꾸라고 했는지 알지 못하고서는 신경영이 배태한 마하경영, 준비경영, 인재경영, 디자인경영, 창조경영의 맥락도 제대로 이해하기 어렵다. 그래서 이 회장과 삼성은 여전히 신경영의 깃발을 내려놓을 수 없다. 세월의 나이테가 한 줄씩 늘어가도 오로지 끊임없는 도전과 혁신만이 기업의 안녕과 지속을 보장해 줄 것이다.

이건희 회장은 결코 철인이나 선지자가 아니다. 본인 말대로 한 인간으로서 지력과 체력, 정신력을 총동원해 앞만 보고 달려왔다. 그렇게 20년간 때로는 망설이고 때로는 결단하며 분투를 거듭해 왔지만 크로노스적 시간은 아직 한 세대(30년)에 미치지 못하고 있다. 하지만 한 가지 분명한 사실은, 앞으로 펼쳐질 10년이 지난 20년보다 훨씬 변화무쌍하고 역동적일 것이라는 점이다.

더 강해지는 바람과 폭풍우 속에서 삼성은 또 다른 항해를 준비해야 한다. 한 줄씩 늘어가는 나이테에 새로운 도전과 혁신의 정신을 새겨야 한다.

1938년 '삼성상회'로 출발한 삼성은 이제 겨우 75세이다.

이건희 개혁 20년,
또 다른 도전